ŒUVRES
COMPLÈTES
D'ÉTIENNE JOUY,

DE L'ACADÉMIE FRANÇAISE,

AVEC DES ÉCLAIRCISSEMENTS ET DES NOTES.

Théatre.
TOME IV
OPÉRA-COMIQUES, VAUDEVILLES ET PARODIES.

PARIS
IMPRIMERIE DE JULES DIDOT AINÉ,
RUE DU PONT-DE-LODI, N° 6.
1823.

ÉPITRE DÉDICATOIRE

A MONSIEUR

EMMANUEL DUPATY.

Mon ami,

Vous avez obtenu les plus nombreux et les plus éclatants succès dans les deux genres de l'opéra comique et du vaudeville, où je me suis essayé moi-même; c'est donc comme à mon maître, dans cette partie de l'art dramatique que je vous dédierais ce volume de mes œuvres, s'il ne m'était plus doux de vous en faire hommage comme à mon ami.

Rival de Sedaine dans l'art où il a excellé, de tracer un plan, de conduire une intrigue, de préparer et d'amener des situations musicales, vous joignez à ce rare talent celui d'un dialogue plein d'esprit et d'élégance, que Sedaine a trop souvent négligé. *L'opéra comique, Ninon chez madame de Sévigné, la Jeune Prude, d'Auberge en auberge, l'Intrigue aux fenêtres, le Poëte et le Musicien, les Voitures versées, Picaros et Diégo, Félicie*, et plusieurs autres ouvrages, non moins distingués, vous ont placé au premier rang des auteurs dramatiques qui soutiennent, en l'augmentant, la gloire d'un théâtre que Sedaine et Marmontel ont fondé.

En faisant disparaître la devise que Santeuil avait donnée à ce théâtre [1], on ne vous a pas convaincu que l'opéra comique dût rester étranger à la peinture des mœurs; et les persécutions qu'ont attirées sur vous *Les Valets dans le Salon* [2], ne vous ont fort heureusement pas fait changer d'avis.

---

[1] Castigat ridendo mores.

[2] Ou Picaros et Diégo; cette pièce où le gouvernement d'alors crut voir la satire de ses actes et de ses créatures, fit condamner M. Dupaty à l'exil.

Vous avez porté la même indépendance de talent et de caractère dans une foule de pièces charmantes dont vous avez enrichi le théâtre du Vaudeville ; je me borne à citer la *Leçon de botanique*, la *Jeune Mère*, le *Jaloux malade ;* tableaux de mœurs pleins de grace et de vérité, dont on doit regretter que vous ayez frustré la Comédie Française.

Dans une épître dédicatoire que je mets en tête d'un recueil d'opéras comiques et de vaudevilles, je craindrais de déplacer l'éloge en me laissant entraîner au plaisir de parler de votre principal ouvrage, de cet admirable poéme *des Délateurs*, qui vous assigne un rang si distinct et si élevé parmi les poëtes satiriques de toutes les littératures.

JOUY.

DES GENRES SECONDAIRES
DANS L'ART DRAMATIQUE.

Les progrès de la civilisation dans nos temps modernes ont amené le besoin des jouissances nouvelles, et l'art dramatique qui en est la source la plus féconde, a dû perdre de cette simplicité, et quelquefois même de cette grandeur que les anciens lui avaient imprimée, au sein d'une société moins compliquée dans ses ressorts et dans ses formes.

L'art dramatique a pour but de reproduire au théâtre, et d'y mettre en relief, si j'ose m'exprimer ainsi, les vices, les vertus, les préjugés, et les ridicules qui naissent des liaisons sociales et des rapports divers établis entre les hommes : plus une nation aura de vivacité dans l'esprit, de mobilité dans le caractère, et plus elle voudra diversifier ses plaisirs, plus ses compositions dramatiques offriront de variété dans leur forme.

De là sont nés en France les théâtres secondaires, auxquels plus d'un homme d'un véritable talent a consacré ses veilles. Tantôt on s'est contenté d'esquisser en prose vulgaire des caractères communs : tantôt on a mêlé de chants gracieux un dialogue spirituel et comique; tantôt un couplet facile à retenir a donné des ailes à la saillie pour atteindre le ridicule; tantôt une burlesque imitation des ouvrages du genre le plus noble a satisfait la malignité publique, toujours envieuse des grands talents. Telle fut l'origine de l'*opéra comique*, du *vaudeville*, de la *farce* et de la *parodie;* je me suis essayé dans ces différents genres; on me permettra d'en tracer l'histoire en quelques lignes.

DE L'OPÉRA COMIQUE.

L'opéra comique et le vaudeville ont une origine commune, et, pendant cinquante ou soixante ans, n'ont formé qu'un seul et même genre. Ce fut en 1715 que les comédiens des foires Saint-Germain et Saint-Laurent traitèrent avec les syndics directeurs de l'académie royale de musique, pour donner à leur spectacle le titre d'*Opéra Comique*.

Il est probable que ce mélange barbare de vers et de prose, de dialogue parlé et de dialogue chanté ne se serait jamais élevé à la dignité d'un genre, s'il n'eût eu pour véritables fondateurs Le Sage et Piron, qui enrichirent ce spectacle naissant d'un grand nombre de jolies pièces où le public courut en foule.

Oublions un moment que nous nous sommes assis cent fois au parterre de l'Opéra-Comique, et rendons-nous compte des premières impressions qu'un homme de goût recevrait d'un pareil spectacle, auquel l'habitude ne l'aurait point familiarisé. Le théâtre est un pays imaginaire où l'on parle un langage de convention, qui a son génie et ses règles. Sur un théâtre lyrique, cette langue est musicale; elle exprime par des sons modulés les passions, les sentiments, et les idées des hommes: ce pays est l'Opéra, proprement dit. L'homme, naturellement organisé pour recevoir de la musique des impressions vives et fortes, se laisse entraîner dans cette sphère d'harmonie où tout s'exprime par des chants; l'illusion est facile et durable, si rien ne vient la détruire; mais que dans ce monde idéal où l'illusion m'a transporté, le même personnage se serve tour-à-tour de deux idiômes différents; qu'il me répète en langage musical ce qu'il vient de me dire en langage parlé; qu'il achève en chantant la phrase qu'il a commencé en parlant, le charme disparaît, l'action dramatique est interrompue, et je ne vois plus dans le personnage qu'un acteur en démence qui confond dans son débit le même rôle qu'il a appris en deux langues différentes.

C'est ce défaut inhérent au genre de l'opéra comique qui avait attiré sur lui l'anathème de Voltaire. Ce génie si puissant, cette intelligence si vaste et si nette ne pouvait s'accoutumer à l'alliance monstrueuse du chant et du discours : « Je sais, disait-il, que ce honteux spectacle (l'opéra comique) est aujourd'hui le favori de la nation; mais je sais aussi à quel point la nation s'est dégradée : cette turpitude est notre lot. » Il est vrai d'ajouter qu'à l'époque où Voltaire s'élevait avec tant d'indignation contre l'opéra comique, ce spectacle ne s'était pas, en quelque sorte, légitimé au Parnasse, sous les auspices des Sedaine, des Marmontel, des Monvel, des Monsigny, des Grétry, des Dalairac, etc. Quoi qu'il en soit, il ne sera pas exilé de la scène, où tant de chefs-d'œuvre le consacre; il y a maintenant prescription.

On appelle aujourd'hui opéra comique une pièce dont le dialogue sérieux ou plaisant, gracieux ou pathétique, est mêlé de morceaux de chant, et dont la musique est faite expressement pour les paroles.

Les *Troqueurs* de Dauvergne et de Vadé sont le premier ouvrage de ce genre, dont les annales du théâtre fassent mention. Jusqu'en 1753, Monnet, directeur de l'Opéra-Comique, n'avoit donné sous ce titre que des comédies mêlées d'ariettes, dont les paroles étaient adaptées à des airs déjà connus. Dauvergne composa des chants gracieux et légers sur les paroles assez communes du chantre des halles : les *Troqueurs*, donnés sous le nom d'un musicien allemand, eut un grand succès, et l'Opéra-Comique lui dut sa naissance.

A cet essai succédèrent *le Jaloux corrigé*, paroles de Collé, musique de Ravet, et *la Servante maîtresse*, paroles et musique parodiées d'après *la Serva padrona* de Pergolèse: le goût de l'opéra comique devint général; on vit paraître dans la même année *le Peintre amoureux de son modèle, le Diable à quatre, le Soldat magicien, le Maréchal ferrant* et *le Cadi dupé*, qui attirèrent tout Paris. Anseaume, Autreau, Favart, et Sedaine composaient les pièces que Duni, Philidor, Monsigny et Grétry mettaient en musique, et que représentaient Clairval, Laruette, Caillot, Trial, les demoiselles Colombe et madame Dugazon. Cette réunion de grands talents justifia, même aux yeux des gens de goût, la vogue que ce spectacle avait d'abord usurpée. L'Opéra-comique eut ses lois, ses règles, ses limites et ses réputations.

D'Hell sut intriguer vivement et dénouer avec adresse un imbroglio espagnol; Favart, naïf avec esprit, spirituel avec sensibilité, offrit des tableaux pleins de graces et de charmes: Marmontel inventa quelques fables ingénieuses qu'il écrivit avec autant de pureté que d'élégance; Monvel, qui excella dans la pastorale dramatique; Sedaine enfin (qu'on aurait justement appelé le Molière de l'Opéra-Comique s'il eût moins négligé son style), fut sans rival dans l'art de distribuer ses masses, de conduire une pièce, d'en graduer l'intérêt, d'esquisser des caractères vrais, de favoriser et de provoquer les inspirations du compositeur.

Ces hommes d'un grand talent ont eu des successeurs dignes d'eux; et, de nos jours, l'Opéra-Comique s'est enrichi de plusieurs productions dont l'Académie Royale de Musique et la Comédie Française ont pu se montrer jalouses. MM. Étienne et Duval ont déployé sur cette scène la force comique et l'habileté théâtrale dont ils ont fait preuve dans des ouvrages d'un ordre supérieur; M. Dupaty y a prodigué les richesses d'une imagination vive et d'un esprit éblouissant; MM. de Lonchamps, Hoffmann, Marsolier, Bouilly, ont partagé la gloire des Chérubini, des Méhul, des Boyeldieu, des Catel, des Dellamaria, des Nicolo, dont les compositions musicales font encore aujourd'hui les délices de la

France. Aussi heureux que leurs devanciers, les auteurs et compositeurs actuels d'opéras comiques ont eu pour interprètes Elleviou, Martin, Solié, mesdames Saint-Aubin et Gavaudan.

On a reproché à quelques uns des auteurs que je viens de nommer un abus d'esprit dans leur dialogue, qui ne serait, après tout, qu'une compensation du défaut d'esprit qu'on pourrait reprocher à quelques autres. Quoi qu'il en soit, un pareil superflu pourrait bien être la nécessité d'un genre où la finesse et la saillie du dialogue peuvent du moins faire oublier quelquefois aux spectateurs le ridicule amalgame de la parole et du chant.

Ce genre de spectacle, perfectionné par des hommes d'un grand talent, peut recevoir encore des améliorations: un opéra comique ne doit pas être une *comédie mêlée d'arriettes*, comme on l'a défini trop long-temps: c'est un imbroglio dramatique, où l'art de l'auteur consiste à amener avec adresse et vraisemblance des situations tendres ou passionnées, et des mouvements de scène qui semblent exiger, pour leur développement, le secours de la musique. Le rhythme des vers doit s'unir assez intimement avec le sentiment qu'ils expriment pour que le compositeur y trouve la source de ses propres inspirations.

Après avoir établi des règles pour l'opéra comique, peut-être serait-il nécessaire de fixer ses limites: s'il se propose, comme dans quelques pièces de l'ancien répertoire, une satire légère des mœurs du temps, où l'épigramme et la saillie se détachent en couplets, il rentre dans le vaudeville, proprement dit; s'il cherche ses effets dans le contraste des fêtes et des situations fortes et tragiques, il se confond avec le grand opéra, et cette ambiguïté, qui rend plus sensibles les défauts inhérents au genre même, achève de justifier la critique un peu dure qu'en a faite au dix-huitième siècle le maître de la littérature dramatique.

DU VAUDEVILLE.

Le ballet comique de la Reine, représenté en 1581 aux noces du duc de Joyeuse, a été cité fort mal à propos par quelques érudits de Pont-Neuf, comme le premier vaudeville qui ait paru sur la scène; cette pièce à machines et à décorations, n'était, à proprement parler, qu'un opéra mêlé de couplets et de chants populaires.

Ce ne fut quand 1678, environ un siècle après, qu'on donna pour la première fois une pièce dont le dialogue, en lazzis, était entremêlé de chansons sur des airs connus. Cette farce grossière, composée pour des bateleurs de la foire Saint-Germain, était intitulée, *les effets de l'Amour et de la Magie*. Ce genre était à la portée de la foule ignorante, la médiocrité s'en empara, et vingt ans après, Paris comptait trois théâtres où l'on jouait ces sortes de pièces.

La vogue honteuse qu'elles obtinrent alarma les comédiens français qui parvinrent à faire interdire aux histrions forains la liberté de parler en dialogues; réduits à un monologue perpétuel, ceux-ci usèrent de toutes sortes de ruses pour éluder une interdiction arbitraire. Tantôt le personnage qui venait de parler rentrait dans la coulisse pour y attendre la réponse de son interlocuteur; tantôt celui-ci répondait par des signes; tantôt l'acteur principal répétait tout haut ce qu'on était censé lui avoir dit tout bas. Ces infractions évasives donnèrent lieu à de nouvelles plaintes de la Comédie Française, auxquelles se joignirent les réclamations de l'Opéra, qui prétendait au monopole du chant et de la danse, où le Vaudeville s'était également ingéré.

Les deux ennemis des troupes foraines se liguèrent, et bientôt le Vaudeville ne put ni parler, ni chanter, ni danser. L'esprit et l'intérêt font ressource de tout. On vit descendre du ceintre, imprimés sur des cartons, en gros caractères, le nom du personnage et les couplets qu'il aurait dû chanter, et qu'accompagnait l'orchestre.

Un quart de siècle s'écoula au milieu des querelles et des persécutions que les théâtres supérieurs suscitèrent aux théâtres de la foire, que la faveur publique et Volange finirent par faire triompher; ce ne fut qu'en 1792 que le vaudeville, long-temps confondu avec l'opéra comique, et balloté par les mêmes vicissitudes, eut un théâtre spécial à Paris, où s'installèrent MM. Piis et Barré. Ce fut à ces deux fondateurs, et postérieurement à MM. Radet, de Ségur, Dupaty, Lonchamps, Désaugiers, Moreau, Bouilly, Sewrin, Gersain et Dieulafoi, que ce théâtre fut redevable de la vogue extraordinaire dont il jouit pendant trente ans.

Le vaudeville est une satire vive et piquante des ridicules du jour. Le couplet sur un rhythme connu, sur un air que chacun sait et répète, doit voler de bouche en bouche, et porter dans tous les rangs de la société la saillie et l'épigramme dont il est armé; c'est, je crois, dénaturer le genre, que de transformer le vaudeville, comme on l'a fait quelquefois, en esquisse de comédie larmoyante, ou de pastorale dramatique. L'anecdote du jour, le ridicule du moment, composent le domaine du vaudeville, proprement dit. Dans ces derniers temps, M. Scribe a enrichi ce genre d'une foule de petits tableaux de mœurs, dont le dialogue, étincelant d'esprit et de vérité, a fait regretter plus d'une fois qu'il n'appliquât pas à des sujets d'une plus haute portée le talent comique et l'inconcevable facilité qu'il a reçus de la nature.

DE LA FARCE ET DE LA PARODIE.

Remontons à l'origine du théâtre. Les atellanes des anciens, les pièces d'Aristophanes, les sotties, les caricatures de Foote et de Garrick en Angleterre, sont du genre de la farce et de la parodie.

La farce est à la comédie ce que la caricature est au dessin; elle se plaît dans l'exagération; dans chacun de ses portraits elle s'amuse à outrer les traits de son modèle, et son but unique est d'exciter le rire; ce n'est pas un talent de peu d'importance, si, comme le dit Sterne, chaque fois qu'un homme rit, il ajoute quelques jours à son existence.

Dans un genre où le public exige si peu, où le mauvais goût est si facilement toléré, il n'est pas étonnant que les auteurs pullulent, et qu'ils aient inondé de mauvaises farces tous les théâtres de l'Europe; ce qui n'empêche pas que ce genre n'ait aussi sa perfection, et qu'il ne soit permis qu'aux esprits supérieurs de l'atteindre. C'est ainsi qu'en France, le génie universellement comique, l'auteur sans rival, dans aucune langue et dans aucun pays, Molière, a remporté ce dernier prix de son art comme il a remporté tous les autres. *Pourceaugnac*, le *Malade imaginaire*, le *Bourgeois gentilhomme*, sont des farces où l'on ne peut reconnaître que l'auteur du *Misanthrope*.

Collé, Piron, Le Sage, ont composé pour le théâtre de la foire des farces dont quelques unes ne sont point indignes des auteurs de la *Partie de chasse*, de la *Métromanie*, et de *Turcaret*.

De notre temps, MM. Dorvigny, Désaugiers, Merle, Brazier, Sewrin, et quelques autres ont déployé beaucoup plus de talent dramatique dans le genre trivial, que tels auteurs qui ont sur eux l'avantage d'avoir fait bâiller à la Comédie Française le public que les premiers ont tant fait rire aux théâtres du Vaudeville et des Variétés.

La parodie est une contrefaçon burlesque, une imitation ironique et bouffonne d'un ouvrage noble et sérieux; la parodie n'est pas une critique, et Marmontel observe fort judicieusement que la parodie peut être très plaisante, et la critique très injuste. Cette observation suffit pour répondre à la question si souvent faite, et que j'entends répéter tous les jours : *La parodie dramatique est-elle utile ou nuisible aux progrès de l'art?* Parfaitement d'accord sur ce point avec l'illustre écrivain que je viens de citer, je ne chercherai point à exprimer ma pensée en d'autres termes :

« Une excellente parodie, dit-il, serait celle qui porterait avec elle une saine critique, comme l'éloquence de *Petit-Jean* et de l'*Intimé* dans les Plaideurs. Mais celle qui ne fait que travestir les beautés sérieuses d'un ouvrage, dispose et accoutume les esprits à plaisanter sur tout, ce qui est pis que de les rendre faux; elle altère aussi le plaisir d'un spectacle intéressant et noble; car au moment de la plus belle situation, on ne manque pas de se rappeler la parodie, et ce souvenir altère l'impression du pathétique..... C'est d'ailleurs un talent bien méprisable que celui du parodiste, soit par l'extrême facilité de réussir sans esprit, à travestir de belles choses, soit par le plaisir malin qu'on paraît prendre à les avilir.»

Je n'ai à me reprocher que deux ouvrages du genre de la parodie; *Comment faire?* et la *Marchande de modes*.

La première est moins une parodie qu'une critique de *Misanthropie et Repentir*, et du ridicule engouement des Parisiens pour cette rapsodie germanique. La seconde est une véritable parodie de l'opéra de la *Vestale*. Je puis du moins en justifier le succès, puisque c'est à mes propres dépens que j'ai fait rire le public, et qu'il est toujours permis de se moquer de soi-même, au risque d'être pris au mot.

MILTON,

FAIT HISTORIQUE,

OPÉRA EN UN ACTE,

REPRÉSENTÉ POUR LA PREMIÈRE FOIS SUR LE THÉATRE DE
L'OPÉRA-COMIQUE-NATIONAL, LE 5 FRIMAIRE AN XIII.

> . . . . He paid
> The rigid satisfaction *life for life*,
> MILT. Par. Lost

AVANT-PROPOS

DES PREMIÈRES ÉDITIONS.

Quelques journalistes, plus empressés de blâmer que de s'instruire, ont contesté la vérité de l'anecdote qui a servi de base à cette comédie; on se contentera pour toute réponse de citer ici quelques passages des nombreuses autorités qui justifient le titre de *Fait historique* qui lui a été donné.

A la page 181 du premier volume *de la Vie des poetes*, *par Johnson*, édition de Londres, 1781, on lit (traduction littérale):

« Dans la guerre entre le roi et le parlement, Davenant
« fut fait prisonnier, et condamné à mort; mais il obtint
« sa grace à la prière de Milton. Quand la chance des succès
« eut fait tomber Milton dans un danger semblable, Dave-
« nant lui rendit le même service, en sollicitant et obtenant
« son pardon. »

Williams Hailey, dans sa Vie de Milton, imprimée en 1799, page 168, dit:

« Lorsque toutes les protestations du général Monck,
« en faveur de la république, n'eurent abouti qu'à rétablir
« le trône, les amis de Milton, effrayés pour lui, l'obligè-
« rent de se cacher, et, pour mieux voiler le secret de sa re-
« traite, firent courir le bruit de sa mort. Milton quitta son
« domicile à Westminster, au mois d'avril, et se tint caché
« jusqu'au 29 du mois d'août suivant. Pendant ce temps on
« ordonna une instruction criminelle contre sa personne,
« et ses écrits furent condamnés au feu. Mais on fut bien
« étonné quelques jours après de voir son nom compris

« dans l'acte d'amnistie qui fut publié. On chercha les mo-
« tifs de cette indulgence inattendue, et voici ceux que les
« meilleures autorités nous ont transmis. En 1650, sir Wil-
« liam Davenant fut conduit prisonnier à l'île de Wight, et
« ensuite enfermé à la tour de Londres, pour être traduit
« à la cour de justice, comme coupable de crime de haute
« trahison; mais il fut sauvé par la médiation de Milton
« et de deux aldermans d'Yorck. »

« Voilà donc, ajoute William Hailey, la médiation de
« Milton prouvée; la reconnaissance de sir Davenant l'est
« également par le témoignage de Richardson, lequel, dans
« la vie de Milton, invoque le témoignage de Pope. »

Le dictionnaire historique de l'abbé Ladvocat, article
Davenant, s'exprime ainsi :

« Sir William Davenant fut mis en liberté en 1650, par
« l'intercession de Milton. Ce grand poete n'obligea pas un
« ingrat; car au rétablissement de Charles II, il obtint à son
« tour sa grace par l'intercession de Davenant. »

Pope, dans ses Lettres familières, parle de ce même fait
de la manière la plus positive, puisqu'il assure qu'il le tient
de Facquerson, lequel Facquerson le tenait de Davenant
lui-même.

Une seule réflexion se présente à la suite de ces autorités,
c'est qu'il faut être bien ignorant ou bien hardi pour con-
tester des faits puisés dans des sources ouvertes aux moindres littérateurs.

Post-Scriptum. *Septembre 1824.*

Ce drame, mis en musique par M. Spontini, commença
en France la réputation de ce compositeur que les admi-
rables partitions de *la Vestale*, de *Fernand Cortez*, et *d'O-
lympie*, ont élevé depuis au rang des plus grands maîtres.
Le rôle de Milton avait été spécialement écrit par ce musicien pour ce genre de voix très rare en France, que l'on

appelle *Baryton*, et que possédait Solié, acteur de l'Opéra-Comique, également distingué comme chanteur et comme comédien. Sa mort obligea de suspendre les représentations de *Milton*, et la difficulté de remplacer Solié dans un rôle qu'il jouait et qu'il chantait avec une égale perfection, n'a pas encore permis de reprendre cet ouvrage.

PERSONNAGES.

MILTON, vieillard, poëte, aveugle.
EMMA, sa fille.
Lord ARTHUR DAVENANT, sous le nom d'ARTHUR.
GODWIN, quaker, juge-de-paix.
Miss CHARLOTTE, sa niéce, fille surannée, *demi-caricature*.
UN JOCKEY DU LORD.
UN DOMESTIQUE DE LA MAISON.
GENS A LIVRÉE DU ROI.

La scène se passe en Angleterre, au village d'Hoston, comté de Buckingham.

Costumes du temps de Cromwel et de Charles II.

MILTON,

OPÉRA.

SCÈNE PREMIÈRE.

Le théâtre représente le cabinet de Milton. Deux cabinets, dont l'intérieur est aperçu, ornent parallélement les deux côtés : on voit une harpe dans l'un des deux ; l'autre est censé faire partie de l'appartement du quaker. Plusieurs pots de fleurs sont rangés sur les rayons de la bibliothèque.

EMMA, CHARLOTTE.

(Elles entrent portant des pots de fleurs qu'elles déposent sur le bureau de Milton.)

EMMA.

Non, mademoiselle, non, cela n'est pas bien, je le vois, je le sens, et il faut enfin que cela finisse.

CHARLOTTE.

Je crois me connaître en scrupules, miss Emma. Mais en vérité, je n'entends rien aux vôtres. Où donc est le mal, s'il vous plaît?

EMMA.

Où est le mal! d'abuser de la cruelle infirmité de mon père pour introduire chez lui, en qualité de lecteur, de secrétaire, un jeune homme que l'on fait passer pour un vieillard; d'être obligé, pour appuyer un premier mensonge, d'en faire chaque jour de nouveaux; de placer mon père dans une position ridicule, avec un étranger que je ne connais pas, que vous ne connaissez pas vous-même.....

CHARLOTTE, *soupirant.*

Hélas!

EMMA.

Plaît-il?

CHARLOTTE.

Ce n'est rien, mademoiselle, ce n'est rien.

EMMA.

Et quel moment encore choisissez-vous pour vous jouer de la crédulité de mon père? Celui où cet illustre malheureux, proscrit, persécuté, est obligé de se cacher dans votre maison pour se soustraire aux atteintes de ses ennemis. Vous avez beau dire, miss Charlotte, cette conduite est au moins bien imprudente.

CHARLOTTE.

Je ne croyais pas, mademoiselle, que la nièce du docteur Godwin, le quaker le plus laconique et le plus circonspect du comté de Buckingham, méritât jamais le reproche d'imprudente; mais vous, ma chère miss, ne vous exagérez-vous pas aujourd'hui ce qui vous parut d'abord tout aussi simple qu'à moi! M. Milton est aveugle, il ne peut se passer d'un lecteur versé dans les langues savantes, pour remplacer mon oncle que les dangers de son ami obligent à de fréquents voyages. M. Arthur se présente, il est malheureux, orphelin; il a toutes les connaissances qu'on exige; fallait-il, parcequ'il a une figure plus agréable, plus fraîche que le commun des savants, parcequ'il n'est pas aussi vieux que M. Milton l'aurait souhaité, fallait-il pour cela lui refuser une place qu'il sollicitait avec tant d'instance, qu'il remplit avec tant de distinction, où tout le monde, excepté vous, le voit avec tant de plaisir.

EMMA, *d'un ton gêné.*

Excepté moi?

CHARLOTTE, *avec chaleur.*

D'ailleurs, mademoiselle, ne se rend-il pas utile à tout le monde, à vous-même? Depuis deux mois qu'il est dans cette maison, quel progrès n'avez-vous point fait dans la musique, dans le dessin, pour lequel vous avez pris tant de goût depuis qu'il vous l'enseigne?

EMMA, *vivement.*

Je l'avais toujours aimé, mademoiselle; mais j'aime encore plus mon devoir; c'est lui qui me rappelle à chaque instant que les services de M. Arthur n'eussent point été acceptés, si mon père avait connu son âge. Ainsi j'espère qu'avant le retour de votre oncle dont l'estime....

CHARLOTTE, *l'interrompant.*

Oh! mademoiselle, n'ayez aucune crainte; mon oncle m'aime, je lui ai mandé tout ce qui se passe, et je suis bien sûre que lorsqu'il aura appris le motif secret....

EMMA.

Quel est donc ce mystère?

CHARLOTTE, *de même.*

Hélas! je vois bien qu'il n'est plus possible de vous le cacher; vous savez avec quel scrupule j'avais écarté jusqu'ici tout projet d'hymen; l'idée seule du mariage me semblait porter atteinte à cette pureté, à cette innocence de mœurs dont je voulais laisser un grand exemple.

EMMA.

Eh bien!

CHARLOTTE.

Vous le dirai-je, ma chère Emma? Ce M. Arthur, si savant.... si modeste....

EMMA.

Achevez donc!

CHARLOTTE.

Je crois qu'il m'aime.

EMMA.

Il vous aime!

CHARLOTTE.

Je ne l'espérais pas, avant d'en avoir la certitude.

EMMA.

Hé quoi! il vous l'a dit?....

CHARLOTTE.

Je vous prie de croire que ses témérités n'ont pas encore été jusque-là; mais le cœur n'a-t-il qu'une manière de s'exprimer?

AIR.

L'amour trahit ses vœux secrets
Sans le secours d'un vain langage;
Peut-on se méprendre jamais
Au sentiment que l'on partage?
Le regard bien mieux que la voix
Sait parler à ce qu'on adore;
Le cœur a tout dit mille fois,
La bouche n'a rien dit encore.

Enfin, après de mûres réflexions sur la conduite et les talents de ce jeune homme, assurée du consentement

SCÈNE I.

de mon oncle, je me suis décidée à recevoir son hommage, et je desirerais qu'il restât ici jusqu'à ce qu'il eût hasardé la déclaration que j'ai déja plus d'une fois surprise sur ses lèvres.

EMMA, *toujours avec un étonnement pénible.*

Il vous aime?

CHARLOTTE.

J'en suis certaine.

EMMA, *avec abattement.*

Il peut rester.

CHARLOTTE, *vivement.*

Que vous êtes bonne!

EMMA.

J'entends quelqu'un : qui peut donc venir de si bonne heure?

CHARLOTTE, *regardant à la porte du fond.*

Hé! mon Dieu, c'est mon oncle qui arrive.

EMMA.

Je cours l'annoncer à mon père; en attendant, mademoiselle, veuillez vous arranger avec monsieur votre oncle, de manière à ce que je ne sois pas punie de ma folle condescendance.

(*Elle sort par le fond à droite.*)

CHARLOTTE.

Oh! je réponds de tout, de tout absolument.

SCÈNE II.

CHARLOTTE, GODWIN: *il entre par le fond à gauche, suivi d'un domestique portant sa valise; le quaker fait signe au domestique d'entrer dans le cabinet qui conduit à son appartement.*

CHARLOTTE.

Ah! mon cher oncle, vous voilà enfin de retour. Que je suis contente de vous revoir!

GODWIN, *brusquement.*

Contente ou non, me voici. (*Il s'assied.*)

CHARLOTTE.

M. Milton était bien impatient....

GODWIN.

Sa santé!

CHARLOTTE.

Excellente, grace au ciel.

GODWIN.

Belle grace! il ne lui manquerait que d'être malade.

CHARLOTTE.

Ses affaires vont donc....

GODWIN.

Mal.

CHARLOTTE.

Hé quoi! toutes vos espérances....

GODWIN.

Au diable.

CHARLOTTE.

Mais vous avez été à la cour?

SCÈNE II.

GODWIN.

Par malheur.

CHARLOTTE.

Vous y avez vu....

GODWIN.

Des ingrats.

CHARLOTTE.

Ce jeune favori du roi, dont M. Milton sauva jadis le père d'une manière si généreuse....

GODWIN.

Bah!

CHARLOTTE.

Est-ce qu'il aurait oublié.....

GODWIN, *se levant d'impatience.*

Est-ce qu'un courtisan se souvient d'un bienfait?

CHARLOTTE.

Ah! mon Dieu, mon oncle, vous m'alarmez beaucoup.

GODWIN.

Patience et attention : quoique la cour ait envoyé des émissaires par-tout, et des émissaires de haut parage, je me flatte que la retraite de notre ami est ignorée. D'ailleurs la liste fatale n'est pas encore publique; je serai averti du moindre mouvement; en attendant, garde ces nouvelles pour toi; il faut épargner à Milton, et surtout à sa fille, des inquiétudes inutiles.

CHARLOTTE.

Vous connaissez ma discrétion.

GODWIN.

C'est pour cela que je m'en défie.—Ce sot amour dont tu m'as parlé, ce lecteur, ce jeune homme, où tout cela en est-il?

CHARLOTTE, *minaudant*.

Mais, mon oncle....

GODWIN.

Je te demande où vous en êtes? Milton est-il toujours trompé?

CHARLOTTE.

Il l'est si innocemment.

GODWIN.

Je n'allie point l'innocence et le mensonge, moi; j'ai hâté mon retour pour détromper mon ami.

CHARLOTTE.

Mon oncle, si mon bonheur vous est cher, ne hasardez point un tel éclat; vous allez voir vous-même ce jeune homme, l'entendre, l'apprécier, et je suis bien sûre....

GODWIN.

Tout est vu. N'a-t-il pas vingt-cinq ans?

CHARLOTTE.

Je le présume.

GODWIN.

N'en as-tu pas trente-huit?

CHARLOTTE.

Mais....

GODWIN.

Ne dis-tu pas qu'il t'aime?

CHARLOTTE.

Assurément.

GODWIN.

Hé bien! il se trompe, ou il veut te tromper.

CHARLOTTE.

Oh! paix, de grace, le voici qui s'avance.

SCÈNE III.

LES PRÉCÉDENTS, ARTHUR.

ARTHUR.

Je viens d'apprendre que l'oncle de miss Charlotte, que le digne ami de M. Milton était arrivé; à ces deux titres, j'ai dû m'empresser de lui rendre mes devoirs.

GODWIN. (*Il l'examine de la tête aux pieds.*)

(*A part.*) Hum! — Jeune homme, je pourrais te reprocher le rôle que tu joues ici, mais enfin ma nièce est plus coupable que toi, et je ne suis pas sans indulgence pour les fautes de l'amour.

ARTHUR, *troublé.*

Pour les fautes de l'amour?

CHARLOTTE, *bas à Arthur.*

Calmez-vous, c'est un oncle sensible.

GODWIN.

Je me donnais au diable, il n'y a encore qu'un moment, pour soutenir que cela n'était pas possible, mais Charlotte me l'a tant assuré....

ARTHUR, *de même.*

Elle vous a assuré....

CHARLOTTE, *ayant l'air de rougir.*

Mon oncle, je vous prie d'observer....

GODWIN.

Vaine délicatesse! j'entends que tout s'explique aujourd'hui, sans quoi je vous déclare que je parle demain.

ARTHUR, *à part.*

Juste ciel!

GODWIN.

Ainsi, jeune homme, s'il est vrai que ma nièce ne se soit pas trompée dans ses conjectures....

ARTHUR, *timidement.*

Puis-je savoir, mademoiselle....?

CHARLOTTE, *baissant les yeux.*

J'avoue, monsieur, que j'ai dit à mon oncle....

ARTHUR.

Vous lui avez dit....

TRIO.

CHARLOTTE.

J'ai dit que cette solitude
Avait pour vous bien des appas

ARTHUR.

Il est vrai, cette solitude
A pour mon cœur bien des appas.

GODWIN.

Que les seuls plaisirs de l'étude
Ici ne te retenaient pas

ARTHUR.

Que les seuls plaisirs de l'étude....

GODWIN, CHARLOTTE.

Ici ne vous retenaient pas

ENSEMBLE

ARTHUR.	GODWIN.	CHARLOTTE.
Quel trouble m'agite!	Quel trouble l'agite!	Quel trouble m'agite!
Je tremble, j'hésite;	Il tremble, il hésite;	Je tremble, j'hésite;
Ont-ils en effet	A-t-elle en effet	J'ai bien en effet
Surpris mon secret?	Surpris son secret?	Surpris son secret

ARTHUR, *à Charlotte.*

Vous avez ajouté peut-être...

SCÈNE III.

GODWIN.

Que l'amour s'est rendu ton maître.

CHARLOTTE, *d'un ton précieux.*

Il l'est de la terre et des cieux

GODWIN.

Et dans ton ardeur indiscrete,
Tu t'es introduit en ces lieux,
Bien plus pour lire dans ses yeux
Que dans les livres du poete.

ARTHUR.	CHARLOTTE.
Je suis trahi, moment affreux!	Tout est connu, moment heureux!

ARTHUR.

Ah! monsieur, par pitié, d'un projet témeraire
Ne m'imputez pas la noirceur.

GODWIN.	CHARLOTTE.
Non, je rends justice à ton cœur,	On rend justice à votre cœur,
Je sais qu'il est franc et sincère,	On sait qu'il est franc et sincère,
Et je ferai votre bonheur.	Et l'on fera votre bonheur

ARTHUR, *étonné.*

Mon bonheur, ô ciel! mais son père.

GODWIN.

Son père est mort depuis long-temps.

ARTHUR, *de même.*

Monsieur Milton..

GODWIN.

Il l'aime en père;
Mais la pauvre enfant, sur la terre,
N'a plus que moi pour tous parents.

ARTHUR.

N'a plus que vous pour tous parents!

CHARLOTTE.

Je n'ai que lui pour tous parents

ARTHUR.

Vous?

CHARLOTTE.

Moi

GODWIN.

Qui donc? Charlotte, ton amante.

ARTHUR.

Charlotte, mon amante?

CHARLOTTE, *extasiée.*

Doux aveu qui m'enchante!

ENSEMBLE.

ARTHUR.	CHARLOTTE.	GODWIN, *observant Arthur.*
O funeste embarras! Grand Dieu, quelle surprise! Quelle étrange méprise! Ne nous trahissons pas.	O moment plein d'appas! Cette aimable franchise Ravit mon ame éprise, Mais ne l'étonne pas.	Ouais! cet air d'embarras Cache quelque surprise; Serait-ce une méprise! Ne nous abusons pas.

SCÈNE IV.

LES PRÉCÉDENTS, EMMA.

EMMA.

M. Godwin, mon père brûle du desir de vous embrasser; il vous attend ainsi que M. Arthur pour déjeuner avec lui.

GODWIN.

Bonjour, Emma, bonne et sage fille, toi, bonjour.

(*Il sort avec Arthur.*)

CHARLOTTE, *très vivement.*

Ah! mademoiselle, je suis au comble de ma joie; mon oncle approuve notre amour, il veut nous unir aujourd'hui même.

EMMA.

Mademoiselle, voudriez-vous donner des ordres pour

le déjeuner de ces messieurs, tandis que je vais achever d'arranger ces fleurs?

CHARLOTTE.

J'y vais, mademoiselle, j'y vais ; mais soyez donc aussi ravie, aussi enchantée, aussi heureuse que je le suis. (*Elle sort.*)

SCÈNE V.

EMMA, seule.

Il l'aime!.... j'étais loin de le croire. A présent que j'y réfléchis, rien n'était plus visible. Son ton si affectueux quand il lui parle, l'empressement qu'il met à la rechercher, ses manières si gênées auprès de moi, si franches, si ouvertes auprès d'elle.... C'est un excellent jeune homme, Charlotte sera parfaitement heureuse avec lui.... Mais elle me quittera.... Tout le monde me quittera....

(*Elle arrange des pots de fleurs sur le bureau de son père, et contemple plus particulièrement l'une de ces fleurs qu'elle a séparée des autres.*)

Pauvre fleur ! toi qu'il a rapportée hier des montagnes, tu seras plus heureuse que moi !

ROMANCE.

J'aurai le sort de la fleur des déserts ;
Croissant au loin sans espoir d'être vue,
Ses vains parfums sont perdus dans les airs ;
Elle vit seule, elle meurt inconnue.

De l'avenir offert à ma douleur
Mes yeux en pleurs mesurent l'étendue,
J'aurai vécu sans espoir, sans bonheur,
Et je mourrai, solitaire, inconnue.

Que dis-je, hélas ! d'un père malheureux
Je soutiendrai la vieillesse abattue ;
Des soins si doux ont pour témoins les cieux,
Je ne crains pas de mourir inconnue

SCÈNE VI.

EMMA, ARTHUR.

(*Après la romance, Emma est restée dans l'attitude de la rêverie, la main appuyée sur le vase auquel elle vient de s'adresser.*)

EMMA, *entendant quelqu'un qui s'approche.*

Ah !

ARTHUR.

Pardon, mademoiselle, j'interromps peut-être vos réflexions ?

EMMA.

Non, monsieur.

ARTHUR.

J'ai cru, voyant entre vos mains cette plante assez rare que j'ai rapportée hier de mes courses, qu'elle avait pu donner lieu....

EMMA.

Je la tenais par distraction.

ARTHUR.

Desirez-vous que j'aille chercher votre harpe ? M. Milton va descendre, vous savez combien il aime, en entrant dans son cabinet, à être en même temps frappé du parfum des fleurs et des sons d'une douce mélodie.

EMMA, *d'un ton un peu piqué.*

Je connais les goûts de mon père, j'aime à les prévenir, et l'on peut s'en reposer sur moi; mais je ne puis faire de musique ce matin.

ARTHUR.

Vous paraissez avoir quelque inquiétude !

EMMA.

Aucune, je vous assure ; mais...... savez-vous si M. Godwin a apporté d'heureuses nouvelles à mon père?

ARTHUR.

Ils ont eu à peine le temps de s'embrasser: une querelle survenue dans le village a forcé M. Godwin de sortir pour aller interposer son office de paix; mais je me flatte qu'il n'aura rien d'affligeant à nous apprendre.

EMMA.

Oh oui ! monsieur,..... toutes les nouvelles seront bonnes aujourd'hui; miss Charlotte m'en a déja donné une.

ARTHUR, *avec émotion.*

Miss Charlotte.... !

EMMA.

Est ma compagne, mon amie; elle ne me cache rien, et j'ai été enchantée d'apprendre que vous lui rendiez la justice qu'elle mérite.

ARTHUR, *vivement.*

Ah! mademoiselle,.... j'aime à la rendre à tout ce qui vous intéresse ; mais croyez....

EMMA.

Oui, monsieur, je crois tout ce qu'elle m'a dit; tout ce que j'avais vu moi-même sans le comprendre, je l'avoue.

ARTHUR.

Hé quoi! vous avez vu....

EMMA.

Que Charlotte sera heureuse, que vous l'êtes beaucoup aussi, et qu'à mon tour....

ARTHUR.

Non, mademoiselle, non, il n'est pas possible....

EMMA, *l'interrompant.*

Pardon, monsieur, mon père doit m'attendre pour lui donner la main.... Mon père ne sera plus le jouet d'une erreur que je me suis toujours reprochée : voilà ce qui m'intéresse le plus au succès de vos vœux. (*Elle sort, Arthur reste interdit.*)

SCÈNE VII.

ARTHUR, *seul.*

Il est clair que cette pauvre Charlotte a pris pour des sentiments d'amour quelques égards affectueux que la bonté de son cœur m'a paru mériter; mais Emma, Emma...... Ah! pourquoi l'ai-je vue? Est-ce là le motif qui m'a conduit ici? Est-ce là l'engagement que j'ai contracté? Fatale situation! où l'amour et le devoir luttent avec d'égales forces; où cet amour, qui en tout autre temps, en tout autre lieu, eût fait la gloire et le charme de ma vie, devient un crime au milieu des soins qu'une autorité sacrée m'a imposés. Non, c'en est fait, il faut qu'à jamais renfermé dans mon cœur.... Qu'est-ce?

SCÈNE VIII.

ARTHUR, UN JOCKEI, *entrant d'un air mystérieux.*

LE JOCKEI.

Une lettre pour milord.

ARTHUR.

Malheureux! ne vous a-t-on pas recommandé de supprimer ce titre? Pourquoi est-ce vous qui venez? Où est John?

LE JOCKEI.

C'est lui qui m'envoie.

ARTHUR.

Comment! que lui est-il arrivé?

LE JOCKEI.

Oh! peu de chose; une dispute dans un cabaret.

ARTHUR.

Sortez, et rappelez-vous de n'approcher de cette maison qu'avec les précautions que j'ai prescrites.

LE JOCKEI.

Oui, mi...., oui, monsieur. (*Il sort.*)

SCÈNE IX.

ARTHUR, *seul. Il lit.*

C'est de Londres.

« MILORD,

« J'ai mis sous les yeux du conseil de sa majesté les
« notes que vous m'avez adressées. On s'occupait en ce
« moment de la liste des rebelles ; il n'y a pas de doute que
« John Milton, secrétaire du prétendu protecteur, n'y
« soit un des premiers inscrits ; ne le perdez donc pas de
« vue : j'aurai soin d'informer votre seigneurie de tous
« les événements et de ce qui vous restera à faire. »

Oui, je remplirai mon devoir dans toute son étendue, quel que soit ensuite le jugement qu'on en porte. Mais j'aperçois Milton. Allons nous assurer si ce valet n'a été vu de personne. (*Arthur en sortant s'arrête un instant pour contempler Milton, qui entre appuyé sur sa fille.*)

SCÈNE X.

MILTON, EMMA.

MILTON.
Au parfum que je respire, je m'aperçois que nous entrons dans mon cabinet ; il y a ici une plante étrangère.

EMMA.
Oui, mon père, un prothéa, que l'on doit aux soins

de M. Arthur. Mais comment pouvez-vous distinguer....
####### MILTON.

Un sens, mon enfant, s'enrichit de la perte d'un autre; mais quel triste dédommagement! A quel bienfait du ciel peut-il être encore sensible, celui qu'une nuit éternelle environne, qui ne reverra plus sa fille, qui ne reverra plus la lumière du soleil?

HYMNE A LA LUMIÈRE.

O toi dont l'univers atteste
Les miracles et les bienfaits!
Soleil, à ta clarté celeste
Mes yeux sont fermés pour jamais.
Rends à la terre sa parure,
Remplis les cieux de ta splendeur;
Et chaque jour à la nature
Donne la vie et le bonheur.
Moi seul, quand le ciel se colore,
A ton aspect, quand l'ombre fuit,
Je redemande en vain l'aurore
Après une si longue nuit.

(*Emma, pendant que son père chante, s'assied à une table où elle est occupée à copier de la musique; elle s'interrompt de temps à autre, en regardant son père avec attendrissement; elle revient à lui un peu avant la fin de l'air.*)

####### EMMA.
Éloignez cette idée funeste.
####### MILTON.
Pardon, je t'afflige toujours. Mais où donc est Arthur?

SCÈNE XI.

LES PRÉCÉDENTS, ARTHUR.

ARTHUR.

Me voici, monsieur.

MILTON, *lui prenant la main.*

Hé bien, mon ami, je t'ai bien fatigué ce matin; une poitrine de soixante ans s'accommode mal d'une lecture de trois heures : mais ce qui m'étonne toujours, et dont je ne reviens pas, c'est la jeunesse de ta voix, la fraîcheur de tes inflexions.... Mon Antigone, approche un peu mon fauteuil.

ARTHUR.

Je vais....

MILTON, *le retenant.*

Reste donc là, il faut que la jeunesse agisse.

(*Emma, après avoir approché le fauteuil, prend le bras de son père, et l'aide à s'asseoir.*)

Dis-moi, Arthur, ne trouves-tu pas que je ressemble beaucoup à Œdipe?

ARTHUR.

Je trouve que vous ressemblez davantage à Homère.

MILTON.

Nous verrons cela dans trois ou quatre mille ans : mais ce que je sais dès aujourd'hui, c'est que la fille du malheureux roi de Thèbes ne valait pas mieux que la mienne.

EMMA.

Tout le monde, mon père, ne me voit pas avec..... votre indulgence.

SCÈNE XI.

MILTON.

J'ai cru qu'elle allait dire avec mes yeux.

ARTHUR.

Le cœur de mademoiselle n'a point de distraction.

MILTON.

Bon! tu parles toujours de son esprit et de son cœur, et tu ne dis jamais rien de sa beauté; pourtant, si j'ai bonne mémoire, elle doit être jolie, mon Emma.

(*Emma, confuse, retourne à la petite table.*)

ARTHUR.

Sans doute mademoiselle est charmante; mais je suis encore plus touché de ses vertus que de ses charmes.

MILTON.

Égoïsme, monsieur, égoïsme! Ne t'y trompe pas, mon enfant : nous autres vieillards, nous n'avons rien à attendre des attraits d'une femme, et nous avons tout à espérer de ses vertus.... Que fais-tu, mon Emma?

EMMA.

J'achève de copier cet air écossais que vous aimez tant.

MILTON.

Il est vrai que je ne me lasse pas de te l'entendre chanter avec Arthur; vos deux voix se marient si bien... Est-ce fini?

EMMA.

Oui, mon père.

MILTON.

Hé bien, chante, mon enfant; j'ai besoin de cela pour me distraire de quelques pensées qui m'importunent.

CHANSON ECOSSAISE

EMMA, ARTHUR.

Quittez les riantes campagnes,
Cherchez le plus obscur séjour,
Fuyez au sommet des montagnes,
Par-tout vous trouverez l'amour

EMMA.

Voyez-vous la neige qui brille
Là haut sur ce mont sourcilleux?
C'est là qu'Edmond avec sa fille
Vivaient ignorés, mais heureux.

EMMA, MILTON, ARTHUR.

Quittez les riantes, etc.

ARTHUR.

Poursuivant le chamois agile,
D'aventure un jeune chasseur
A pénétré dans cet asile;
Adieu repos, adieu bonheur!

ENSEMBLE.

Quittez les riantes, etc.

EMMA.

Le cœur d'Ida s'est laissé prendre
Plus vite, hélas! que le chamois;
Ida, trompée et toujours tendre,
Depuis va chantant dans les bois

ENSEMBLE

Quittez les riantes, etc.

EMMA.

Voilà M. Godwin!

MILTON.

Ah! tant mieux.

SCÈNE XII.

LES PRÉCÉDENTS, GODWIN.

MILTON.

Enfin tu es libre, nous allons, j'espère, causer de nos affaires.

GODWIN, *regardant à droite et à gauche.*

Causer ! mieux que ça; où est Charlotte ?

EMMA.

Elle est, je crois, au jardin.

MILTON.

Hé bien, l'ami, as-tu quelques nouvelles de cette fameuse liste ?

GODWIN, *regardant Arthur très sévèrement.*

Oui, j'en ai. C'est bien cela.

MILTON.

En suis-je ?

GODWIN, *observant toujours.*

Je n'en sais encore rien.

MILTON.

Vous verrez qu'ils ne me laisseront pas le temps d'achever mon *Paradis perdu*. Tant pis pour eux, car ce ne sera ni leur *Dorset*, ni leur *Rochester* qui le finiront.

GODWIN, *pendant que Milton parlait, a continué à observer attentivement Arthur et Emma; puis, arrêtant ses yeux sur cette dernière, il dit :*

Ce serait une perfidie !

MILTON.

Il n'y a pas là de perfidie, les battus ont tort. A la vérité on pouvait être plus généreux; je ne leur demandais que deux ans pour achever mon ouvrage.

ARTHUR.

Je crois, M. Milton, que vous pouvez être tranquille.

GODWIN.

Je ne le suis pas, moi, et je soupçonne certaines gens.... Heureusement nous avons des yeux.

MILTON.

J'en voudrais dire autant. Mais dis-moi, Godwin, est-il possible que ce lord Davenant, dont j'avais ouï vanter le caractère, soit devenu notre plus ardent persécuteur?

GODWIN.

N'est-il pas devenu le favori de Charles II?

MILTON.

Mais est-il vrai qu'il emploie, comme on le dit, jusqu'à ses amis les plus intimes à la recherche des malheureux fugitifs?

GODWIN.

Ne faut-il pas qu'il fasse sa cour mieux qu'un autre?

MILTON.

Et tu n'as pu parvenir jusqu'à lui?

GODWIN.

Jamais. On le dit absent.

ARTHUR.

C'est qu'il l'est, sans doute.

GODWIN.

C'est qu'il craint de m'entendre.

ARTHUR, *gravement*.

Vous, monsieur?

GODWIN.

Oui, moi.

SCÈNE XII.

ARTHUR.

Et que lui auriez-vous dit?

GODWIN, *avec chaleur.*

Ce que je lui aurais dit?.... Milord, le 24 avril de l'année 1650, Milton, secrétaire de Cromwel, entrait dans l'hôtel-de-ville de Londres, au moment où une grande foule de peuple en sortait; Milton préoccupé, levant les yeux par hasard, voit devant lui et reconnaît ton père, son ancien ami de collège : il s'élance dans ses bras, et lui demande où il va. A la mort, répond lord Davenant. Milton ne s'était pas aperçu en effet que son ami faisait partie de plusieurs condamnés que l'on menait au supplice.—Arrêtez! s'écrie-t-il. Son nom, son titre, la faveur dont il jouit, ont suspendu la marche. Il vole aux pieds du protecteur; il l'implore, le presse avec tant d'éloquence qu'il obtient la grace de son ami, et revient l'arracher à la main des bourreaux. Voilà ce que je lui aurais dit.

MILTON.

Diable, mon cher Godwin, tu te souviens de ces détails mieux que moi-même.

ARTHUR, *froidement.*

Qui pourrait, monsieur, oublier de pareils traits?

GODWIN.

Ceux qui en profitent. (*bas à Arthur.*) Tes relations avec nos ennemis me sont connues; je devine ce que tu fais ici.

ARTHUR, *bas à Godwin.*

Raison de plus pour vous d'être prudent.

GODWIN, *avec force.*

Je le serai.

MILTON.

Quoi?

GODWIN, *très brusquement.*

Suffit. Charlotte!

MILTON.

Est-ce que tu pars?

GODWIN.

Oui. Charlotte!

MILTON.

Reviendras-tu?

GODWIN.

Peut-être. Holà! Charlotte!

(*Il sort.*)

MILTON, *éclatant de rire.*

Ah! ah! ah! ah! ah!

SCÈNE XIII.

ARTHUR, EMMA, MILTON.

EMMA.

Assurément, mon père, il y a quelque chose dans l'esprit de M. Godwin qui me fait trembler.

MILTON.

Bon! ce n'est rien; il est aujourd'hui un peu plus quaker qu'à l'ordinaire; voilà tout. Mais je voudrais dire deux mots à Arthur, laisse-nous un moment.

EMMA.

Volontiers.

(*Elle sort très agitée, Arthur la suit long-temps des yeux.*)

SCÈNE XIV.

ARTHUR, MILTON.

MILTON, *faisant approcher Arthur très près de lui.*

Mon ami, il ne s'agit plus de plaisanter avec le danger. Je connais parfaitement Godwin, c'est lorsqu'il parle le moins, qu'il a le plus à dire. Je n'ai pas dû raisonnablement me flatter que Charles II laissât en repos le secrétaire du protecteur. Point de doute que je ne sois proscrit, et peut-être découvert; les montagnes d'Écosse m'offrent encore un asile, il faut s'y rendre.

ARTHUR.

Mais, monsieur, pouvez-vous croire que vos talents, votre génie?....

MILTON.

Ne parlons pas de cela. Les talents et le génie dans l'infortune ne sont que des ennemis de plus : il faut fuir, et je viens exiger de toi une grande marque d'amitié.

ARTHUR.

Ah! monsieur.

MILTON.

Écoute. Comme je ne veux pas associer ma fille aux dangers d'un voyage précipité, comme Godwin sera probablement recherché lui-même, ou du moins très observé, j'ai formé le projet de partir seul, cette nuit, avec Charlotte; ma fille restera sous ta garde dans quelque village voisin, jusqu'à ce que vous puissiez profiter ensemble d'un moment favorable pour venir me trouver.

ARTHUR.

Quoi! mon ami, vous me confieriez votre fille?

MILTON.

Pourquoi pas? ton âge, ta prudence, ton amitié pour moi, ne me permettent pas de croire que je puisse la mettre en meilleures mains.

ARTHUR.

Ah! soyez sûr que votre confiance....

MILTON.

Hé bien! dis-moi donc que tu acceptes.

ARTHUR, *après un moment de silence.*

Non, monsieur, non; mon avis est que vous ne quittiez pas encore ces lieux; mais si une affreuse nécessité vous forçait à fuir, Emma doit rester avec Charlotte, et c'est à moi à vous accompagner. De quel secours vous serait une femme en pareille occasion? (*il s'échauffe graduellement.*) comment son faible bras repousserait-il vos ennemis, écarterait-il le danger, soutiendrait-il, dans une marche pénible, vos pas incertains? Mais moi, jeune....

MILTON.

Comment jeune?

ARTHUR.

Je veux dire fort pour mon âge; connaissant bien le pays, fait à la fatigue, et me souvenant encore comme on s'escrime au besoin. S'il faut gravir une montagne, je vous y porte; s'il faut passer un torrent, je m'y jette avec vous à la nage; s'il faut tirer l'épée....

MILTON.

Quel diable d'homme! Et d'où te vient cette chaleur

juvénile? Il me semble entendre un amoureux de vingt ans, au moment d'enlever sa maîtresse.

ARTHUR.

Je n'ai guère plus, monsieur, quand il s'agit de vous servir. Mais encore une fois ne précipitons rien, les bruits publics sont si mensongers, la craintive amitié s'alarme si aisément, et il est si possible que les nouvelles d'aujourd'hui soient plus heureuses....

MILTON, *avec abandon.*

Arthur, tu ne veux pas me tromper, toi, tu as un bon esprit et un bon cœur, je cède à ton avis, mais que tout ceci soit un secret pour Emma.

ARTHUR, *bas à Milton.*

La voici.

MILTON.

Pour qu'elle ne se doute de rien, reprenons nos occupations ordinaires.

SCÈNE XV.

LES PRECÉDENTS, EMMA.

EMMA, *à la porte du cabinet.*
Vous m'avez appelée, mon père?

MILTON.

Non, mon enfant, mais tu peux entrer.

EMMA, *à part, regardant Arthur et son père qui sourient.*

Allons, tant mieux, il n'y a que moi de triste dans toute la maison.

MILTON.

Voici l'instant où je vais prendre l'air au jardin avant

de me mettre au travail; j'ai besoin d'être inspiré, j'en suis à ma belle description des amours *d'Adam et Ève.* Toi, pendant ce temps, tu vas prendre ta leçon de dessin. Es-tu content de ton écolière, Arthur?

ARTHUR.

Beaucoup plus que de moi-même.

MILTON.

Que lui fais-tu dessiner?

ARTHUR.

Une tête d'Héloïse, d'après Le Corrége.

MILTON.

Héloïse, soit; mais qu'il ne soit jamais question de son amant; je n'aime point cet Abeillard, ce théologien hypocrite, sans probité, sans honneur, qui, sans respect pour les lois saintes de l'hospitalité, s'introduit dans la maison d'un vieillard pour séduire et déshonorer sa nièce.

ARTHUR.

Il est inexcusable, sans doute, non pour avoir aimé son écolière, (qui peut répondre de son cœur?) mais pour avoir osé le lui dire. Je sens qu'à sa place je serais mort mille fois avant d'avoir laissé échapper mon secret.

MILTON, *lui frappant sur l'épaule.*

Bien, mon ami, bien, pourquoi n'as-tu pas trente ans de moins? (*se tournant vers Emma.*) Il va me conduire, et je te le renvoie tout de suite.

SCÈNE XVI.

EMMA, *puis* ARTHUR.

EMMA, *soupirant.*

Pourquoi n'a-t-il pas trente ans de moins?.... Votre souhait est rempli, mon père, pour le bonheur de Charlotte.

(*Elle s'assied prend la tête d'Héloïse et la contemple.*)

DUO-QUATUOR.

EMMA.

Quels traits! quelle grace touchante!
C'est la beauté dans la douleur.

ARTHUR, *sans être vu.*

Quels traits, quelle grace innocente!
C'est la beauté, c'est la pudeur.

EMMA.

Un chagrin secret la tourmente,
Le trouble est au fond de son cœur

ARTHUR.

Aucun chagrin ne la tourmente,
La paix est au fond de son cœur

EMMA, *se tournant, et apercevant Arthur qui s'avance.*

La paix! Voyez ce regard tendre.

ARTHUR.

Oh! oui, je vois ce regard tendre.

EMMA, *regardant le ciel comme Héloïse.*

Ces pleurs qui coulent de ses yeux.

ARTHUR.

Pourquoi s'adressent-ils aux cieux?

EMMA.

Quel pinceau pourra jamais rendre
Ce sentiment délicieux?

ARTHUR.

Il n'est pas facile de rendre
Un sentiment délicieux

ENSEMBLE

Il n'est pas facile, etc.

(*A cet endroit du duo, et pendant la ritournelle, Charlotte paraît dans le cabinet de son oncle, des papiers à la main, qu'elle place dans un secrétaire. Godwin entre précipitamment, et le quatuor commence.*)

SCÈNE XVII.

ARTHUR, EMMA, *dessinant;* GODWIN, CHARLOTTE.

GODWIN.

Ici ne peut-on nous entendre?

CHARLOTTE.

Non, ils sont tous dans le bosquet

GODWIN.

Fille imprudente, qu'as-tu fait,
Sais-tu ce que je viens d'apprendre
Par les aveux de son valet?

CHARLOTTE.

O ciel! que venez-vous d'apprendre
Par les aveux de son valet?

GODWIN.

De Milton cet ami sincère...

EMMA.

On parle, je crois de mon père

(*Ici Emma étonnée prête l'oreille, se lève lentement; Arthur s'approche plus près du lieu où l'on parle.*)

SCÈNE XVII.

ARTHUR.

Oui, l'on parle de votre père.

GODWIN.

Ce jeune Arthur qui sut te plaire,
Trompant tout le monde en ce jour

CHARLOTTE.

Hé bien !

GODWIN.

C'est Emma qu'il adore.

CHARLOTTE.

O ciel ! c'est Emma qu'il adore.

GODWIN.

Emma bien plus coupable encore,
Emma partage son amour

ENSEMBLE

Emma partage son amour.

(*A ces mots les deux amants ont baissé les yeux, le crayon tombe de la main d'Emma, elle reste dans l'attitude de la confusion.*)

GODWIN.

Paix, paix, silence,
Sur le perfide qui t'offense
J'ai bien encor d'autres soupçons ;
Et je rassemble en diligence
Tous les amis.

(*Ici Arthur fait exprès du bruit.*)

On vient, sortons

(*Ils disparaissent du cabinet.*)

SCÈNE XVIII.

EMMA, ARTHUR.

(Ils gardent quelques moments le silence ; ils lèvent timidement leurs yeux qui se rencontrent.)

ARTHUR.
En vain je cachais dans mon ame
De l'amour les plus doux transports,
Un autre a décelé ma flamme,
Me punirez-vous de ses torts ?

EMMA.
De cette faute involontaire
On m'accuse aussi bien que vous.

ARTHUR.
Je vous aimais, j'ai pu me taire,
Cet effort les renferme tous.

EMMA.
On m'accuse aussi bien que vous,
ENSEMBLE
Je cachais en vain dans mon ame
Les plus doux transports de l'amour,
Un autre a décelé ma flamme,
Mon cœur le décèle à son tour.

(Arthur tombe aux genoux d'Emma.)

SCÈNE XIX.

EMMA, ARTHUR, MILTON, *il arrive en tatonnant.*

MILTON, *d'un ton inspiré.*

Oui, je la peindrai cette situation sublime, ce premier aveu de l'amour dans les jardins d'Éden. (*Emma a couru vers son père.*) Je reviens seul, puisque l'on m'oublie.

EMMA.

Je ne croyais pas....

MILTON.

La fraîcheur d'un air embaumé, le chant des oiseaux, la douce chaleur du soleil, ont exalté ma tête; prends ta harpe, ma fille, et soutiens l'enthousiasme dont je me sens animé.

(*Emma se place avec sa harpe vers le milieu de la scène, Milton à sa droite, debout et appuyé sur le dosier d'un large fauteuil, levant les yeux vers le ciel. Arthur du côté opposé, à une petite table, à portée d'Emma; il se met en devoir d'écrire les vers que va dicter Milton.*)

Pénètre-toi des sentiments et des images que je veux exprimer, tout doit respirer ici la pureté, l'innocence, et l'amour.

(*Emma prélude.*)

Écris, Arthur.

MORCEAU D'ENSEMBLE

MILTON.

Au sein du plus riant bocage
Le printemps exhalait ses naissantes odeurs,

Les oiseaux peuplaient le feuillage,
Et mêlaient leur tendre ramage
Au murmure des eaux fuyant parmi les fleurs

EMMA, ARTHUR.

Des premiers jours de la nature
Je crois voir le tableau charmant,
De cette volupté si pure
J'éprouve ici l'enchantement

MILTON.

C'est là qu'obéissant à l'attrait qu'elle ignore,
Écoutant de son cœur les tendres mouvements,
Ève suit l'époux qui l'adore;
La terre pour eux se décore,
Et paraît s'embellir encore,
A l'aspect des premiers amants.

(*Ritournelle de harpe.*)

D'abord soupirant en silence,
Des yeux la muette éloquence
Est l'interprète de leurs cœurs;
Ils s'approchent, leurs mains s'unissent:
D'un sentiment nouveau leurs âmes se remplissent,
La terre et les cieux applaudissent
A leurs chastes ardeurs

(*Pendant ce couplet, Emma et Arthur entraînés par l'analogie de leur situation, se rapprochent peu-à-peu, ils sont presque dans les bras l'un de l'autre.*)

ENSEMBLE

En faveur d'un couple qu'il aime,
Le ciel dans cet heureux séjour,
Place ainsi le bonheur
Entre l'innocence et l'amour

SCÈNE XX.

LES PRÉCÉDENTS, GODWIN, CHARLOTTE.

GODWIN, *montrant le tableau à sa nièce.*
Maintenant, croiras-tu qu'il l'aime?
Le crois-tu payé de retour?
Vois ces regards, ce trouble extrême;
Dis-moi si c'est là de l'amour

CHARLOTTE.
Et comment ne pas voir qu'il l'aime?
Je suis convaincue à mon tour,
Mon dépit m'éclaire lui-même;
Il est trop vrai, c'est de l'amour

GODWIN, *d'une voix tonnante.*
Bien, bien, à merveille.

MILTON.
Ah! ah! tu nous écoutais; hé bien! comment trouves-tu cela?

GODWIN.
Divin.

MILTON.
Ne s'aperçoit-on pas que la scène se passe dans le paradis terrestre?

GODWIN, *toujours avec force.*
Oui, à en juger par le serpent qui s'y est glissé.

MILTON.
Nous n'en sommes pas là, tu vas trop vite; les heureux habitants d'Éden vivent encore dans l'innocence.

GODWIN.
Et le crime s'agite auprès de toi; mais le temps presse, les ménagements sont inutiles. Ton nom est inscrit sur

la liste fatale, fuis, si tu ne veux avant une heure être livré par un traître aux mains de tes persécuteurs.

ARTHUR.

Et qui donc osera....?

GODWIN, *furieux.*

Qui, malheureux?

ARTHUR, *fortement.*

Parlez.

EMMA, CHARLOTTE.

Mon oncle, monsieur!

MILTON.

Allons, voilà les factions aux prises.

SCÈNE XXI.

LES PRÉCÉDENTS, UN DOMESTIQUE.

LE DOMESTIQUE.

Des gens à la livrée du roi entourent la maison, et demandent M. Arthur.

ARTHUR.

J'y cours, je sais ce que c'est.

(*Il sort.*)

SCÈNE XXII.

LES PRÉCÉDENTS, HORS ARTHUR.

GODWIN.

Et moi aussi, traître, je le sais.

MILTON.

Arthur, un traître! qu'est-ce que cela signifie?

SCÈNE XXII.

EMMA.

Non, mon père, c'est impossible.

GODWIN.

Quelques mots échappés à l'un de ses valets arrêté ce matin m'avaient aidé à pénétrer son infame projet; j'amenais quelques amis pour protéger ta fuite; mais le monstre avoit pris ses précautions, et il ne nous reste plus qu'à partager ton sort.

SCÈNE XXIII.

LES PRÉCÉDENTS, ARTHUR, *suite d'Arthur.*

EMMA, *courant à lui.*

M. Arthur, ils disent que vous trahissez mon père?

GODWIN.

Applaudis-toi, l'ami, dans un pays et dans un temps où tes pareils sont si communs, aucun ne peut se vanter d'une action plus atroce.

MILTON.

Arthur, je n'ai qu'un reproche à vous faire : c'est de m'avoir appelé votre ami.

ARTHUR.

Je vois qu'on se presse beaucoup ici de flétrir le caractère de l'homme que l'on ne connaît pas. M. Godwin, voilà ma réponse à vos injures.

GODWIN.

Une lettre du secrétaire d'état!

ARTHUR.

Lisez.

GODWIN.

Londres, 10 du mois d'août.

Milord.

MILTON.

Comment, milord? A qui donc s'adresse cette lettre?

ARTHUR.

Permettez que monsieur continue.

GODWIN, *lisant.*

« Milord, j'ai mis sous les yeux de sa majesté la décla-
« ration par laquelle vous offrez votre personne et votre
« fortune pour garant du sieur John Milton qui vient
« d'être mis hors du pardon du roi, par arrêt du conseil.
« Sa majesté apprécie les motifs honorables de votre con-
« duite, et quels que soient ses sujets de plainte contre
« celui auquel vous prenez un si grand intérêt, elle veut
« bien, en faveur des services de votre père et des vô-
« tres, se charger d'acquitter votre dette. En conséquen-
« ce, elle m'ordonne de vous annoncer que John Milton
« est compris nominativement dans l'acte de pardon
« émané du trône, dont je joins ici copie. »

EMMA.

Hé bien! mon père, qu'avais-je dit?

GODWIN.

Touche là, milord, je suis un sot.

MILTON, *impatienté.*

Milord, milord, m'expliquera-t-on cette énigme?

ARTHUR.

Peu de mots suffiront, monsieur. Je fais aujourd'hui pour vous, ce qu'avec plus de danger vous avez fait jadis pour mon père. Je suis le fils de William Davenant.

SCÈNE XXIII.

CHARLOTTE.

Ah, mon Dieu!

MILTON.

Comment cet Arthur, ce vieillard....?

ARTHUR.

Pardonnez un innocent artifice commandé par votre salut même; par le besoin d'acquitter plus sûrement cette dette sacrée que mon père m'a léguée en mourant. Le favori de Charles II, s'il se fût présenté chez vous sous son véritable nom, n'eût excité que votre défiance et celle de vos amis; cependant les dangers croissaient autour de vous, et dans un temps où les ordres les plus sévères sont le plus rapidement exécutés, je n'ai dû me fier qu'à moi-même du soin de veiller sur vos jours.

MILTON.

Milord, je sens avec reconnaissance toute la noblesse de votre procédé, mais excusez ma franchise, je conserve sur vous un avantage : lorsque je sauvai les jours de votre père, il n'avait pas de fille.

ARTHUR.

Je ne puis vous cacher, monsieur, l'impression que la vôtre a faite sur mon cœur, mais le ciel m'est témoin que ses charmes m'étaient inconnus lorsque j'entrai dans cette maison; et tel a été mon respect pour elle, pour vous, pour votre illustre infortune, qu'elle ignorerait encore mes sentiments, si monsieur, tout-à-l'heure dans ce cabinet, n'avait pris soin de l'en instruire.

GODWIN.

C'est donc ce que j'ai fait de mieux aujourd'hui?

ARTHUR.

Après un tel aveu, mon respectable ami, vous concevez quelles sont mes espérances!

MILTON.

Il est des bienfaits, milord, qui ne permettent pas même la réflexion; mais, mon ami, vous suivez une carrière où mon nom fera naître de grands obstacles sur vos pas.

ARTHUR.

Bannissez toute crainte, les esprits bien faits ne sont pas plus sévères que la postérité; l'erreur s'efface, le génie et la vertu demeurent. Le nom de Milton honorera ma famille, comme il honore lui-même son siècle et son pays.

MILTON.

Vous le voulez, j'y consens. Tranquille sur mon sort, sur celui de ma fille chérie, je vais, consacrant aux muses les restes d'une vie trop agitée, essayer de recommander mon nom à la mémoire des hommes.

ENSEMBLE

MILTON.

Hymen, de ma fille chérie
Viens embellir cet heureux jour

EMMA, ARTHUR.

Hymen, de ta chaîne fleurie
Viens unir l'amitié, le génie et l'amour.

CHARLOTTE, GODWIN.

Que le laurier du Pinde au myrte se marie,

TOUS

Hymen, viens unir en ce jour
L'amitié, la gloire et l'amour.

LE MARIAGE

PAR IMPRUDENCE,

OPÉRA-COMIQUE EN UN ACTE.

Musique de M. DALVIMAR,

REPRÉSENTÉ POUR LA PREMIÈRE FOIS SUR LE THÉATRE DE
L'OPÉRA-COMIQUE, LE 4 AVRIL 1809.

PERSONNAGES.

M. DE CLÉNORD, seigneur du château.
ADÈLE, sa fille.
VALBRUNE, jeune peintre, amant d'Adèle.
NICETTE, femme de chambre d'Adèle.
RENÉ, jardinier.

LE MARIAGE
PAR IMPRUDENCE,
OPÉRA.

SCÈNE PREMIÈRE.

Le théâtre représente une portion du parc de Clénord. Sur la gauche, une aile du château, où règne un balcon, et qu'environnent quelques arbres groupés d'une manière pittoresque. En avant, du même côté, une espèce de bosquet avec des siéges de jardin et une table de marbre. Le fond représente un beau paysage orné de fabriques.

VALBRUNE, *seul.*

(*Il est assis sur un siège pliant, dont se servent les peintres de paysages, et s'occupe à dessiner.*)

AIR.

Tableau charmant, frais paysage!
J'ai reproduit ta douce image.
Adéle, voila ton séjour!
Tableau charmant, frais paysage,
Je le sens, vous êtes l'ouvrage,
Non du talent, mais de l'amour.

Je vois le ruisseau qui murmure,
Et, sous ce dôme de verdure,
Des oiseaux j'entends les concerts.

Tout s'anime, et, dans ma peinture,
Des fleurs même l'odeur si pure
Semble s'exhaler dans les airs.

Tableau charmant, etc.

SCÈNE II.

VALBRUNE, NICETTE.

VALBRUNE.

C'est toi, Nicette; je n'ose t'interroger.

NICETTE.

Cela ne m'empêchera pas de vous répondre : il faut partir.

VALBRUNE.

Qui peut exiger de moi un pareil sacrifice?

NICETTE.

Le devoir, la raison, la sagesse : tout ce qu'il y a de plus respectable, de plus admirable et de moins amusant dans ce monde.

VALBRUNE.

Je t'entends. On me déteste, on me chasse; tu m'abandonnes aussi : je devais m'y attendre.

NICETTE.

Voulez-vous bien vous donner la peine de m'écouter et de me croire? On vous aime.... entendez-vous? et c'est pour cela qu'on ne vous chasse pas, mais qu'on vous prie de vous en aller. Je vous l'avais prédit... Vous avez voulu que je remisse votre lettre à mademoiselle.... Vous lui avez appris en même temps son secret et le vôtre; et, en l'éclairant sur son amour, vous l'avez avertie de son danger.

SCÈNE II.

VALBRUNE.

Des dangers pour Adèle! Eh! que peut-elle craindre?

NICETTE.

Voilà bien une question d'amant!.... Pour Dieu, tâchons d'avoir un grain de raison entre nous trois, et voyons où nous en sommes. Dans une de nos promenades, nous vous apercevons un crayon à la main sur la crête d'un rocher; (vous y faisiez le plus joli effet du monde!) M. de Clénord est frappé de la grace de votre dessin, et nous, de celle de votre personne. Il vous invite à venir chez lui dessiner les points de vue de sa terre, et vous devenez amoureux de sa fille. Vous ne manquez pas, tous les soirs, de venir chanter des romances sous cette fenêtre; je m'aperçois du manége; et, en duégne sévère, je vais parler, lorsque je reconnais en vous le fils du maître, du bienfaiteur de ma mère. Au lieu de vous dénoncer au père, je vous sers auprès de sa fille; je lui apprends qui vous êtes, les malheurs de votre famille; et sans prévoir les suites d'une pareille imprudence, je hâte les progrès d'un amour qui nous perdra tous trois, si vous ne vous abandonnez entièrement à mes soins.

VALBRUNE.

Elle m'aime, Nicette? Répéte-le-moi : c'est le seul moyen de me rendre docile.

NICETTE.

Bon moyen avec une tête comme la vôtre! il est trop vrai qu'on vous aime. Imaginez tout ce que peut sentir un cœur de seize ans, bien tendre, bien novice, bien préparé à l'amour par la retraite et la mélancolie, vous n'aurez encore qu'une faible idée du sentiment que vous nous avez inspiré.

DUO.

VALBRUNE.

Si je suis aimé d'Adèle,
Qu'ai-je à craindre désormais?

NICETTE.

Oui, vous êtes aimé d'elle,
Croyez-moi, je m'y connais.

VALBRUNE.

L'amitié dans une ame tendre
A quelquefois l'air de l'amour.

NICETTE.

Nicette ne peut s'y méprendre,
Et son cœur l'éclaire à son tour

VALBRUNE.

Que fait Adele en mon absence?

NICETTE.

Tout l'afflige, tout lui déplait.
Que fait-elle en votre presence?

VALBRUNE.

Elle rougit, et se tait.

ENSEMBLE.

NICETTE.	VALBRUNE.
Quelle preuve plus fidéle	Que je sois aimé d'Adèle,
En croirez-vous désormais?	Du sort je brave les traits.
Ah! vous êtes aimé d'elle,	Doux espoir d'un cœur fidéle,
Croyez-moi, je m'y connais	Ne m'abandonnez jamais.

NICETTE.

A tout moment, sans qu'elle y pense,
Votre souvenir la poursuit;
Et du soir la douce romance
Se répète pendant la nuit

| Quelle preuve plus fidele, etc. | Que je sois aimé d'Adele, etc. |

NICETTE.

Mais c'est assez parler de votre amour; parlons de

SCÈNE II.   55

nos craintes. Vous connaissez bien René, le jardinier du château? Il s'était mis en tête d'être mon mari et de supplanter mon pauvre Justin pendant son absence : il est sot, méchant, et laid, vous jugez comme je l'ai reçu. Il cherche à s'en venger, et quelques mots qu'il m'a dit ce matin me font craindre qu'il n'ait découvert notre intelligence, et qu'il n'en instruise M. de Clénord.

VALBRUNE.

Ciel! que dis-tu?.... je pars aujourd'hui même; je quitte ces lieux, la France, et je vais, loin d'Adèle, expier dans l'exil....

NICETTE.

Vous voilà! toujours extrême dans vos résolutions!... au moindre mot, vous perdez la tête. Quittez cette maison; mais ne vous éloignez pas et ménagez-vous les moyens d'y revenir. Mademoiselle vous aime, son père vous estime, Nicette vous est dévouée : il n'y a pas là de quoi se désespérer.

VALBRUNE.

Une fois hors de cette maison, comment en approcher? Comment savoir ce qui s'y passe?

NICETTE.

Ne vous ai-je pas dit que Justin revient de l'armée dans huit jours? Le lendemain, j'en fais mon mari, et monsieur, son garde-chasse. Je vous réponds de son zèle et de son intelligence.

VALBRUNE.

Eh bien, ma résolution est prise; je suivrai tes conseils. Mais, de grace, Nicette, fais que je puisse voir Adèle un moment.... un seul moment encore.

NICETTE.

Monsieur achève sa sieste. Immédiatement après, il doit aller tirer des perdrix à l'extrémité du parc; si ce vilain jardinier ne rode pas ici comme de coutume, mademoiselle pourra venir de ce côté en se promenant....

VALBRUNE.

Que ne te dois-je pas, ma bonne, ma chère, mon adorable Nicette?

NICETTE.

Parlez-moi des amoureux : ils ne marchandent pas les éloges. On vient.... c'est M. de Clénord, je me sauve.
(*Elle s'enfuit et Valbrune se met à dessiner.*)

SCÈNE III.

VALBRUNE, CLÉNORD.

CLÉNORD, *en habit de chasse et un fusil à la main.*
Eh bien! mon cher Valbrune, avançons-nous? Il me semble que vous restez long-temps sur ce point de vue. Voilà quinze jours que je vous vois à la même place.

VALBRUNE.

C'est qu'il est impossible de rien voir de plus pittoresque, de plus ravissant que cette situation.

CLÉNORD.

Vous autres artistes, vous avez une manière toute particulière d'envisager les choses; vous vous extasiez devant des beautés de convention que personne n'aperçoit : car enfin qu'est-ce que l'on voit ici?

VALBRUNE.

D'abord, cette partie du château....

SCÈNE III.

CLÉNORD.

Enterrée dans les arbres; une vraie retraite de hiboux, où ma fille, qui a des goûts d'artiste aussi, a voulu se loger à toute force. A propos d'Adèle, vous peignez aussi la miniature?

VALBRUNE.

Oui, monsieur.

CLÉNORD.

Dans ce cas, vous me ferez son portrait.

VALBRUNE.

Ordonnez, monsieur. A l'instant même, si vous jugez à propos....

CLÉNORD.

Non pas; rien ne presse.... Nous nous en occuperons lorsque vous aurez fini les différentes vues du parc de Clénord. Vous avez des talents, de l'esprit, de la probité, et je suis bien aise, mon cher Valbrune, de trouver une occasion de prolonger votre séjour ici.

VALBRUNE.

Je suis bien reconnaissant de vos bontés, monsieur... Mais il m'est impossible d'en profiter plus long-temps: je suis obligé de partir dans très peu de jours.

CLÉNORD.

Comment diable!.... Vous ne m'aviez pas prévenu de ce brusque départ, et je comptais sur vous pour les apprêts de la fête que je me propose de donner pour le mariage de ma fille.

VALBRUNE, *avec la plus grande surprise.*

Vous allez marier mademoiselle votre fille?

CLÉNORD.

Chut! c'est encore un mystère, même pour elle; c'est une petite surprise que je lui ménage.

VALBRUNE.

Elle aime beaucoup, sans doute, celui que vous lui destinez?

CLÉNORD.

Elle ne l'a jamais vu; mais elle le verra bientôt, je lui dirai de l'aimer, et elle l'aimera.

VALBRUNE.

L'amour quelquefois....

CLÉNORD.

L'amour est, en un mot, une folie convenue, dont on fait beaucoup de bruit dans les comédies et dans les romans, mais dont on peut se préserver, et c'est ce que je fais. Resté veuf, avec une fille très jolie et qui touchait à l'âge de plaire, je me suis consulté. Si je reste à Paris, me suis-je dit à moi-même, j'aurai bientôt à lutter contre la foule des soupirants, des intrigants de toute espece, attirés par la beauté, la jeunesse d'Adèle, et sur-tout par ma fortune. Non pas, s'il vous plaît; et, sur-le-champ, je plie bagage et je viens me confiner dans mes terres au fond de l'Auvergne, où nous vivons bien heureux, bien tranquilles depuis trois ans, et où les amoureux ne viendront pas nous chercher, j'espère.

AIR·

Dans notre aimable solitude,
Tout est bonheur, tout est beau jour!
Pour en bannir l'inquietude,
Nous en avons banni l'amour.
Ces lieux offrent à mon Adèle
Des plaisirs innocents comme elle

Tandis que du cerf aux abois
Je suis la trace dans les bois,
Ah! quel plaisir! dès l'aube matineuse,

SCÈNE III.

Ma meute ardente et belliqueuse
S'élance au milieu des forêts,
Les chevaux hennissent,
Les cors retentissent,
Les échos gémissent ;
Tayaut.... tayaut. Nous sommes après.

Dans notre aimable solitude, etc.

VALBRUNE.

Le hasard met souvent la prudence en défaut.

CLÉNORD.

Je le sais, et c'est pour cela que je me dépêche. Le mari que je destine à ma fille doit arriver incessamment. C'est un jeune homme de quarante-cinq ans, mon ami du collége. Il est possesseur d'un beau nom, d'une grande fortune, et de la forêt la plus giboyeuse qu'il y ait en France; en un mot, de tout ce qui peut me répondre du bonheur de ma fille.

RENÉ, *accourant*.

Eh vite! eh vite! la compagnie de perdreaux vient de s'abattre à la remise.

CLÉNORD.

Mon fusil! (*Il le prend au pied d'un arbre où il l'a posé, et il sort.*)

SCÈNE IV.

RENÉ, VALBRUNE.

RENÉ, *regardant le dessin.*

C'est bien ça.

VALBRUNE.

Trouvez-vous, monsieur René?

RENÉ.

Seulement m'est avis que dans c'te partie, vous ne ménagez pas assez.... Comment c'que vous nommez ça?

VALBRUNE.

Le clair obscur?

RENÉ.

Justement. Il y a trop de clair dans votre obscur.... V'la bien la fenêtre de notre demoiselle, toute grande ouverte, morguenne!.... On distingue jusqu'au fond de la chambre.... et le gros accacia.... je le reconnais.... mais je n'y vois pas....

VALBRUNE.

Quoi donc?

RENÉ.

Un certain rossignol qui vient y chanter tous les soirs.

VALBRUNE.

Il y en a beaucoup dans le parc.

RENÉ.

Non pas de ce plumage-là.

CLÉNORD, *derrière le théâtre.*

René?

RENÉ.

J'y vais.... adieu, monsieur de Valbrune. Ce que j'en dis, ce n'est pas pour effaroucher le rossignol. (*Il sort.*)

SCÈNE V.

VALBRUNE, *seule*.

Il m'a entendu, c'est certain.... Mais peut-être je pourrais acheter sa discrétion.... Acheter!.... corrompre des valets! abuser de la confiance d'un homme qui m'accueille avec bonté! tromper toutes ses espérances, en séduisant sa fille!.... la séduire!.... Je l'aime avec idolâtrie : voilà mon seul crime.... Je puis y échapper par la fuite; j'en ai le courage.... J'entends quelqu'un.... c'est elle; éloignons-nous un moment, et tâchons, en l'abordant, de ménager sa timidité.

SCÈNE VI.

ADÈLE, *seule*.

Nicette veut absolument que je lui dise de s'éloigner.... Comment faire? Je suis bien inquiète.... bien tourmentée!.... Mais je ne sais quel charme se mêle à mes souffrances....

ROMANCE.

Déjà j'entrevois du rivage
L'écueil où je vais m'engager.
Mais l'amour sourit au danger
Dont la raison me présente l'image.
Malgré mes pleurs, mes soupirs,
Je me trouve, dans mes chaines,
Plus heureuse de mes peines
Que de mes premiers plaisirs.

Hélas! en ce moment j'oublie
De l'enfance les jours heureux,
Les loisirs, les aimables jeux,
Et ce repos, doux sommeil de la vie·
D'amour les tendres desirs
Font taire ces plaintes vaines.
S'il me charme par ses peines,
Quels seraient donc ses plaisirs!

SCÈNE VII.

ADÈLE, VALBRUNE.

VALBRUNE.

Oserai-je l'aborder?

ADÈLE.

Vous étiez là?

VALBRUNE.

Je me retire, si ma présence vous importune.

ADÈLE.

Vous voulez donc ne vous en aller jamais?

VALBRUNE.

Je veux vous obéir.

ADÈLE.

Nicette a dû vous dire....

VALBRUNE.

Oui, vous exigez que je vous quitte?

ADÈLE.

Pour quelque temps.

VALBRUNE.

Pour toujours.

ADÈLE.

Oh! non. J'espère encore. Quand vous ne serez plus ici, j'aurai la force de dire à mon père....

SCÈNE VII.

VALBRUNE.

Adèle.... il faut partir.... il faut vous dire un éternel adieu.... Dans quelques jours, vous serez l'épouse d'un autre.

ADÈLE.

Moi !

VALBRUNE.

M. de Clénord, à l'instant même, vient de me faire part de ses projets. Mais au moment de vous perdre, je ne puis résister au besoin de vous ouvrir mon cœur et de vous répéter moi-même ce que ma main a déjà osé vous écrire.

ADÈLE.

Je sens qu'il doit y avoir du mal à vous écouter, car j'ai bien de la peine à vous répondre. Il m'est si doux, si facile de dire a mon père combien je l'aime : d'où vient ce trouble, l'embarras que j'éprouve à vous donner la même assurance? Ma confiance est sans bornes; ne me trompez pas, et dites-moi comment je dois agir pour ne point affliger mon père et pour vous faire connaître le sentiment que vous m'inspirez.

VALBRUNE.

Je n'abuserai pas de la candeur de votre ame; je ne vous apprendrai point à dédaigner des devoirs que je respecte, et j'aurai le courage de vous donner des armes contre moi.

DUO.

VALBRUNE.

Si d'un amour sans espérance
Votre cœur connait la puissance,
Adèle, de votre présence,
Je le sens, il faut me bannir

ADÈLE.

Je ne puis donc vous retenir ?

VALBRUNE.

Vous m'aimez, et je puis l'entendre
Cet aveu si doux et si tendre,
Qui remplit seul tous mes souhaits.

ADÈLE.

Je vous aime : craignez d'entendre
Cet aveu si cruel, si tendre,
Qui nous sépare pour jamais.

VALBRUNE.

Vous qui m'êtes si chère,
Ordonnez-moi de vous quitter.

ADÈLE.

Ah! cet arrêt sévère,
Que j'ai de peine à le dicter !

VALBRUNE.

Éloignez un amant fidèle ;
Le sort le veut, oubliez-moi

ENSEMBLE.

ADÈLE.	VALBRUNE.
Mon cœur d'une absence cruelle	J'emporte l'image d'Adèle,
En vain s'imposerait la loi.	Mon cœur lui gardera sa foi.

De l'amour si l'absence
Ne peut nous délivrer,
Quelle est notre espérance !
Pourquoi nous séparer ?
Le destin nous rassemble.
Acceptons ses bienfaits :
Du bonheur d'être ensemble
Ne nous privons jamais.

NICETTE, *approchant.*

Alerte! c'est le jardinier.

SCÈNE VII.

VALBRUNE.

Chère Adèle, souvenez-vous bien....

NICETTE.

Vous achéverez vos adieux ce soir. (*elle chante.*) *Sous ce feuillage....* (*Valbrune sort.*) Et vous, mademoiselle, laissez-moi seule avec ce vilain homme; je crains qu'il ne nous joue quelque tour....

ADÈLE.

Il est défiant et sournois....

NICETTE.

En le fâchant on lui fait dire tout ce qu'il sait.

(*Adèle s'en va du côté opposé à celui par lequel Valbrune est sorti.*)

SCÈNE VIII.

NICETTE, RENÉ.

RENÉ.

M'est avis que je suis un épouvantail, et j'ai bien peur d'avoir fait fuir d'ici queuq'z'un.

NICETTE.

Vous vous trompez, j'étais seule.

RENÉ.

En êtes-vous bien sûre? Il faut que votre bouche me trompe, ou que ce soyont mes yeux; et, ma fine, j'ai plus de confiance en eux qu'en vous.

NICETTE.

Si je vous trompe, M. René, ce n'est du moins pas quand je vous dis que je vous déteste.

RENÉ.

Peut-être bien que si.... qu'est-ce qui sait?

NICETTE.

Non, en vérité; c'est du fond du cœur.

RENÉ.

Comme je sais que vous mentez quelquefois, j'prends toutes vos r'buffades pour des douceurs, et j'crois tout juste le contraire de c'que vous me dites.

NICETTE.

Que ne parliez-vous? Il n'y a rien que je ne fasse pour vous persuader.

COUPLETS

Vous avez une ame belle,
Un bon cœur, des traits charmants
Je vois en vous le modèle
Des époux et des amants.
A vous aimer, à vous plaire,
Je borne tous mes souhaits;
Mais croyez.. tout le contraire
De l'aveu que je vous fais.

Je me plains de votre absence,
Et je vous cherche en tous lieux.
Votre agréable présence
Charme mon cœur et mes yeux.
C'est vous seul que je préfère,
C'est vous que j'aime à jamais:
Croyez bien.... tout le contraire
De l'aveu que je vous fais

RENÉ.

Pour répondre à vot' tendresse
Dont mon cœur est satisfait,
J' vous fais ici la promesse
De garder certain secret....
Oui-dà, je saurai me taire....
Monsieur n'saura rien jamais....
Ah! croyons . chacun l'contraire,
Nous serons sûrs de nos faits.

SCÈNE VIII.

NICETTE, *effrayée*.

Quel secret? Que voulez-vous dire, mauvaise langue?

RENÉ.

Rien du tout; c'est une bagatelle. Il y a des gens qui disent comme ça que l'p'tit peintre fait l'z'yeux doux à not'maîtresse, qu'il vient tous les soirs chanter sous ses fenêtres, qu' c'est mam'zelle Nicette qu'a manigancé tout ça; mais faut pas les en croire : ce sont de mauvaises langues, comme vous dites.

NICETTE.

M. René, je vous assure que vous êtes dans l'erreur.

RENÉ.

Pardine, sans doute que j'y suis. J' n'ons pas entendu d' nos deux oreilles, j' n'ons pas vu d' nos deux yeux.... Et je m' garderons ben d'en souffler le mot, de peur de faire mettre à la porte mam'zelle Nicette, et de faire manquer son mariage avec M. Justin.

NICETTE.

Eh bien! mon cher ami, mon bon René, garde-nous le secret, et tu ne t'en repentiras pas.

RENÉ.

Ça peut se faire; faut pour cela.... V'là mam'zelle qui revient.... Je vous achèverons ça tantôt. En attendant, soyez toujours sûre que je vous aime comme si de rien n'était.

SCÈNE IX.

NICETTE, ADÈLE.

NICETTE.

Je ne me trompais pas; le maudit jardinier sait tout, mais n'importe, M. de Valbrune part cette nuit.

ADÈLE.

Il ne part plus.

NICETTE.

Comment, mademoiselle! vous ne lui en avez pas donné l'ordre, comme nous en étions convenues?....

ADÈLE.

Oh! mon dieu, oui. J'ai commencé par-là; mais j'ai fini par l'engager à rester.

NICETTE.

Nous sommes perdues.

ADÈLE.

Pouvais-je consentir à son départ, au moment où mon père se dispose à me marier?

NICETTE.

Raison de plus pour que M. de Valbrune parte à l'instant même. Vous ne le connaissez pas comme moi. Avec son petit air doucereux et réservé, c'est bien le caractère le plus emporté, le plus imprudent!.... Votre père vous aime, et si vous témoignez pour le gendre qu'il a choisi une répugnance invincible, il ne voudra pas forcer votre inclination; mais s'il vient à découvrir que vous en aimez un autre, s'il peut crier à l'intrigue, à la

SCÈNE IX.

séduction, il me chassera sans miséricorde, et vous ne reverrez jamais celui que vous aimez.

ADÈLE.

Je sais bien tout cela.

NICETTE.

Tandis qu'en s'y prenant avec adresse, on peut espérer de le ramener tout doucement. Il tient, au fond, bien moins à la fortune qu'à la naissance, et je compte beaucoup sur les aïeux de M. Valbrune, pour lui faire entendre raison.

ADÈLE.

Mon père, dis-tu, a servi avec le sien?

NICETTE.

Et sous ses ordres, qui plus est. Tout n'est pas désespéré.

ADÈLE.

Comment renouer un nouvel entretien, pour le déterminer à partir?

NICETTE.

Dieu nous en garde! Vous finiriez encore cette fois-ci comme l'autre. Il faut lui écrire.

ADÈLE.

Mais, toi-même, tu me disais ce matin....

NICETTE.

Nous n'avons plus le choix des moyens; et d'ailleurs, de quoi s'agit-il? de lui dire de s'en aller.... Il n'y a pas d'autre parti.... Voilà une table.... Notre peintre a laissé là fort à propos tout ce qu'il faut pour écrire.... Allons, un petit mot bien ferme.

ADÈLE.

Je ne sais par où commencer.

NICETTE.

Vous m'avez écrit si joliment ma dernière lettre à Justin.... C'est la même chose, excepté que nous disions à l'un de revenir, et qu'il faut dire à celui-ci de s'en aller.

ADÈLE, *écrivant.*

« J'ignore quels sentiments vous éprouverez, mon-
« sieur, en recevant une lettre de moi; mais si je puis en
« juger par l'émotion aussi vive que nouvelle.... »

SCÈNE X.

LES MÊMES, CLÉNORD.

CLÉNORD, *arrivant sans être vu.*

Je l'ai tiré à plus de cent pas, j'en suis sûr.... Adèle! approchons....

ADÈLE, *apercevant son père.*

Ah!

CLÉNORD.

Que faites-vous donc là, toutes deux?

ADÈLE.

Mon père, c'est que j'écrivais....

CLÉNORD.

Je le vois bien; mais à qui?

ADÈLE.

J'écrivais....

NICETTE.

Il n'y a pas de mystère à cela. Comme je ne sais pas écrire, mademoiselle avait la bonté de me faire une lettre pour Justin.

SCÈNE X.

CLÉNORD.

Cela doit être beau! Voyons un peu. (*Il lit.*) Quel galimatias! Les sentiments.... L'émotion.... (*à Nicette.*) Est-ce là de ta prose?

NICETTE.

Oui, monsieur.

CLÉNORD.

Ton Justin est un habile homme, s'il y comprend un mot.

NICETTE.

Voyez-vous, monsieur, c'est qu'on est quelquefois embarrassé....

CLÉNORD.

Embarrassé!.... De quoi? Tu aimes ce garçon?

NICETTE.

Oui, monsieur.

CLÉNORD.

Tu veux l'épouser?

NICETTE.

Oui, monsieur.

CLÉNORD.

Le plus tôt possible.

NICETTE.

Hélas! oui, monsieur.

CLÉNORD.

Eh bien! Pourquoi tant de verbiage? cela peut se dire en quatre lignes. Tu vas voir: écris, Adèle.

ADÈLE.

Que j'écrive?

CLÉNORD *dicte à Adèle.*

« Mon cher ami....

ADÈLE.

« Mon tendre ami....

CLÉNORD.

J'ai dit mon cher.... Écrivez comme je vous dicte.

« Mon cher ami, vous m'aimez, je vous aime; nous
« voulons nous épouser; le plus tôt sera le mieux. Arran-
« gez-vous de manière à lever tous les obstacles et à ne
« pas retarder un moment qui doit faire mon bonheur et
« le vôtre. »

NICETTE.

Ah! monsieur, c'est un peu fort.

CLÉNORD.

Comment! un peu fort.... Tu veux l'épouser, ou tu ne
le veux pas?....

NICETTE.

Je vous assure, monsieur, que nous ne demandons pas
mieux.

CLÉNORD.

Dans ce cas, tu dis ce qu'il faut dire. Mais songe bien
qu'après cette lettre, il n'y a plus à reculer, et qu'une
jeune personne reste à jamais compromise en écrivant à
un autre homme qu'à celui qui doit être son époux.

ADÈLE.

Mon père, j'ignorais, je vous assure....

CLÉNORD.

Sans doute, tu l'ignorais; mais il est temps que tu
l'apprennes... Tu ajoutes quelque chose?.... (*regardant
Adèle qui écrit.*)

ADÈLE.

C'est une phrase que Nicette exige absolument.

CLÉNORD *lit.*

« Partez au moment où vous recevrez ma lettre; il y

« va de l'espoir de ma vie entière. » A la bonne heure. (*à Nicette.*) Voilà ta lettre. Vous, Adèle, suivez-moi : j'ai à vous parler de certain projet....

ADÈLE, *à part, à Nicette.*

Déchire cette lettre, et ne lui montre que la dernière ligne. (*Elle sort avec son père.*)

SCÈNE XI.

NICETTE, VALBRUNE, RENÉ.

(*Au moment où Valbrune entre, il aperçoit René qui s'avance du côté opposé.*)

NICETTE, *seule un moment.*

La déchirer !.... Il croirait qu'on le trahit. J'aime mieux lui expliquer.... Ah ! monsieur, c'est vous ?

VALBRUNE.

Paix ! voici le jardinier. (*Tous les trois s'arrêtent avec embarras.*)

(*Nicette lui fait voir la lettre qu'elle a à lui remettre. Il prend un petit portefeuille à dessins, qu'il a laissé sur une chaise du jardin, l'ouvre en feignant de comparer son exquisse avec le paysage, et dit, en faisant signe à Nicette de jeter la lettre dans le portefeuille.*)

Là, ce sera bien.

NICETTE, *en glissant la lettre dans le portefeuille.*

Ne faites attention qu'à la dernière ligne.

VALBRUNE.

Je m'enfuis avec mon trésor.

SCÈNE XII.

NICETTE, RENÉ, *un papier à la main.*

RENÉ, *qui a tout observé.*

J'ai tout vu, profitons-en. Mam'zelle Nicette, j'ons bien réfléchi à notre affaire. J'pouvons vous faire du mal, vous pouvez me faire du bien. Faut faire une cotte mal taillée de tout ça.... Qu'en pensez-vous ?

NICETTE.

M. René, je ne demande pas mieux que de vous rendre service.

RENÉ.

Ça vous est bien facile. V'là mes propositions. Not' demoiselle aime le petit peintre; vous le protégez; je ferons comme vous, je sarvirons leus amours; mais pour ça, faut qu' vous me bâillez la promesse de m'aimer, et de m'épouser, au lieu de ce grand escogriffe de Justin.

NICETTE.

Je ne dis pas non, M. René.

RENÉ.

Ce n'est pas assez; faut dire oui.

NICETTE.

Eh bien! je vous promets tout ce que vous voulez.

DUO.

RENÉ.

Vous promettez du fond de l'âme,
Et c'te fois la bien franchement,
Que vous serez bientôt ma femme ?

SCÈNE XII.

NICETTE.

Je le promets assurément.

RENÉ.

Vous m'aimerez ?

NICETTE.

Assurément.

RENÉ.

Je vous plais donc ?

NICETTE.

Infiniment.

RENÉ.

Eh bien ! voyez-vous, moi, je gage
Que j'vous plairai bien davantage,
Quand un' fois je s'rai vot' mari.

NICETTE.

Qui ! moi ! vous aimer davantage !
C'est bien difficile.

RENÉ.

Ah ! qu'nenni.

ENSEMBLE, et à part.

NICETTE.	RENÉ.
Vilain sournois, je te déteste ;	Alle me hait, je l'vois de reste,
Mais tâchons de nous contenir.	Faut l'épouser pour la punir.
J'aurai toujours du temps de reste	Le premier jour on me déteste,
Pour m'en moquer, pour le punir.	Et puis on m'aime à n'plus finir.

RENÉ.

Ah çà, je vous prev'nons d'avance
Que sur l'artique d'la constance
Faut pas badiner avec moi.

NICETTE.

Qui pourrait vous manquer de foi ?

RENÉ.

Je serai fidele...

NICETTE.

Moi d'même.

RENÉ.

J'voulons un cœur tout-à-fait.

NICETTE.

Une fois que l'on vous aime,
Le plus difficile est fait.

ENSEMBLE.

RENÉ.	NICETTE.
Touchez là, mam'zelle Nicette ;	Vous pouvez compter sur Nicette,
Un petit baiser par là-d'ssus	Mais les baisers sont superflus.
Tout est conv'nu, la chose est faite,	Tout est conclu, la chose est faite,
Nous v'là mariés, n'en parlons plus.	Mon bon René, n'en parlons plus.

(*Chacun à part.*)

| Alle me hait, je l'vois de reste, etc. | Maudit sournois, je te déteste, etc. |

(*Toujours ensemble.*)

| Touchez là, mam'zelle Nicette, etc. | Vous pouvez compter sur Nicette, etc |

RENÉ.

A çal' fin de n'en plus parler, v'là un petit arrangement parliminaire où c'que vous m'allez bouter vot' signature.

NICETTE.

Que je vous signe une promesse de mariage?....

RENÉ.

Avec un p'tit dédit de mille écus au bout.

NICETTE.

Nous examinerons cela demain, M. René.

RENÉ.

Nenni. Faut tarminer la chose tout de suite.

NICETTE.

Vous sentez qu'on doit réfléchir.

RENÉ.

Pas d'réflexion. N'avez-vous pas dit que vous m'aimiez infiniment? D'ailleurs c'est bien aisé à voir. Signez.... v'là tout c'qui faut.

SCÈNE XII.

NICETTE.

Quand je vous donne ma parole....

RENÉ.

J'y croirons mieux, quand j'l'aurons par écrit.

NICETTE, *à part.*

Comment me tirer de là?

RENÉ, *il la conduit vers la table.*

Gnia qu'un mot qui tienne. Signez, ou ben j'vas de ce pas compter ma chance à not' maître.

NICETTE, *lui cogne le nez contre la table, prend le papier, le déchire et l'emporte.*

Tiens, vilain sournois; voilà le cas que je fais de ta promesse. Je me moque de toi; je ne te crains pas; et si tu dis un mot, c'est à Justin que tu auras à faire. (*à part.*) Tâchons de retrouver Valbrune et de le faire partir sur-le-champ.

SCÈNE XIII.

RENÉ, CLÉNORD.

RENÉ, *un moment seul.*

Oui, morgué, je me vengerons.... Et pas plus tard que tout de suite. Justement v'là monsieur.

CLÉNORD, *à part, sans voir René.*

Ma nouvelle ne lui a pas fait grand plaisir.... L'idée de mariage effarouche toujours une jeune fille.... (*à René.*) Qu'est-ce que tu fais là?

RENÉ.

Je suis à l'affut d'un renard.

CLÉNORD.

Si près du château?

RENÉ.

C'est là qu'est son gîte.

CLÉNORD.

Tu n'as pas de fusil?

RENÉ.

Je l'prendrons au filet, si mam'zelle Nicette ne l'a pas averti.

CLÉNORD.

Averti.... le renard.... Quel amphigouri?

RENÉ.

Faut-il que je vous parle sans parabole? Il y a de l'amour sur le tapis.

CLÉNORD.

De l'amour!.... avec qui?

RENÉ.

Avec ce joli monsieur qui fait du jardinage en peinture.

CLÉNORD.

Valbrune en veut à Nicette?

RENÉ.

Ah, bien oui! à Nicette? il lui faut mieux qu'ça. C'est à mam'zelle qui vise.

CLÉNORD.

A ma fille!.... tu es un sot et un imposteur.

RENÉ.

Un sot.... c'est possible, quoique ce soit toujours moi qui attrape les autres; mais pour menteur, j'vas vous prouver qu'non.

SCÈNE XIII.

CLÉNORD.

Depuis que Valbrune est chez moi, à peine a-t-il entrevu ma fille.

RENÉ.

C'est qu'il ne prend pas la précaution de vous appeler chaque fois qu'il la regarde; c'est que Nicette ne vous dit pas tous les petits arrangements qu'elle fait; c'est qu'on ne vous invite pas aux petits concerts qu'on donne ici tous les soirs.

CLÉNORD.

Il se pourrait!.... explique-toi.

RENÉ.

C'est tout expliqué. M. de Valbrune aime mademoiselle Adèle; il vient tous les soirs, à cette heure-ci, quand vous êtes retiré, chanter sous ses fenêtres un petit air assez drôle, où ce qu'il y a beaucoup de feuillage.... le v'là sur ce papier que j'ons trouvé ce matin. Mademoiselle ouvre sa fenêtre pour mieux entendre, et ils se disent queuques petits mots que j'n'ons pas entendus, mais que je devinons de reste.

CLÉNORD, *après avoir examiné le papier.*

Un petit peintre avoir cette audace!.... chercher à séduire ma fille!.... mais il n'y a donc ni probité ni honneur sur la terre.

RENÉ.

Chut! voici not' musicien qui vient au rendez-vous. Peut-être que Nicette ne l'aura pas rencontré.

CLÉNORD.

(*Nuit.*) Éloigne-toi, et prends garde seulement qu'elle ne nous surprenne.

RENÉ.

Ça va faire un beau tapage ; et je vois d'ici nos amoureux dans un fier embarras. (*Il sort.*)

CLÉNORD.

Il se pourrait que Valbrune, avec cet air si doux, ces manières si décentes..... Cela n'est pas possible. Avant de juger, cherchons du moins à nous convaincre, et ne nous pressons pas de diminuer le nombre des honnêtes gens.

SCÈNE XIV.

CLÉNORD, VALBRUNE.

(*Cette scène se passe dans le crépuscule.*)

VALBRUNE, *à part.*

Ne faites attention qu'à la dernière ligne.... Quoi ! Adèle.... il se pourrait.... Ciel ! M. de Clénord !

CLÉNORD.

Moi-même.... la soirée est si belle ! je me retire aujourd'hui plus tard qu'à l'ordinaire.... Mais peut-être voudriez-vous être seul ! voilà le moment de l'inspiration pour un.... poëte.

VALBRUNE.

Pour un poëte....

CLÉNORD.

Certainement. Il faut vous arracher le secret de vos talents. Je sais que vous faites des romances, et, qui plus est, que vous les chantez à ravir.

VALBRUNE.

Moi, monsieur ?

SCÈNE XIV.

CLÉNORD.

N'allez pas faire le mystérieux.... J'espère que vous ne me refuserez pas le plaisir de vous entendre.

VALBRUNE.

Je chanterai, si cela vous amuse.

CLÉNORD.

Cela m'amusera beaucoup.

VALBRUNE.

Je me rappelle un air italien.

CLÉNORD.

Non, point d'italien. Quelque petit air bien simple.... ce virelai, par exemple.... vous le connaissez.... (*Il lui montre le papier que René vient de lui remettre.*)

VALBRUNE, *à part*.

Je suis trahi.... heureusement elle n'est pas encore rentrée; j'ai vu de loin Nicette.

CLÉNORD.

Vous avez l'air inquiet?

VALBRUNE.

Moi! point du tout.

CLÉNORD.

Placez-vous là, pour qu'Adèle puisse entendre. Elle aime beaucoup la musique, ma fille. (*Il se place sous le balcon de manière à n'être pas vu.*)

VALBRUNE, *chante à mi-voix*.

1ᵉʳ COUPLET.

Sous ce feuillage,
Quand la nuit remplace le jour,
Du rossignol le doux ramage
Enchante cet heureux séjour.
Comme lui, fidèle et sauvage,
J'exhale mes soupirs d'amour
Sous ce feuillage.

CLÉNORD, *s'apercevant que la fenêtre n'est pas ouverte.*

Comme vous tremblez: ce que c'est que d'être timide.... Mais, je vous en prie, élevez un peu plus la voix en chantant le second couplet.

IIe COUPLET

Tendre feuillage,
Muet confident de mes feux,
Couvrez-moi bien de votre ombrage,
Annette paraît à mes yeux.

(*Adèle ouvre la fenêtre et se retire.*)

CLÉNORD.

N'y aurait-il pas Adèle sur le papier?

SCÈNE XV.

LES MÊMES, NICETTE, *derrière.*

NICETTE.

Je ne puis le rencontrer.... Mais je ne me trompe pas, c'est lui, et M. de Clénord.... (*Elle écoute.*)

VALBRUNE, *continue en élevant la voix.*

Un dieu que mon bonheur outrage
Me suit d'un regard envieux
Sous ce feuillage.

CLÉNORD.

Vous improvisez à merveille, à ce qu'il paraît. Je veux voir si ma fille a le même talent.... Supposez que je ne sois pas là, M. de Valbrune, et renouez devant moi votre conversation d'hier au soir.

VALBRUNE.

Monsieur, vous pourriez croire?...

SCÈNE XV.

CLÉNORD, *très sévèrement*.

On vous accuse, monsieur; et c'est à vous de vous justifier. Rien n'est plus facile.... Répétez seulement après moi; je l'exige pour votre honneur et pour le mien.

NICETTE.

Je devine courons, prévenir mademoiselle.

SCÈNE XVI.

LES MÊMES, RENÉ *paraît derrière*. ADÈLE *au balcon*.

QUINTETTI

CLÉNORD.

Jeune et charmante Adéle,
Avec bonheur je vous revois.
D'un amant soumis et fidele
Votre cœur reconnaît la voix

(*Valbrune répète chaque vers après Clénord.*)

ENSEMBLE.

VALBRUNE, à part.	CLÉNORD.	RENÉ, à part.
Je tremble, hélas! que dois-je faire? Un seul mot nous perd sans retour Un mot va trahir le mystère De mon bonheur, de notre amour.	Va-t-elle parler ou se taire? J'espère et je crains tour-à-tour.	Nous allons bien rire, j'espère! Le voila pris - ah ! le bon tour !

CLÉNORD, *à Valbrune qui répète*.

Pour prix de ma tendresse extrême,
Daignez me dire, Je vous aime.

ADÈLE, *à la fenêtre*.

Je vous ...

6.

NICETTE, *arrêtant Adèle.*
Silence ! votre père est là
ADÈLE.
O ciel !
NICETTE.
De la prudence
VALBRUNE, *à part.*
Amour ! impose-lui silence :
Un mot, un soupir nous perdra
NICETTE, *à Adèle.*
Répétez avec assurance
Ce que Nicette vous dira

(*Adèle répète après Nicette.*)

Avec indifférence
J'écoute vos tendres aveux
Cessez un discours qui m'offense,
Mon cœur ne reçoit pas vos vœux

VALBRUNE, *à part, avec surprise et douleur.*
O ciel ! est-ce à moi qu'on s'adresse ?
Adèle, ai-je bien entendu ?

ENSEMBLE.

VALBRUNE.	ADÈLE, *à Nicette.*	NICETTE.
Elle dédaigne ma tendresse :	Je crains d'alarmer sa tendresse,	Il s'applaudit de notre adresse :
A cet affront me serais-je attendu ?	Son cœur, hélas ! m'aura-t-il entendu !	A ce détour il s'étoit attendu

RENÉ.	CLÉNORD.
L'oiseau s'échappe avec adresse,	Le cœur d'Adèle à sa tendresse,
Loin du filet que j'ai si bien tendu	Je le vois bien, n'a jamais répondu

VALBRUNE, *s'approchant du balcon avec irréflexion.*
Ainsi donc vous ne m'aimez pas ?
NICETTE.
Quelle imprudence !
ADÈLE, *à part.*
Que faire ? ô ciel ! quel embarras !

SCÈNE XVI.

ADÈLE, NICETTE.

Cessez un discours qui m'offense

VALBRUNE.

Vous ne m'aimez pas?..

ADÈLE, NICETTE.

Non

CLENORD, *à part à Valbrune.*

Valbrune, c'est assez, et j'entends son silence

VALBRUNE, *hors de lui, à part.*

Quand ce matin encor du plus tendre retour
Elle m'assurait, l'infidèle...

CLÉNORD, *s'approchant de Valbrune sans être vu.*

Comment!

VALBRUNE.

Quand cette lettre...

CLÉNORD, *à part.*

Une lettre d'Adèle!

VALBRUNE.

Quel prix de tant d'amour!

CLÉNORD, *avec colère en parlant.*

Une lettre, monsieur!

VALBRUNE, *surpris et revenant à lui.*

Ciel! qu'ai-je dit? quelle imprudence!

ENSEMBLE.

ADÈLE, NICETTE.	VALBRUNE.
Tout est perdu, plus d'espérance; Tout est perdu; son imprudence Nous / Vous } a séparés pour jamais	Ciel! qu'ai-je dit? qu'elle imprudence! Peut-être, hélas! plus d'espérance · Mon cœur a trahi nos secrets.
RENÉ.	CLÉNORD.
Notre amoureux, par imprudence, S'est rejeté dans nos filets.	Il s'est trahi. Son imprudence M'éclaire enfin sur son offense. Il a devoilé ses secrets

CLÉNORD.

Descendez sur-le-champ, mademoiselle, votre présence est nécessaire ici. René, va chercher Nicette.

RENÉ, *sortant.*

Comme ça va m'amuser!

SCÈNE XVII.

CLÉNORD, VALBRUNE.

CLÉNORD.

J'avais besoin, monsieur, pour vous croire coupable d'un aussi indigne procédé, d'en être assuré par vous-même.

VALBRUNE.

Ah! daignez m'entendre un seul moment.

CLÉNORD.

Vous entendre, monsieur; les faits parlent assez contre vous. Je vous reçois dans ma maison, je fais naître l'occasion d'employer vos talents pour me donner le droit de les récompenser; je descends avec vous jusqu'à la confiance la plus intime; et c'est par la perfidie, par la séduction, que vous répondez à mes bienfaits.

VALBRUNE, *avec noblesse.*

J'y répondais, monsieur, en m'éloignant dès demain, malgré vos sollicitations, malgré moi-même, d'un lieu que j'aurais pu habiter plus long-temps, en méritant les reproches que vous m'adressez.

CLÉNORD.

Il fallait fuir avant de troubler le repos d'une famille à l'alliance de laquelle vous ne pouvez prétendre, avant d'abuser de l'inexpérience d'un enfant, pour en obtenir des témoignages écrits, qui compromettent à jamais sa réputation.

SCÈNE XVIII.

LES MÊMES, ADÈLE, RENÉ, NICETTE.

RENÉ.

Venez donc mad'moiselle, monsieur a quelque chose à vous dire.

CLENORD, *à sa fille.*

Adèle, c'est à moi que j'adresse les reproches d'imprudence que vous méritez. Pour vous, Nicette, je vous ai confié ma fille, vous m'avez trompé, je vous chasse.

RENÉ.

Vous avez de l'esprit, mam'zelle Nicette, tirez-vous de là.

ADÈLE.

Mon père, je vous assure qu'elle n'a aucun tort.

NICETTE.

Renvoyez-moi, monsieur, si vous en avez le courage; mais apprenez toute la vérité. Eh bien! oui, j'ai témoigné beaucoup d'amitié à M. Valbrune; mais c'est bien naturel, puisque ma mère a passé sa vie au service de son père.

VALBRUNE, *voulant la faire taire.*

Nicette!....

NICETTE, *à Clénord.*

Oui, monsieur, il est bon que vous le sachiez; son père était autrefois un grand seigneur, et M. d'Armançai avait un château bien plus beau que le vôtre, permettez-moi de vous le dire.

CLÉNORD.

D'Armançai! j'ai servi sous les ordres d'un officier de ce nom-là.

VALBRUNE.

Dans le régiment de Normandie? Le colonel était mon père.

CLÉNORD, à *Valbrune*.

Votre position ne s'accorde guère....

VALBRUNE.

Je n'étais pas né pour chercher dans l'exercice des talents un moyen d'existence; mais je ne rougis point d'employer cette honorable ressource.

CLÉNORD.

A la bonne heure. Mais vous devez rougir de votre conduite. Entretenir sous mes yeux, dans ma propre maison, une correspondance avec ma fille!

VALBRUNE.

Je n'en ai jamais reçu qu'une lettre.

NICETTE, à *Clénord*.

Encore est-ce vous qui l'avez dictée.

CLÉNORD.

Comment?

ADÈLE.

Oui, mon père. Tantôt, au moment où vous nous avez surprises, je m'étais décidée à écrire à M. Valbrune pour le presser de quitter ces lieux. Le prétexte que l'occasion nous a suggéré a donné lieu à cette lettre qu'un autre événement a fait tomber dans ses mains....

SCÈNE XVIII.

NICETTE.

Et dont vous n'auriez jamais eu connaissance, si j'avais voulu épouser l'honnête M. René qui avait mis sa discrétion et ses services à ce prix.

RENÉ.

Vous osez dire....

NICETTE.

Souvenez-vous de l'arrangement *parliminaire*; j'en ai conservé les morceaux. (*Elle les lui montre.*)

CLÉNORD.

Applaudissez-vous de votre ruse, M. de Valbrune, elle vous conduit à votre but. Ma fille vous aime; vous avez obtenu d'elle un gage qui nous compromet dans toute autre main que dans celle d'un époux, et vous arrachez à ma délicatesse un consentement dont vos procédés vous rendent peu digne. Vous ne l'eussiez jamais obtenu sans cela.

VALBRUNE, *avec dignité.*

Ce peu de mots, monsieur, a dicté mon devoir. Quelque amour que j'aie pour votre adorable fille, quelque prix que j'attache au nom de son époux, il est un sentiment qui l'emporte dans mon cœur sur celui qu'elle m'inspire, l'honneur, qui ne me permet pas de me faire un titre contre vous de ma propre faute, et de devoir à la contrainte un bien que je voudrais payer de ma vie. Reprenez tous vos droits sur votre fille. Cette lettre est le seul garant de mon bonheur : je vous la remets; adieu.

CLÉNORD.

Non, parbleu! tu ne t'en iras pas; tu es un honnête jeune homme.

RENÉ.

Ça n'y ferait rien, si le père n'avait pas été colonel.

CLÉNORD.

Restez avec nous, je le veux. J'avais pris des engagemens pour Adèle; mais je connais mon ami, et tout peut s'arranger.

ADÈLE.

Ah! Valbrune....

VALBRUNE.

Vous me promettez mille fois plus que la fortune ne m'a jamais ôté.

NICETTE.

Vous ne me renvoyez pas?

CLÉNORD.

Non; mais comme il faut faire justice sur quelqu'un, c'est M. René que je chasse. Je sais le motif qui le faisait agir.

NICETTE.

M. René, vous avez de l'esprit, tirez-vous de là.

RENÉ.

Qu'est-ce qui se serait attendu que ça tournerait comme ça?

ADÈLE.

Mon père, grace entière pour tout le monde.

CLÉNORD.

Tu le veux, eh bien! soit. Pour vous, mes enfants, en jouissant de votre bonheur, n'en estimez pas trop la cause, et souvenez-vous qu'il est bien rare qu'on ait, deux fois dans sa vie, à s'applaudir d'une imprudence.

SCÈNE XVIII.

VAUDEVILLE

Ier COUPLET.

CLÉNORD.

Afin de conserver mes droits
Sur ma fille que l'amour guette,
Loin des galants, au fond des bois,
Je crois trouver une retraite.
Mais j'enferme chez moi l'amant
Dont je redoute la présence ;
Voilà comme on fait prudemment
　　Une imprudence.

IIe

ADÈLE.

Ce charme où j'ai livré mon cœur,
Le devoir en secret l'accuse.

VALBRUNE.

Chère Adèle, votre bonheur
Sera désormais mon excuse.

ADÈLE.

La sagesse parle à son tour ;
Elle me dit en confidence
Qu'hymen ne pardonne à l'amour
　　Qu'une imprudence.

IIIe

RENÉ.

Pour me venger du cher Justin,
J'voulions lui souffler sa future,
Mais j'rendons grace au bon destin
Qui m'a préservé d'l'aventure.
Ah ! je l'voyons bien à présent,
Nicette a trop d'expérience ;
Et j'aurions fait en l'épousant
　　Une imprudence.

IVe

NICETTE *au public.*

On répète depuis long-temps,
Pour fléchir un juge sévère,
Que les auteurs sont des enfants,
Et que le public est leur père.
Un pareil titre, dans ce cas,
Doit vous porter à l'indulgence :
Un bon père ne punit pas
    Une imprudence

L'AMANT ET LE MARI,

OPÉRA COMIQUE EN DEUX ACTES,

Par MM. JOUY et ****,

Musique de M. F. FÉTIS;

REPRÉSENTÉ POUR LA PREMIÈRE FOIS SUR LE THÉATRE
DE L'OPÉRA-COMIQUE, LE 8 JUIN 1820.

PERSONNAGES.

Le comte D'ANVILLE, colonel de cavalerie.
La comtesse Julie DE VERNEUIL, jeune veuve.
La baronne D'APREMONT, tante de Julie.
FOMBELLE, parent de Julie.
DARCIS, ami de la baronne.
FLORE, suivante de Julie.
GERMAIN, valet de d'Anville.
Chœur des gens de la noce.

Au premier acte, la scène se passe à Paris, dans la maison de la baronne,

Au second acte, dans un château appartenant au colonel, à quelque distance de Paris.

L'AMANT ET LE MARI,

OPÉRA COMIQUE.

ACTE PREMIER.

Le théâtre représente un salon élégamment meublé, où se trouve un piano. L'appartement de la comtesse est à droite.

SCÈNE PREMIÈRE.

GERMAIN, FLORE.

DUO.

GERMAIN.
Oh! oh! oh! quelle tristesse!
Ce malheur est accablant.

FLORE.
Ah! ah! ah! quelle alégresse!
Le tour est ma foi charmant!

GERMAIN.
Ce malheur est accablant.

FLORE.
Monsieur veut-il bien me dire
Quels sont ses chagrins secrets?

GERMAIN.
Tu m'apprendras donc après
Le sujet qui te fait rire?

FLORE.
Quand il s'agit de babiller,
Je ne me fais jamais prier

GERMAIN.

Tout net, je te le confesse;
J'éprouve un chagrin mortel
De voir que le colonel
Veut épouser ta maîtresse

FLORE.

C'est là le motif
D'un chagrin si vif?

GERMAIN.

Oui, puisqu'il faut te le dire

FLORE.

Eh bien! voyez pourtant!
Ce funeste accident
Qui vous afflige tant,
C'est là tout justement
Ce qui me faisait rire

GERMAIN.

Voyez le mauvais cœur!

FLORE.

Voyez le grand malheur!

GERMAIN.

Eh quoi! mon maître à la comtesse?..

FLORE.

Dans une heure se mariera

GERMAIN.

Dans une heure?

FLORE.

A ma maîtresse
Un doux hymen l'unira.

ENSEMBLE.

GERMAIN.	FLORE.
La maudite aventure!	L'excellente aventure!
Que de chagrin! que de tourment!	Le tour est ma foi charmant!
Il faut être fou, je le jure,	Une aussi brillante capture
Pour en comit l'événement	Nous fait honneur assurément

ACTE I, SCÈNE I.

GERMAIN.

Je voudrais bien savoir, mademoiselle Flore, ce que vous trouvez de si divertissant dans ce mariage fabriqué pendant mon absence!

FLORE.

J'aime à voir battre les gens qui font les braves; je te l'ai toujours dit, les plus intrépides sont ceux qui nous résistent le moins.

GERMAIN.

Je te l'avais déja prouvé.

FLORE.

Toujours modeste, M. Germain!

GERMAIN.

Je suis excusable, moi, je suis amoureux; mais mon maître!.... Il n'aimait pas la comtesse; il se moquait même assez volontiers de cette foule d'adorateurs que cette jeune et jolie veuve traîne à sa suite.

FLORE.

Son heure n'était point encore venue; nous n'avions pas encore laissé tomber sur lui un de ces regards auxquels on n'échappe pas....

GERMAIN.

Auxquels je me suis laissé prendre, moi; ce qui ne m'empêche pas de voir tous tes défauts.

FLORE.

M. Germain, je finirai par connaître si bien les vôtres....

GERMAIN.

Que tu m'épouseras.

FLORE.

Que je romprai avec vous. Apprenez à respecter au moins ma maîtresse.

GERMAIN.

Mon dieu! je la tiens pour une femme d'honneur et de vertu; elle a de la grace, de l'esprit, et même, dit-on, de la bonté; mais cela n'empêche pas que ce ne soit un vrai démon de coquetterie, de légèreté, de caprice; et elle fera endiabler le colonel comme elle a fait enrager son premier mari, lequel est mort au bout de six mois de mariage....

FLORE.

Et de soixante-quinze ans de célibat. Tu sais fort bien que cette union n'était autre chose qu'un arrangement de famille.

GERMAIN.

Je sais que c'était l'ouvrage d'une vieille folle de tante, de la baronne d'Apremont, qui tient lieu de mère à la comtesse, et qui l'a élevée, Dieu sait comme!

FLORE.

Notre tante est une personne de sens qui soutient la dignité de son sexe, et qui veut, comme de raison, qu'une femme soit la maîtresse au logis.

GERMAIN.

La comtesse ne le sera que trop avec mon pauvre maître; c'est bien l'amant le plus docile, le plus complaisant....

FLORE.

Voilà comme il nous les faut.

SCÈNE II.

GERMAIN, D'ANVILLE, FLORE.

D'ANVILLE, *entrant par le fond.*

Te voilà de retour, Germain.... Mademoiselle, voulez-vous bien m'annoncer chez la comtesse?

FLORE, *en hésitant.*

Je n'ose pas dire à monsieur que, pour le moment, madame.... m'a défendu....

D'ANVILLE.

Comment?

FLORE.

Monsieur le comte peut entrer...: mais je serai grondée.

D'ANVILLE.

Grondée! (*Se contenant.*) Vous oubliez donc que dans une heure je serai le maître ici?

FLORE.

Je sais que dans une heure.... vous serez le mari de madame. Mais enfin, monsieur, c'est ma consigne : un colonel ne doit pas trouver mauvais que je la suive.

D'ANVILLE.

J'obéis. (*A part.*) Patientons jusqu'au bout. (*haut.*) Cependant la comtesse n'a-t-elle pas déja reçu la visite de son grand bélâtre de cousin, M. de Fombelle, accompagné de ce charmant M. Darcis, qui paraît convaincu que l'homme est sur la terre pour faire des pirouettes et des entrechats?

FLORE.

Ils ne sont point encore arrivés. Mais vous sentez

bien qu'un jour comme celui-ci, madame avait besoin de s'entendre avec M. de Fombelle, le grand ordonnateur des fêtes, et qu'elle pouvait encore moins se passer de ce joli petit M. Darcis, le favori de sa tante, avec qui elle doit danser ce soir un pas qui ne peut manquer de vous faire, à tous deux, infiniment d'honneur.

D'ANVILLE, *avec un faux air de soumission.*

Il n'y a rien à répondre à de pareilles raisons : j'attendrai que la comtesse veuille bien me recevoir. (*Il va s'asseoir.*)

FLORE, *bas, en sortant, à Germain.*

Tu vois bien qu'on ne peut pas s'empêcher d'épouser cet homme-là.

SCÈNE III.

GERMAIN, D'ANVILLE, *assis.*

GERMAIN.

Ah! monsieur, c'est trop d'impertinence!.... Comment! vous serez l'époux d'une jolie femme, et vous vous laisserez consigner à sa porte!.... Mais autant vaudrait rester garçon.

D'ANVILLE.

C'est donc l'avis de M. Germain?

GERMAIN.

Ce que j'en dis, c'est par intérêt pour vous.

D'ANVILLE.

Je suis content de ton zèle.... Écoute.

GERMAIN, *avec empressement.*

Monsieur!...

ACTE I, SCÈNE III.

D'ANVILLE.

Va-t'en.... et ne t'éloigne pas.

GERMAIN, *en sortant, à part.*

C'est un homme perdu!

SCENE IV.

D'ANVILLE, *seul; il se lève.*

C'est un honnête garçon; il aime cette petite Flore; la demoiselle est passablement impertinente; n'importe, il l'épousera.... Pourquoi serait-il plus sage que son maître?

SCÈNE V.

JULIE, *entrant par la droite*, D'ANVILLE.

JULIE.

Enfin, vous voilà, mon cher colonel; c'est un peu tard, vous l'avouerez?

D'ANVILLE.

Vous accusez mon peu d'empressement, Julie? Des ordres rigoureux m'ont été signifiés à votre porte, et je m'y suis conformé.

JULIE.

Des ordres! quelle folie! cela ne regardait que des importuns. Flore n'a pas le sens commun. J'ai tant de plaisir à vous voir!.... (*Légèrement.*) J'étais occupée, il est vrai, de quelques détails que l'indifférence pourrait appeler frivoles, mais qui ne le sont pas pour moi, puisqu'ils vous prouveront quel prix je mets à donner l'air d'une fête au jour qui nous unit.

D'ANVILLE.

Chère Julie!....

JULIE.

Oh! oui, je vous suis chère; j'en suis bien sûre : je vous aime trop pour ne pas me croire aimée.

D'ANVILLE.

Le moindre doute serait pour mon cœur une cruelle injure. Croyez, Julie, qu'il ne fut jamais d'amant plus passionné, d'ami plus tendre et plus fidéle.

JULIE.

Il me reste une crainte; je ne suis pas assez connue de vous; vous comptez sur mon cœur, et vous avez raison; mais j'ai des défauts, et je dois vous en prévenir tandis qu'il en est temps encore.

D'ANVILLE.

Si vous en avez, Julie, avec tant d'esprit, tant de raison, il vous sera facile de vous en corriger.

JULIE.

Eh!.... n'y comptez pas trop, et convenons de nos faits. J'aime le monde.

D'ANVILLE.

C'est de la reconnaissance.

JULIE.

J'ai les goûts de mon rang et de mon âge.

D'ANVILLE.

Nous avons de la fortune; mais vous savez qu'elle a des bornes, et que le luxe n'en a pas.

ACTE I, SCÈNE V.

AIR.

JULIE.

Je ne suis pas bien difficile ;
Je ne demande presque rien.
Six chevaux, un coureur agile,
Des laquais d'un brillant maintien ;
  Élégantes voitures,
  Et nouvelles parures ;
Fêtes aux champs pendant l'été.
L'hiver, autres plaisirs dont je suis idolâtre ·
 Une loge à chaque théâtre ;
 Bals et soupers pleins de gaieté ;
 Concerts, où maint chanteur habile
 A mon talent mêle le sien . .
 Je ne suis pas bien difficile ;
 Je ne demande presque rien.

  Parlons sans mystère :
  Vous m'avez su plaire,
  Et je vous préfère
  A tous vos rivaux.
  Ma vive tendresse
  A vous voir sans cesse
Trouvera des plaisirs nouveaux
  Mais point de jalousie ;
  Elle blesse, humilie
  Fiez-vous à ma foi ;
Et sans humeur, voyez chez moi
Tous les aimables de la ville
Dont je goûterai l'entretien...
Je ne suis pas bien difficile ;
Je ne demande presque rien.

D'ANVILLE.

Je conviens, ma chère Julie, qu'on ne peut être moins exigeante ; j'ai pourtant quelques légères observations....

JULIE, *un peu étonnée.*

Ah !.... des observations !.... aujourd'hui ? J'aurais cru

que vous pouviez avoir quelque chose de plus agréable à me dire.... Des observations!.... il n'importe, je vous écoute.

D'ANVILLE.

Le mariage....

SCÈNE VI.

FOMBELLE, DARCIS, JULIE, D'ANVILLE.

(*Fombelle et Darcis entrent par le fond.*)

JULIE, *allant à eux.*

Ah! voici ces messieurs.... Arrivez donc, je vous attendais.

DARCIS.

Pardon, aimable colonel, nous interrompons le tête-à-tête; mais vous saurez bien vous en dédommager.

FOMBELLE.

L'important aujourd'hui, c'est notre fête; on va partir pour la cérémonie, et nous n'avons pas encore réglé notre pas.

JULIE, *à Darcis.*

Je compte sur vous pour me conduire.

DARCIS.

Encore faut-il savoir comment il s'enchaîne avec les paroles [1].

JULIE.

Comment!.... avec les paroles?

---

[1] Darcis doit, dès son entrée, annoncer sa manie, en faisant une pirouette ou un entrechat, et les répéter le plus souvent possible dans le cours de la pièce.

ACTE I, SCÈNE VI.

DARCIS.

Oui; c'est ce que nous appelons un pas chanté : Fombelle a saisi mon idée à ravir.

FOMBELLE.

Madame était assurément bien faite pour nous inspirer....

JULIE.

Vous devriez répéter devant nous.

D'ANVILLE.

Mais, ma chère Julie, nous aurions à causer de choses plus intéressantes.

JULIE.

Cela n'empêche pas; on peut parler et regarder à-la-fois.

FOMBELLE, *à d'Anville.*

Vous connaissez le plan général?

D'ANVILLE, *avec intention.*

Non, monsieur...; mais j'ai aussi le mien.

FOMBELLE, *bas à Darcis.*

Il paraît piqué. Nous aurions dû lui demander ses avis.

DARCIS, *bas à Fombelle.*

En fait de plaisirs, mon cher, il ne faut jamais consulter les gens qui les paient.

JULIE, *à Fombelle.*

Commencerons-nous par le concert?

QUATUOR.

DARCIS.

De l'auguste cérémonie
Quand nous serons de retour,
Sous l'habit d'un gai troubadour,
Je fais placer la compagnie

D'ANVILLE, *à Julie, feignant la surprise.*

Ah! vous avez ce soir nombreuse compagnie?

DARCIS.

Madame, par nos soins, y verra réunis
Tous ses parents, tous ses amis.

D'ANVILLE.

Madame y verra réunis
Tous ses parents, tous ses amis!....
Et les miens?...

DARCIS.

Les vôtres?.... (*à part.*) ah! diable!

D'ANVILLE.

J'ai des parents aussi.

FOMBELLE, *à Darcis.*

C'est incroyable
Qu'on les ait oubliés!... mais nous pourrons, je crois,
Les inviter une autre fois

DARCIS.

Vers dix heures le jeu s'achève :
Dans l'autre salle on passera;
Tout-à-coup le rideau se lève...
Et nous jouons un opéra.

FOMBELLE.

Jolis vers et bonne musique,
Sujet piquant, neuf, et comique..,
C'est l'HYMEN ENCHAINANT L'AMOUR!

D'ANVILLE, *à Julie.*

Daignez m'écouter à mon tour

JULIE.

Sujet piquant, neuf, et comique!

FOMBELLE.

Je fais l'Hymen.

DARCIS.

Et moi l'Amour.

D'ANVILLE, *à part à Julie.*

D'une pareille folie,

ACTE I, SCÈNE VI.

Pouvez-vous bien, Julie,
Vous occuper en ce moment?

JULIE, *avec légèreté.*

Oh! c'est l'affaire d'un moment.

FOMBELLE.

Répétons un peu, je vous prie,
La fin de ce trio charmant.

(*Darcis va prendre sur le piano les parties du trio, et on chante à trois voix ce qui suit, tandis que d'Anville, assis dans un coin, dissimule autant qu'il peut son dépit, et ne dit mot.*)

L'amour jusque dans la vieillesse
Ménage encore un souvenir
A deux amants, dans leur jeunesse,
Bercés sur l'aile du plaisir.

D'ANVILLE *se levant avec impatience, à Julie.*

Écoutez-moi, le temps nous presse

JULIE, *à d'Anville.*

Quoi! vous n'êtes pas dans l'ivresse!

D'ANVILLE, *avec un rire forcé.*

Pardonnez-moi! j'ai beaucoup de plaisir.

(*A part.*)

J'ai peine à me contenir.

DARCIS, *à d'Anville.*

Vous, dans cet endroit de la pièce,
Ayez soin de vous attendrir

FOMBELLE.

Un ballet termine la fête.

DARCIS.

Quelle suite d'enchantements!
Voyez ces quadrilles charmants.
Une nymphe marche à leur tête..
Elle me fuit, et moi, faune amoureux,
Je la supplie, elle s'arrête....
Et nous dansons le pas de deux.

(*Il danse un pas.*

SCÈNE VII.

FOMBELLE, LA BARONNE, *entrant par le fond;* DARCIS, *dansant;* JULIE, D'ANVILLE, FLORE, GERMAIN.

LA BARONNE.
Quelle élégance
Dans tous ses pas !
Ah ! comme il danse !
On n'y tient pas

TOUS ENSEMBLE, *excepté d'Anville.*
C'est ravissant ! c'est admirable !
De ce pas j'admire l'auteur !
Et cette fête incomparable
Doit nous faire beaucoup d'honneur.

LA BARONNE, à *Darcis.*
En vérité, je suis ravie !
Où prenez-vous, marquis, ce talent enchanteur ?
C'est bien la danse du génie !

DARCIS.
Ah ! dites mieux · c'est la danse du cœur !

LA BARONNE.
Il est charmant !.. Partons pour la cérémonie ;
Le ministre qui doit présider à vos vœux
N'attend plus que le couple heureux.

CHOEUR GÉNÉRAL.
La chaîne la plus belle

Nous }
Vous } promet un bonheur constant.

L'amour nous } appelle
vous }

L'hymen nous } attend.
vous }

(*Tout le monde sort, excepté Flore et Germain.*)

SCÈNE VIII.
FLORE, GERMAIN.

FLORE.

Ce pauvre Germain, comme il soupire!

GERMAIN.

J'ai tort, peut-être?

FLORE.

Tu as cent fois plus raison que tu ne crois; à présent qu'il n'y a plus moyen de s'en dédire, et que l'oiseau est dans la cage, je conviendrai de tout avec toi : madame est charmante; mais, en ménage, c'est un petit démon, et je conseille au colonel de filer doux.

GERMAIN.

Tu ne vaux guère mieux; n'importe, j'en cours la chance; et, si tu veux, je t'épouse.

FLORE.

Quelle imprudence!.... Écoute, il faut que je te parle en conscience. Attention!

RONDEAU.

Voici le portrait de madame ;
Ce portrait est aussi le mien.
Voudras-tu de moi pour ta femme ?
Oh! non, non, non, je n'en crois rien.

Tantôt langoureuse
Et versant des pleurs,
On la voit rêveuse,
Elle a des vapeurs.
Mais la scène change,
Adieu les soupirs,
Son humeur étrange
Cherche les plaisirs

Voilà le portrait de madame ;
Ce portrait est aussi le mien.
Voudras-tu de moi pour ta femme ?
Oh ! non, non, non, je n'en crois rien

 Fertile en caprices,
 Habile en malices,
 Elle est tour-à-tour,
 Dans le même jour,
  Tendre, légère,
  Douce, colère.

Il est cependant
Un point important
Où sa fantaisie
Jamais ne varie ;
On t'en avertit,
Fais-en ton profit :
Elle veut sans cesse
Être la maîtresse....
Dis, m'entends-tu bien ?

Voilà le portrait de madame ;
Ce portrait est aussi le mien.
Voudras-tu de moi pour ta femme !
Oh ! non, non, non, je n'en crois rien.

GERMAIN, *après un moment de réflexion.*

N'importe ! je le risque.... Mais voici nos époux de retour !

SCÈNE IX.

DARCIS, FOMBELLE, JULIE, LA BARONNE, FLORE, GERMAIN.

FINAL.

DARCIS.
Près de l'hymen l'amour fidele
A fixé son vol inconstant,
Et dans la chaîne la plus belle
Le bonheur vous attend.

FOMBELLE.
Tout est dit sur l'hymen, c'est une affaire faite
Maintenant commençons la fête

LA BARONNE.
Tous les acteurs ne sont pas prêts.

JULIE.
Mais où donc est d'Anville?

DARCIS.
Mon dieu, soyez tranquille :
Un mari ne se perd jamais.

FOMBELLE.
J'ai donné l'ordre; on allume.

DARCIS.
Allons changer de costume.

JULIE, *avec inquiétude.*
D'Anville....

DARCIS.
Le voilà.

SCÈNE X.

DARCIS, D'ANVILLE, FOMBELLE, JULIE, LA BARONNE, FLORE, GERMAIN.

LA BARONNE.
Quel air grave et sévère !

D'ANVILLE, *prenant Darcis à part, et à demi voix.*
Monsieur, vous dansez à ravir,
Et, dans un autre temps, j'espère
Vous donner chez moi ce plaisir
Mais, tout entier aux soins que mon amour réclame,
Pour ma terre, à l'instant, je pars avec ma femme.
(*A Fombelle, qu'il prend à part.*)
Monsieur, je dois en convenir,
Personne, mieux que vous, ne dispose une fête ;
Mais à celle qu'on apprête,
Ma femme et moi nous n'assisterons pas.

JULIE, FLORE, GERMAIN, *à part.*
Qu'est-ce donc qu'il leur dit tout bas ?

D'ANVILLE, *à la baronne.*
Je pars pour la campagne ;
Ma femme m'accompagne ;
Daignez-vous y suivre nos pas ?

TOUS LES AUTRES PERSONNAGES, *à part.*
Qu'est-ce donc qu'il lui dit tout bas ?

D'ANVILLE, *à Julie.*
Le bonheur a besoin d'un peu de solitude ;
Du vôtre désormais je ferai mon étude,
Et, pour y travailler avec plus de loisir,
De Paris nous allons partir

JULIE.
Quand donc ?

D'ANVILLE.
A l'instant même.

ACTE I, SCÈNE X.

JULIE.
Allons, vous êtes fou !

D'ANVILLE.
Comme on l'est quand on aime.

JULIE.
Je ne pars pas

D'ANVILLE.
Prenez un ton moins absolu :
Nous partirons ; c'est un point résolu.

ENSEMBLE.

JULIE, *à la baronne.*	GERMAIN, *à Flore.*
Concevez-vous cette folie ?	Que ce soit raison ou folie,
Est-ce caprice ou jalousie ?	Ou caprice, ou bien jalousie,
Vraiment, je n'en puis revenir ;	De son époux c'est le desir ;
Il prétend me faire partir !	Il faudra bien y consentir.
D'ANVILLE.	LES AUTRES.
Que ce soit raison ou folie,	Concevez-vous cette folie ?
Ou caprice, ou bien jalousie,	Est-ce caprice, ou jalousie ?
De votre époux c'est le desir ;	Vraiment, je n'en puis revenir ;
Vous voudrez bien y consentir.	Il prétend la faire partir !

LA BARONNE, *à d'Anville.*
Nous avons grande compagnie.

D'ANVILLE.
Ce n'est pas moi qui l'ai choisie

DARCIS et FOMBELLE, *à d'Anville.*
Nous trouvons fort mauvais....

D'ANVILLE.
Messieurs !..
Nous pourrons nous revoir ailleurs

JULIE.
Vous vous donnez un ridicule.

D'ANVILLE.
Et je l'accepte sans scrupule

LA BARONNE.
Quel ton prenez-vous avec moi ?

D'ANVILLE.
Je sais quel respect je vous doi

LA BARONNE.

Elle est ma nièce.

D'ANVILLE.

Elle est ma femme.

JULIE.

Je veux rester.

D'ANVILLE, *avec fermeté.*

Vous partirez, madame

JULIE.

Je suis entêtée à l'excès

D'ANVILLE.

Quand je veux, par hasard, je ne cede jamais.

(*Gaiement, à Fombelle et à Darcis.*)

Messieurs, souffrez que je vous quitte;

Mais dans l'espoir

De vous revoir.

FOMBELLE, DARCIS.

Oui, vous aurez notre visite

Au revoir.

D'ANVILLE.

Au revoir!

(*A Julie, en lui prenant la main.*)

Daignez me suivre, je vous prie.

ENSEMBLE.

D'ANVILLE et GERMAIN.	LES AUTRES.
Que ce soit raison ou folie,	Concevez-vous cette folie?
Ou caprice, ou bien jalousie,	Pareil accès de jalousie?
De { votre / son } époux c'est le desir,	Vraiment, je n'en puis revenir.
Vous voudrez / Il faudra } bien y consentir.	Je ne consens pas / Ne consentez pas } à partir.

(*D'Anville entraîne Julie.*)

(*Flore fait des façons pour suivre Germain, et celui-ci l'enlève.*

FIN DU PREMIER ACTE.

ACTE SECOND.

Le théâtre représente une galerie d'un château un peu gothique; le fond se compose de trois portes qui restent fermées jusqu'à la dernière scène. Trois portes latérales : l'une, à la dernière coulisse à droite, est celle du dehors; l'autre, à la dernière coulisse de gauche, est celle des gens de la maison; la troisième, à gauche aussi, mais plus près de l'avant-scène, conduit à l'appartement destiné à Julie.

SCÈNE PREMIÈRE.

FLORE, GERMAIN.

DUO. (Contre-partie du premier duo.)

FLORE, *en pleurant.*
Oh! oh! oh! quelle tristesse!
Ce malheur est accablant.

GERMAIN, *en riant.*
Ah! ah! ah! quelle alégresse!
Le tour est ma foi plaisant.

FLORE.
Veux-tu, veux-tu bien te taire?

GERMAIN.
Pourquoi donc cette colère?
Tantôt tu riais, ma chère;
C'est moi qui ris à présent.

FLORE.
Vit-on jamais de perfidie
Si cruelle et si bien ourdie?

GERMAIN.

Calme-toi, calme-toi

FLORE.

Laisse-moi, laisse-moi.
Paraître plein de complaisance,
Puis tout-à-coup, le même jour,
D'un maître affecter l'insolence,
Et nous conduire en ce séjour!

GERMAIN.

N'est-il pas très gai, ce séjour?

FLORE.

O les hommes!.... les hommes!
Viens encor m'en dire du bien!

GERMAIN.

Voilà comme nous sommes!
Le meilleur de nous ne vaut rien

FLORE.

Quel tourment que le mariage!

GERMAIN.

Il faut pourtant qu'il soit d'un doux usage,
Car on a beau vous en épouvanter,
Rien ne vous en détourne;
La jeune fille en veut goûter
Et la veuve y retourne.

FLORE.

Laisse-moi, laisse-moi.

GERMAIN.

Calme-toi, calme-toi

ENSEMBLE

FLORE.	GERMAIN.
O la triste demeure!	La pauvre enfant! elle pleure!
L'affreux événement!	Elle a cru bonnement
C'est de colère que je pleure;	Que d'hymen la noble demeure
Mais on se venge, heureusement.	D'amour étoit le logement

FLORE.

Non, je ne crois pas que, de mémoire de femme, on

se souvienne d'un trait aussi noir. Mais comment s'est passé le voyage? Car, moi, jetée dans un fourgon, à votre suite, avec le chef d'office, je n'ai pu voir....

GERMAIN.

Moi, en postillon, j'étais assez mal placé pour observer les deux époux; mais, autant que j'ai pu voir en détournant la tête, ils ont gardé pendant toute la route le plus profond silence: monsieur avait l'air assez tranquille; mais madame avait un petit air furibond qui était tout-à-fait drôle.

FLORE.

Rira bien qui rira le dernier. Veux-tu parier qu'en définitive ma maîtresse l'emportera, et que nous irons coucher à Paris?

GERMAIN.

Eh bien! voyons: parions.... un mariage que c'est madame qui cédera la première.

FLORE.

Un mariage avec toi!.... N'importe, je suis si sûre de mon fait, que j'accepte le pari.

GERMAIN.

Touche là. Si le colonel fait acte de soumission, je te donne cent bons louis d'or que je possède. Si c'est la comtesse, tu auras encore les cent louis, mais en échange de cette jolie petite main dont je m'empare d'avance.

FLORE.

J'aurai les cent louis; mais, pour la main, je te la souhaite. Voici madame, laisse-nous.

SCÈNE II.

FLORE, JULIE.

JULIE.

Eh bien, Flore!

FLORE.

Eh bien, madame!

JULIE.

Suis-je assez malheureuse? assez trahie? Voilà pourtant l'époux que je me suis donné!

FLORE.

Oh! c'est un vilain homme.

JULIE.

C'est un monstre!.... Moi qui l'aimais tant!.... Croirais-tu qu'il ne m'a pas dit un mot pendant toute la route! J'étouffe de courroux.

FLORE.

A votre place j'en serais morte.

JULIE, *regardant autour d'elle.*

Quel triste château!

FLORE.

C'est bien la demeure d'un vrai loup-garou.

JULIE.

Le maître est pis encore; mais il n'en est pas où il croit.

FLORE.

Madame, il faut montrer du caractère.

JULIE.

J'en montrerai.

FLORE.

Résister à l'oppression.

JULIE.

J'y résisterai.

FLORE.

C'est la cause des femmes.

JULIE.

Nous la gagnerons.

FLORE.

Pourquoi céderions-nous l'empire à ces messieurs?

JULIE.

Amants, ils sont à nos genoux.

FLORE.

Époux, ils sont tout au plus nos égaux.

JULIE.

Que dis-tu, nos égaux? C'est à nous de régner sur eux.

FLORE.

Vraiment oui: c'est ce que je voulais dire. Mais, voici le colonel.

JULIE.

Tant mieux: tu vas voir.

SCÈNE III.

FLORE, JULIE, D'ANVILLE.

D'ANVILLE.

Je puis donc en liberté, ma chère Julie.... (*Apercevant Flore.*) Mademoiselle voudrait-elle nous faire le plaisir.... (*Il lui fait signe de sortir. Flore hésite, regarde sa maîtresse qui lui fait signe d'obéir.*)

FLORE, *en sortant, bas à Julie.*

De la fermeté.

SCÈNE IV.

JULIE, D'ANVILLE.

D'ANVILLE.

Comment trouvez-vous ce château?

JULIE.

Affreux.

D'ANVILLE.

Avant de vous y voir, j'étais presque de votre avis; mais le lieu où vous êtes sera toujours pour moi le plus agréable.

JULIE.

En ce cas, vous courez risque de vous déplaire beaucoup dans celui-ci, car je n'ai pas du tout le projet d'y rester.

D'ANVILLE, *en souriant.*

Je pourrais vous répondre qu'il ne dépend pas tout-à-fait de vous d'en sortir. Une femme doit demeurer auprès de son mari, et.... ma chère Julie, je suis le vôtre.

JULIE.

Vous, monsieur! Je ne vois en vous qu'un tyran.

D'ANVILLE, *avec bonté.*

Parlons raison, Julie : de quoi vous plaignez-vous?

JULIE.

De quoi je me plains? La question est nouvelle ! De quoi je me plains?

D'ANVILLE.

Daignez vous expliquer.

JULIE.

Je me plains, monsieur, d'avoir été indignement trompée par un homme qui s'est montré plein d'égards, de déférence, et de douceur, tant qu'il n'a été que mon amant, et qui prend avec moi le ton et les manières d'un despote, dès qu'il est devenu mon mari.

D'ANVILLE.

Je suis, je veux être toujours votre ami, votre amant...; mais, ma chère Julie, permettez-moi d'ajouter que je ne veux pas être votre esclave.

JULIE.

Mais vous voulez que je sois la vôtre? Et de quel droit, monsieur, m'enlevez-vous à ma famille, à mes amis, pour me confiner au fond d'un château gothique? Cela est odieux, et j'en aurai justice.

D'ANVILLE.

Ce matin vous m'avez fait vos conditions; j'allais vous faire les miennes (car j'imagine que le lien qui nous unit nous engage également tous deux): au lieu de m'écouter, vous vous êtes occupée avec des amis, qui ne sont pas les miens, d'une fête où vous n'avez oublié d'inviter que ma famille.... Ce que je n'ai pu vous dire avant notre mariage, je vous le dis après: un mari qui obéit me paraît encore plus ridicule qu'une femme qui commande. Je desire que nous ne soyons ridicules ni l'un ni l'autre. Le bonheur, dans le mariage, suppose une volonté commune; mais, s'il arrive, par hasard, que les avis se partagent, comme on n'est que deux, il faut bien qu'il y ait un avis qui l'emporte, et il paraît naturel....

JULIE.

Que ce soit celui du plus fort, n'est-ce pas? Eh bien, monsieur, je vous déclare que je ne céderai jamais à cette raison-là; et, comme vous n'en avez pas d'autre pour me retenir ici, je suis bien décidée à en sortir dès ce soir même, et à retourner à Paris, où vous êtes le maître de me suivre.

D'ANVILLE.

Je connais trop bien mes intérêts, (*tendrement*) et je puis ajouter les vôtres, pour céder à un pareil dessein.

JULIE.

C'est-à-dire, monsieur, que vous me refusez.

D'ANVILLE.

Nous sommes à quatre lieues de Paris. Il fera bientôt nuit; on nous prépare un souper charmant; vous n'exigerez pas que je me prive volontairement d'un aussi délicieux tête-à-tête.

JULIE.

Je ne veux pas souper, monsieur, je ne veux pas....

D'ANVILLE, *sortant par la gauche.*

Je ne vous ai jamais vue si jolie.

SCÈNE V.

JULIE, *seule.*

Le perfide!.... Je sortirai d'ici.... oui.... j'en sortirai.... Quelle situation est la mienne! un homme que j'aimais avec idolâtrie!.... Eh! c'est parceque je l'aimais, que je n'aurais pas dû l'épouser!.... Les hommes qu'on aime sont affreux!

SCÈNE VI.

FLORE, JULIE.

FLORE.
Bonne nouvelle, madame! il nous arrive du renfort.
JULIE.
Qui donc?
FLORE.
Madame votre tante, escortée de MM. Fombelle et Darcis. Ils sont entrés par la porte du parc; le colonel ne s'en doute pas.
JULIE.
J'en suis ravie.... Cependant, Flore, il peut trouver mauvais que des étrangers....
FLORE.
Vous avez peur de lui déplaire? Nous sommes perdues.
JULIE.
Qui? moi! j'ai peur de lui déplaire? peux-tu penser?...

FLORE.

Eh! s'il n'en était pas ainsi, garderiez-vous cette parure de noce qu'il vous a donnée, et qui n'est plus que le signe de votre esclavage?

JULIE.

Tu m'y fais songer.... je veux.... tu prieras ma tante de passer avec toi dans mon appartement.

(*Elle sort.*)

SCÈNE VII.

FLORE, *seule*.

Il peut trouver mauvais!... dans mon appartement!... Je ne suis pas tranquille, et je prendrais la moitié de mon pari.

SCÈNE VIII.

FLORE, FOMBELLE, LA BARONNE, DARCIS,

entrant tous trois par la droite.

MORCEAU D'ENSEMBLE.

LA BARONNE, FOMBELLE et DARCIS.

Cherchons cette pauvre victime
Qu'un tyran cruel opprime.
Nous venons la protéger,
La défendre et la venger.

FLORE.

Vous serez bien reçus.

LA BARONNE.

C'est toi, ma bonne Flore!
Que fait cette pauvre enfant?

ACTE II, SCÈNE VIII.

FLORE.

Madame, elle vous implore,

LA BARONNE.

Méne-moi vers elle à l'instant.

FLORE, *à la baronne.*

Entrez, elle vous attend

ENSEMBLE.

LA BARONNE, *à Darcis et à Fombelle.*

Allez, allez, votre cause est fort bonne,
Suivez l'exemple que je donne,
Et de la beauté dans les pleurs
Montrez-vous les vrais défenseurs.

FLORE.

Allez, allez, votre cause est fort bonne :
Suivez l'exemple qu'on vous donne,
Et de la beauté dans les pleurs
Montrez-vous les vrais défenseurs

DARCIS et FOMBELLE.

Allons, allons, notre cause est fort bonne ;
Nous accompagnons la baronne,
Et de la beauté dans les pleurs,
Nous nous montrons les défenseurs

(*La baronne entre avec Flore chez Julie.*)

SCÈNE IX.

FOMBELLE, DARCIS.

DARCIS.

Mon ami, dans cette aventure,
Nous avons eu part à l'injure ;
La fuite de Danville a dû nous offenser.

FOMBELLE.

Il est vrai. Sans égard pour la charmante fête
Que j'apprête,
Il nous quitte !

DARCIS.

Sans balancer!

FOMBELLE.

Sans nous inviter à le suivre!
Ce colonel ne sait pas vivre.

DARCIS.

Il ne sait pas même danser

ENSEMBLE.

Que je plains cette aimable Julie!
Le moyen d'aimer un tel époux?
Il fallait à femme aussi jolie
Un mari toujours gai comme nous.

DARCIS.

Dans une fête éternelle,
Elle aurait passé ses jours;
Et nos talents auprès d'elle
Auraient fixé les amours.

ENSEMBLE.

Allons, en chevalier fidèle,
Je viens ici la protéger.
Nous sommes Français, elle est belle,
Et c'est à nous de la venger.

SCÈNE X.

FOMBELLE, FLORE, *sortant de l'appartement de Julie*, DARCIS.

FLORE.

Ces dames m'envoient vous prier de vous rendre avec la voiture à la petite grille du parc, où elles iront elles-mêmes dans un instant. Elles vous engagent à éviter la rencontre du colonel. Il y a beaucoup de monde dans le grand pavillon. On va, on vient.... Je ne sais ce qu'il médite.

DARCIS.

Nous lui enléverons sa femme le jour même de son mariage. Il y a dans cette aventure le cadre d'un ballet charmant.

FOMBELLE.

Oui; mais j'entrevois une scène épisodique d'un genre un peu moins gai.

DARCIS.

Tant mieux! il faut des contrastes.

FLORE.

J'entends quelqu'un : c'est Germain.... Sortez! il ne faut pas qu'il vous voie. (*Ils sortent par la droite.*)

SCÈNE XI.

FLORE, GERMAIN, *entrant par la gauche.*

GERMAIN.

Tu n'es pas encore partie, ma pauvre Flore? tu veux donc absolument m'épouser? Tiens, voici le colonel. Veux-tu que je lui annonce notre mariage?

FLORE, *en sortant.*

Occupe-toi seulement de me compter mes cent louis: avant une heure ils seront à moi.

GERMAIN.

Dis donc à nous. (*Flore sort par la droite.*)

SCÈNE XII.

GERMAIN, D'ANVILLE, *entrant par la gauche.*

GERMAIN.

Elle est dans la confidence, monsieur; je l'ai vue avec les deux ravisseurs.

D'ANVILLE.

Tu as fait dételer les chevaux?

GERMAIN.

Ils sont sous la clef, ainsi que la voiture.

D'ANVILLE.

Et les grilles?....

GERMAIN.

Fermées à double tour. Du diable si quelqu'un sort à présent du château sans votre ordre.

D'ANVILLE.

Tu sais tout ce dont nous sommes convenus?

GERMAIN, *en sortant par la gauche.*

Je n'oublie rien; mon mariage en dépend.

SCÈNE XIII.

D'ANVILLE, *seul.*

Me voilà maître du poste! mais le plus fort n'est pas fait. Il s'agit maintenant de faire entendre raison à deux femmes.... Il s'agit d'affliger un moment Julie!.... mais son bonheur y est attaché, et ma résolution est prise.

ACTE II, SCÈNE XIII.

RONDEAU.

Maris
Chéris,
Qu'on aime et qu'on désole,
Tenez,
Venez,
Venez à mon école.
Et vous,
Pour nous
Quelquefois si cruelles,
O belles!
Je veux
Trouver grace à vos yeux
En combattant dans les champs de la gloire,
L'avantage est tout au vainqueur;
Mais en aimant, triompher de son cœur,
C'est une pénible victoire!
Maris
Chéris, etc., etc
Qui mieux que moi connaît les charmes
De vos graces, de vos discours?
Mais si l'on vous cédait toujours,
A quoi vous serviroient vos armes?
Maris
Chéris,
Qu'on aime et qu'on désole,
Tenez,
Venez,
Venez à mon école :
Et vous,
Pour nous
Quelquefois si cruelles,
O belles!
Je veux
Trouver grace à vos yeux

SCÈNE XIV.

D'ANVILLE, JULIE, LA BARONNE.
(*Julie est vêtue très simplement.*)

LA BARONNE.

Ah! vous voilà, monsieur! vous savez sans doute le motif qui m'amène?

D'ANVILLE.

Mais je présume, madame, que vous venez voir votre charmante nièce, et je prends ma part du plaisir que vous lui faites.

LA BARONNE.

Votre plaisir sera court : je la ramène à Paris; ma voiture est là.

D'ANVILLE.

Votre voiture?.... Je vous demande pardon.... elle n'y est plus.

JULIE.

Vous voyez, ma tante!

D'ANVILLE, *à la baronne.*

J'ai pu croire, sans vous offenser, que vous nous faisiez l'honneur de rester ici.

LA BARONNE.

Et qui donc, je vous prie, a donné l'ordre à mes gens?....

D'ANVILLE.

C'est moi, madame. J'ai l'habitude de commander chez moi. Mais j'ose assurer cependant que vous y serez obéie comme moi-même.

ACTE II, SCÈNE XIV.

LA BARONNE.

Il y paraît.

D'ANVILLE.

Si vous l'exigez, je vais sur-le-champ faire atteler mes chevaux.

LA BARONNE.

C'est tout ce que l'on vous demande.

D'ANVILLE.

J'aurai pourtant quelque peine à vous laisser partir seule à cette heure; car, vous le savez, ma chère Julie, (*avec tendresse et fermeté*) il est bien décidé que nous restons.

JULIE.

Ce procédé est indigne!

LA BARONNE.

Vous m'obligerez, M. le comte, à faire un éclat dont tout le blâme retombera sur vous. Je vous préviens que j'ai pris mes mesures. Je ne suis pas venue seule ici; et puisque vous ne rougissez pas d'avoir recours à la violence, je vais....

JULIE, *l'arrêtant avec vivacité.*

Ah! ma tante! ne l'exposons pas....

D'ANVILLE.

Ma chère Julie! combien je suis touché de ce mouvement aimable! mon cœur en avait besoin.

JULIE.

Il ne prouve rien, monsieur, que ma prudence.

D'ANVILLE.

Et cette parure si simple qui vous embellit tant à mes yeux! ne permettez-vous pas à mon amour d'en tirer un favorable augure?

JULIE.

J'ai donc le bonheur de vous plaire sous cet habit?

D'ANVILLE.

Vous ne fûtes jamais plus chère à mon cœur.

LA BARONNE, à part.

Il va la désarmer! (*Haut.*) Si vous aimez Julie, monsieur, il faut le lui prouver, en la laissant maîtresse ici.

D'ANVILLE.

Pour qu'elle y soit maîtresse, ne faut-il pas qu'elle commence par y rester.

LA BARONNE.

Nous commencerons, si vous voulez bien, par en sortir.

SCÈNE XV.

D'ANVILLE, JULIE, FLORE, LA BARONNE.

FLORE, à *demi-voix*.

Mesdames, la voiture n'est plus au bout de l'avenue; MM. Fombelle et Darcis sont observés : je tremble!....

JULIE.

Et que veux-tu que nous fassions?

LA BARONNE.

Mais c'est donc un guet-apens que cette maison-là?

SCÈNE XVI.

D'ANVILLE, JULIE, GERMAIN, FLORE, LA BARONNE.

GERMAIN, *entrant par la gauche, et annonçant du fond du théâtre.*

Madame la comtesse est servie.

D'ANVILLE.

Madame la baronne veut-elle bien accepter ma main?

LA BARONNE.

Non, certainement, monsieur.

FLORE, *à part.*

Bravo!

D'ANVILLE, *à Julie, tendrement, en lui prenant la main.*

Ma Julie ne la refusera pas; et vous, madame, (*à la baronne, gaiement*) vous ne laisserez point votre nièce souper tête-à-tête avec un tyran tel que moi.

LA BARONNE.

Mais, ma nièce....

JULIE, *à la baronne, sans retirer sa main.*

Ma tante, je vous en conjure, ne m'abandonnez pas.

FLORE, *à part.*

Aïe! aïe!

(*Ils sortent tous excepté Flore et Germain.*)

SCÈNE XVII.

FLORE, GERMAIN.

GERMAIN, *riant.*

Qu'en dis-tu?.... Ils vont souper ensemble.

FLORE.

Je dis.... je dis.... que cela n'ira pas plus loin; que je n'ai pas perdu, et que nous ne sommes pas encore mariés.

GERMAIN.

Tiens, vois-tu, nous sommes fiancés, pour le moins. Il n'y a donc pas d'indiscrétion à te demander si tu m'aimes.

FLORE.

Si je t'aime!.... Je n'en sais rien.

GERMAIN.

Aux termes où nous en sommes, il serait temps de le savoir : j'ai parié que tu m'épouserais.

FLORE.

Mais je n'ai pas parié que je t'aimerais; ne confondons pas.

GERMAIN.

Je n'aurais pas tenu ce pari-là : je suis trop honnête homme pour parier à coup sûr.

FLORE.

Tu as de la confiance! voilà déja une bonne vertu de mari.

GRRMAIN.

Je les ai toutes : je suis crédule à l'excès.

ACTE II, SCÈNE XVII.

COUPLETS

Ier COUPLET

Je croirai que pour ma tendresse
Ma femme n'a point de secret;
Je me croirai, sur sa promesse,
De son cœur le premier objet.
Je la croirai d'humeur farouche,
Quoi qu'en disent les envieux;
Et j'en croirai toujours sa bouche
Sans jamais en croire mes yeux.

IIe.

Je croirai que de ma présence
Son cœur a besoin chaque jour,
Je croirai que, dans mon absence,
Elle désire mon retour :
Je la croirai tendre, sincère,
Fidele, au gré de tous mes vœux;
Enfin, je me croirai le père...
Et le mari le plus heureux

FLORE.

A la bonne heure !

GERMAIN, *regardant dans le fond à gauche.*

Comment!.... on sort déja de table !

FLORE.

S'ils pouvaient s'être querellés !

GERMAIN, *en ricanant.*

Je vais savoir s'il faut faire mettre les chevaux.

(*Il sort à droite.*)

SCÈNE XVIII.

FLORE, JULIE, *entrant par la gauche.*

FLORE.

Quoi, madame! toute seule!

JULIE.

Oh! pour un moment. Ma tante va revenir me prendre. Nous avons gain de cause, et nous retournons à Paris.

FLORE, *avec joie.*

Vraiment! monsieur consent....?

JULIE.

Tu sens bien que sa fierté maritale ne lui a pas permis de donner un consentement formel; mais il a été, pour ma tante, pendant tout le souper, d'une politesse!.... d'une galanterie si recherchée!.... Ils se sont beaucoup parlé bas, et j'ai vu clairement qu'elle lui faisait entendre raison. Elle t'attend pour les apprêts du départ. Va la rejoindre.

FLORE.

Dieu soit loué! Nous avons donc sauvé l'honneur du sexe.

(*Elle sort à droite.*)

SCÈNE XIX.

JULIE, *seule.*

En effet, il eût été honteux de céder.... Une fête charmante, préparée, annoncée depuis quinze jours.... s'y voir enlevée.... et en présence de tout le monde!.... (*Elle prend un livre et va s'asseoir auprès d'une table.*) Plus j'y pense, plus je suis en colère.... (*Elle se lève*) je suis sûre que mes traits sont changés à faire peur. (*Elle regarde vers la porte d'entrée.*) Mais ma tante tarde bien à venir.... Le colonel aurait-il cherché à la gagner?.... Oh! non, c'est impossible!.... elle ne revient pas!.... ni Flore non plus.... Qu'est-ce que cela signifie?.... Me voilà toute seule ici.... C'est tout au plus si je suis rassurée.... On vient.... (*Elle regarde.*) Ciel! c'est d'Anville.

(*Elle va vite se rasseoir et prendre son livre.*)

SCÈNE XX.

JULIE, D'ANVILLE, *entrant par la gauche.*

(*Il s'approche. Elle feint de ne pas le voir.*)

D'ANVILLE, *à part.*

Il ne me reste plus qu'elle à gagner. Voyons si j'y réussirai! (*Haut.*) Madame....

JULIE, *affectant un mouvement de frayeur.*

Ah!.... mon dieu, monsieur, vous m'avez fait une peur!....

D'ANVILLE.

Je suis bien malheureux de vous inspirer un pareil sentiment.

JULIE.

C'est ma tante, et non pas vous que j'attendais.

D'ANVILLE.

Votre tante s'est retirée dans son appartement, et probablement elle repose déja.

JULIE.

Qu'entends-je? Elle aussi me trahirait!

D'ANVILLE.

Elle vous aime presque autant que moi.

JULIE.

Ne me forcez pas à douter de son cœur.

D'ANVILLE, *tendrement.*

Ah! Julie!.... quel moment choisissez-vous pour me faire un pareil reproche!

JULIE, *s'adoucissant.*

Mais.... celui que vous avez pris pour le mériter.

D'ANVILLE, *avec feu.*

Non, Julie, non; vous ne doutez pas de mon amour! Vous ne doutez pas de l'empire absolu que vous avez sur mon ame!.... Prévenir, combler tous vos vœux, c'est le seul but, c'est le seul bonheur où j'aspire.

JULIE, *émue.*

Je l'espérais!.... et mon cœur se promettait bien de n'être point ingrat!

D'ANVILLE, *avec ménagement.*

Faut-il qu'un léger caprice compromette d'aussi douces destinées!

ACTE II, SCÈNE XX.

JULIE, *un peu piquée.*

Je puis être capricieuse.... mais du moins je ne suis pas injuste, tyrannique.

D'ANVILLE, *avec bonté.*

Julie!.... vous m'avez semblé un peu légère.... je vous ai paru trop rigoureux.... peut-être avons-nous tort l'un et l'autre.... Un mot, un seul mot pourrait nous mettre tous les deux d'accord.

JULIE.

Et.... ce mot!.... quel est-il?

D'ANVILLE.

Je vous pardonne.

DUO.

JULIE.

Qui, moi! . moi, que je vous pardonne !...
Avez-vous bien pu le penser?

D'ANVILLE.

Oui, Julie, oui, l'amour nous l'ordonne ;
Obéissons sans balancer

JULIE, *hésitant.*

Mais.... est-ce à moi de commencer ?

D'ANVILLE.

C'est au plus tendre à commencer

(*Très tendrement.*)

La fierté ne peut trouver place
Dans un cœur bien épris...

(*A genoux.*)

A vos genoux je demande ma grace

JULIE, *après un moment d'hésitation où l'on voit que la vanité l'emporte sur le sentiment.*

Eh bien!... eh bien!.... retournons à Paris

D'ANVILLE.

(*Il se relève avec sang-froid, va prendre un flambeau, et le présente à la comtesse.*)

Voici la nuit, madame,

(*Julie remet le flambeau sur la table, sans répondre.*)

Je vous laisse.

Votre appartement est ici.

(*Il l'indique.*)

JULIE.

Je reste dans celui-ci

D'ANVILLE.

Eh bien ! soyez-y la maîtresse.
C'est trop affliger vos regards ;
Mes chevaux sont prêts ... et je pars.

JULIE, *prenant le bougeoir, avec un dépit déguisé.*

Ce parti charme mon ame,
Et j'y souscris de bon cœur.

ENSEMBLE.

JULIE.	D'ANVILLE, *à part.*
Ce parti charme mon ame,	Du dépit secret de son ame
Et j'y souscris de bon cœur..	Elle ne peut cacher l'aigreur...
Adieu, monsieur !	Adieu, madame.

D'ANVILLE.

Puisse un sommeil long et paisible,
Vous offrir son calme enchanteur !
Après un jour aussi pénible,
Du repos goûtez la douceur

JULIE.

Oui, je vais d'un sommeil paisible
Goûter le repos enchanteur ;
Après un jour aussi pénible,
Le sommeil est une faveur

ENSEMBLE.

JULIE.	D'ANVILLE, *à part.*
Ce parti charme mon ame,	Du dépit secret de son ame,
Et j'y souscris de bon cœur	Elle ne peut cacher l'aigreur...
Bon soir, monsieur	Bon soir, madame !

Le colonel sort à gauche, et Julie va pour rentrer dans son appartement, puis revient sur ses pas.

SCÈNE XXI.

JULIE, seule.

Je suis ravie qu'il m'ait quittée.... certainement.... j'en suis ravie.... c'est tout ce que je voulais!.... il a cru m'effrayer par un feint départ.... il ne partira pas.... il m'aime trop!.... il m'aime trop!.... Mais s'il m'aime réellement, pourquoi donc l'obliger à s'éloigner de moi?.... Qu'entends-je?.... C'est, je crois, un bruit de voiture!.... S'il partait en effet!.... s'il m'abandonnait pour toujours!.... Quoi! pour une misérable fête, pour des amis frivoles, j'aurais sacrifié l'homme le plus tendre, le plus aimable!... Ah! courons avertir ma tante... mais non, je n'ose.... si j'appelais.... (*Elle appelle et sonne.*) Flore! Flore!.... Elle ne viendra pas!.... Flore!

SCÈNE XXII.

JULIE, FLORE, *entrant par la droite.*

FLORE.
Eh! me voilà, madame.
JULIE.
Où donc étiez-vous? Je vous sonne depuis une heure.
FLORE.
Moi, madame! j'étais dans le parc à observer le colonel. Messieurs Fombelle et Darcis causaient avec lui. Ils sont maintenant les meilleurs amis du monde. Bientôt après, le colonel est monté en voiture.

JULIE.

Il est parti!

(*D'Anville paraît dans le fond à gauche.*)

FLORE.

Grace au ciel.... et à trois bons chevaux, il est déja bien loin.

(*Elle regarde d'Anville.*)

JULIE.

Malheureuse!.... et vous ne l'avez pas retenu?

FLORE.

Ma foi, madame, écoutez donc; si vous n'y avez pas réussi..... J'en avais quelque envie; mais sachant combien vous le détestiez (*avec affectation*) à juste titre, et combien vous seriez contente d'être enfin la maîtresse au logis....

JULIE.

Ah! que dis-tu? je suis au désespoir de l'avoir offensé, je l'adore, et dût-il me retenir seule ici, loin du monde et de tous ses plaisirs, je consentirais à tout; je ne saurais me résoudre à cesser de le voir.

(*D'Anville disparaît.*)

FLORE.

Oh! pour le coup, me voilà mariée!

JULIE.

Mais, allez donc vite, mademoiselle, avertissez ma tante, et courons après lui.

FLORE.

Vous n'irez pas bien loin.

SCÈNE XXIII.

Ici les trois portes du fond du salon s'ouvrent. La musique se fait entendre. Des lustres descendent d'en haut. On voit tous les apprêts d'une fête champêtre. Une nombreuse compagnie entre, conduite par Darcis et Fombelle, et reste dans le fond.

FOMBELLE, DARCIS, LA BARONNE, JULIE, DANVILLE, FLORE, GERMAIN.

JULIE.

Que vois-je?... mon mari!

(*Elle s'incline.*)

FINAL.

D'ANVILLE, *l'arrêtant.*

Non, non, non, non; c'est dans mes bras
Que je recevrai ma Julie.
Heureux cent fois, si mon amie
Elle-même ne m'en veut pas!
Je viens en force, au moins, solliciter ma grace.

(*Il montre la baronne et tous les gens de la noce.*)

JULIE.

Ma tante! que je vous embrasse!

LA BARONNE.

Il m'a, dès le souper, mise dans le complot.

FLORE.

Et moi, pour me séduire, il ne m'a dit qu'un mot,
Qu'il vous rendrait heureuse.

JULIE, *tendrement.*

Il tient déja parole.

FOMBELLE.

Dans le parc, à loisir, avec mon cher Darcis
J'ai disposé la fête

DARCIS.

Et repassé mon rôle

(*Il fait un entrechat.*)

D'ANVILLE.

Vos amis et les miens y sont tous réunis.

JULIE.

Quoi, vous m'aimez assez ?

D'ANVILLE.

En seriez-vous surprise ?

JULIE.

Ah ! d'un si noble époux,
La femme ne peut être (et cet aveu m'est doux)
Ni trop tendre.... ni trop soumise.

DARCIS.

Madame la baronne, avec vous, s'il vous plaît,
Je veux ouvrir le bal.

LA BARONNE.

Moi !

DARCIS.

Par un menuet.

FOMBELLE.

Allons, suivez-moi tous, et qu'avec moi l'on chante :
Heureuse la femme charmante,
Qui, dans le tendre époux que son cœur a choisi,
Ne sauroit distinguer l'amant et le mari !

CHOEUR GÉNÉRAL.

Non, dans le tendre époux que $\left\{\begin{array}{l}\text{mon}\\\text{ton}\\\text{son}\end{array}\right\}$ cœur a choisi

$\left.\begin{array}{l}\text{Je ne distingue plus}\\\text{Ne distingue jamais}\\\text{On ne distingue point}\end{array}\right\}$ l'amant et le mari.

LES AUBERGISTES

DE QUALITÉ,

OPÉRA COMIQUE EN TROIS ACTES,

MUSIQUE DE M. CATEL,

REPRÉSENTÉ POUR LA PREMIERE FOIS SUR LE THÉATRE DE L'OPÉRA-COMIQUE, LE 17 JUIN 1812.

Les progrès, ou, si on l'aime mieux, les changements que la musique dramatique a subis en France depuis quelques années, m'ont paru exiger, de la part des auteurs qui travaillent pour les deux scènes lyriques, des concessions au goût dominant pour les morceaux d'ensemble que les Italiens ont mis à la mode. M. Catel est le premier compositeur français qui ait introduit ce luxe musical dans notre opéra comique. Le brillant succès qu'avait obtenu son *Auberge de Bagnères*, ouvrait une carrière nouvelle où le musicien, comme en Italie, devait nécessairement traîner le poète à sa suite, puisqu'il ne s'agissait plus pour ce dernier que d'amener sur la scène, avec plus ou moins d'invraisemblance, un assez grand nombre de personnages, pour y former, à point nommé, des *introductions*, des *quintetti*, des *septuor*, et des *finales*.

Sans examiner jusqu'à quel point l'art dramatique (avec lequel l'opéra comique a d'ailleurs si peu de chose de commun) a lieu de s'applaudir ou de se plaindre de cette innovation, j'ai essayé, dans cette espèce de *libretto*, de concilier les exigences de l'opéra buffa avec les convenances de notre comédie lyrique. C'est maintenant au lecteur à décider si je puis réclamer quelque part au succès brillant que l'excellente musique de M. Catel, et le talent sans rival de M. Elleviou ont procuré à cet ouvrage sur le théâtre où il fut représenté.

PERSONNAGES.

Le marquis de VILLEROI, } Sous le nom des frères
Le chevalier de RAVANNES, } ROBERT.
M. de FAVANCOURT, gouverneur de la province.
ÉMILIE, sa fille.
BERNARD, aubergiste.
Madame BERNARD, sa femme.
GEORGETTE, leur fille.
CHARLOT, garçon d'auberge.
DUTREILLAGE, brigadier de maréchaussée.
LE TABELLION.
UN COURRIER.
VILLAGEOIS ET VILLAGEOISES.

La scène se passe dans un village sur les bords de la Loire, et sur la grande route.

LES AUBERGISTES DE QUALITÉ,

OPÉRA COMIQUE.

ACTE PREMIER.

Le théâtre représente une partie d'un très beau village. A gauche, une jolie auberge à l'enseigne de la COURONNE ; la grande salle de cette auberge est ouverte du côté des spectateurs, et laisse voir des gens à des tables dans l'intérieur : de l'autre côté du chemin, à droite, un peu plus au fond, se trouve une autre auberge, de moindre apparence, à l'enseigne de la PROVIDENCE.

SCÈNE PREMIÈRE.

Mme BERNARD, VILLAGEOIS, VILLAGEOISES, BERNARD, RAVANNES, DUTREILLAGE, VILLEROI, CHOEUR DE VILLAGEOIS *qui chantent en buvant, dans l'intérieur ; de jeunes villageoises dansent en dehors, sous un gros arbre en face de l'auberge de la Couronne, au son du violon de Villeroi, monté sur une table. Ravanne joue aux petits palets avec Dutreillage, sur un tonneau ; ils ont une petite table auprès d'eux sur laquelle se trouvent une écritoire, une bouteille, et des verres.*

INTRODUCTION

CHOEUR INTÉRIEUR.

Le temps est beau, le vin est bon,
Buvons et chantons à la ronde,

Moquons-nous du qu'en dira-t-on.
Le temps est beau, le vin est bon,
Tout va le mieux du monde.

Les jeunes gens au-dehors dansent sur la ritournelle de cet air.

Le soleil mûrit la moisson,
Sa chaleur, en trésors féconde,
De la vigne enfle le bourgeon ;
Le temps est beau, le vin est bon,
Tout va le mieux du monde.

MADAME BERNARD.

Elle sort de chez elle avec son mari qui veut aller boire avec les autres.

Eh quoi ! chez ce maudit voisin
Tu n'as pas honte d'aller boire ?

BERNARD.

Je vous le dis, j'ai mon dessein :
Ma femme, vous devez m'en croire,
Entendez-vous, j'ai mon dessein ?

MADAME BERNARD.

Vraiment oui, le dessein de boire.

ENSEMBLE.

CHOEUR INTÉRIEUR, RAVANNES et DUTREILLAGE.	BERNARD.
Le temps est beau, le vin est bon,	Chacun s'enfuit de ma maison ;
Buvons et chantons à la ronde ;	J'en fais autant, ma femme gronde ;
Moquons-nous du qu'en dira-t-on.	Mais je répète ma chanson :
Le temps est beau, le vin est bon ;	Le temps est beau, le vin est bon ;
Tout va le mieux du monde.	Tout va le mieux du monde.
RAVANNES et VILLEROI. *(dansant.)*	MADAME BERNARD.
Le temps est beau, rions, dansons,	Plus de chalands à la maison,
Et que monsieur le curé gronde ;	Loin de nous s'enfuit tout le monde ;
Jeunes filles, jeunes garçons,	Monsieur répète sa chanson.
Le temps est beau, rions, dansons,	Le temps est beau, le vin est bon,
Tout va le mieux du monde.	Tout va le mieux du monde.

ACTE I, SCÈNE I.

VILLEROI, *à Bernard.*
Voisin Bernard, le temps se perd,
Là-bas on vide les bouteilles.

BERNARD.
J'y vais, j'y vais, monsieur Robert,
J'ai mon projet.

VILLEROI, *à Bernard.*
Le temps se perd

MADAME BERNARD, *à son mari.*
Ah! tu vas faire des merveilles!

DUTREILLAGE, *regardant son verre.*
Quel bouquet, et quelle couleur!

RAVANNES.
Qu'en dites-vous, cher Dutreillage?
Est-ce bien là de l'Ermitage?

DUTREILLAGE.
Je n'en bus jamais de meilleur;
Quel bouquet, et quelle couleur!

RAVANNES, *le conduisant vers la maison.*
Venez, venez, j'en ai là du meilleur.

BERNARD.
Bonjour, commandant Dutreillage.

DUTREILLAGE.
Mon ami, c'est de l'Ermitage!

RAVANNES, *à tous les deux, les poussant dans la maison.*
Entrez, j'en ai là du meilleur

BERNARD, *de loin, à sa femme.*
Ma femme, c'est de l'Ermitage.

ENSEMBLE.
Le temps est beau, le vin est bon,
Buvons, etc.

VILLEROI, *aux villageois dansants.*
Assez pour ce matin, mes enfants; la chaleur devient incommode; nous recommencerons ce soir.

(*Le chœur sort.*)

RAVANNES.

Si madame Bernard veut, nous danserons ensemble?

MADAME BERNARD, *rentrant chez elle.*

Madame Bernard ne danse pas avec toute sorte de gens; apprenez cela, M. Robert.

SCÈNE II.

VILLEROI, RAVANNES.

VILLEROI.

Laisse là cette folle; j'ai besoin de te parler. Dutreillage a reçu une lettre du prévôt de la maréchaussée, et je soupçonne.....

RAVANNES.

Ah! tu soupçonnes; et bien moi, je suis sûr: la voici cette lettre.

VILLEROI.

Voyons vite.

RAVANNES, *lisant.*

« Je vous envoie le signalement de deux jeunes gens. » C'est bien le nôtre, il n'y a pas à s'y méprendre. « J'ai « tout lieu de croire qu'ils sont cachés dans votre ar- « rondissement. Assurez-vous de leurs personnes avec « tous les égards qui leur sont dus. » Il est honnête. « Et faites-les conduire ici sous bonne escorte.... Cette « capture est de la plus haute importance. »

VILLEROI, *d'un ton tragique.*

Qu'en dis-tu?

RAVANNES.

Je dis.... qu'ils ne nous tiennent pas.

ACTE I, SCÈNE II.

VILLEROI.

Il nous arrivera malheur, tu verras.

RAVANNES.

Ce ne sera pas faute de prudence, au moins.

VILLEROI.

Oui, c'est par-là que nous brillons.

RAVANNES.

Ma foi, je le donne au plus habile. Tu t'avises de te faire une affaire avec un des amis du cardinal Dubois; je suis ton second. Le ciel, comme à l'ordinaire, se déclare pour l'innocence; nos adversaires.... Dieu veuille avoir leurs ames; le cardinal se fâche tout rouge; nous n'avons que le temps de fuir, et nous voilà sur la route d'Espagne.

VILLEROI.

Jusque-là pas un mot à reprendre; mais la suite?....

RAVANNES.

La suite est un trait de génie qui ferait honneur à tous les Mata, à tous les Grammont du monde, et qui figurera un jour dans mes mémoires. Quel chapitre que celui où l'on verra comme quoi le marquis de Villeroi et le chevalier de Ravannes, désespérés de quitter la France, imaginèrent de se transformer en aubergistes de village, de s'établir sur la grande route, à quarante lieues de Paris, dans un pays délicieux, où l'air est pur, la campagne superbe, les filles charmantes....

VILLEROI.

Et la maréchaussée à leurs trousses!

RAVANNES.

Que pouvons-nous craindre, quand je suis le confident, le secrétaire obligé de l'ami Dutreillage, qui sait à peine lire? D'ailleurs, n'en déplaise à cet air de noblesse que chacun de nous admire dans l'autre, nous sommes très en sûreté dans ce petit négligé d'auberge.

VILLEROI.

Fort bien; mais tant de folies?....

RAVANNES.

Qu'appelez-vous des folies! Nous régalons du matin au soir tous les habitants du village; nous leur donnons à cinq sous le vin qui nous en coûte trente; nous distribuons de petits cadeaux à leurs femmes; nous faisons danser leurs filles; tout le monde nous adore: et nous ne pouvons pas manger la moitié de nos revenus; je vous le demande, est-il une conduite plus exemplaire et plus économique?

VILLEROI.

Veux-tu passer ta vie dans cette auberge?

RAVANNES.

Connais-tu beaucoup de châteaux qui valent mieux?

AIR:

Cette auberge est une merveille,
Personne ne peut le nier;
Et je doute que la pareille
Se trouve dans le monde entier.
Les salles toujours remplies,
Les tables toujours servies,
A tous moments des mets nouveaux;
Chaque jour est un jour de fête.
Jamais la broche ne s'arrête,
Et le bon vin coule à grands flots.
Ici la foule abonde;
De tous les pays à la ronde
La *Couronne* est le rendez-vous
Jeunes veuves, jeunes filles,
Lorsqu'elles sont gentilles,

Reçoivent l'accueil le plus doux.
Dans cette auberge, ouverte aux dames,
On ne fait point payer les femmes,
Et l'on fait crédit aux époux.

VILLEROI.

Je finirai par m'arranger de cette vie-là; mais Émilie dont je ne reçois plus de nouvelles....

RAVANNES.

Émilie! nous y voilà! D'abord comme nos lettres de Paris vont faire un tour en Espagne, il n'est pas étonnant qu'il s'en égare quelques unes; et puis, vois-tu, si tu m'en crois, tu ne feras pas un très grand fonds sur la fidélité de ta belle....

VILLEROI.

Voilà bien tes principes!

RAVANNES.

Non, il n'y a pas de principe dans tout cela: c'est du bon sens. On nous mande que le comte de Favancourt est de retour de son ambassade; eh bien, tu verras qu'il aura amené avec lui quelque Palatin, quelque Hospodar, pour en faire le mari d'Émilie, qui l'épousera en nous attendant.

VILLEROI.

Tu ne la connais pas.

RAVANNES.

Mon Dieu non! je ne connais pas les femmes de la cour. En tout cas, c'est bien maladroit de ma part, car en conscience, j'ai fait tout ce qu'il fallait pour cela.

VILLEROI.

Penses-tu, bonnement, que tes petites paysannes valent mieux?

RAVANNES.

Oui, monsieur; je l'ai lu par-tout, et je le crois aujourd'hui, parceque je n'ai rien de mieux à faire. Je ne rêve plus que prairies, que moutons, que bocages, et tu me verras quelque jour, la houlette à la main, conduisant dans les champs mes fidèles brebis.

VILLEROI.

Avec ces dispositions pastorales, il est pourtant bien fâcheux de penser qu'on peut, d'un moment à l'autre, être enfermé à la Bastille.

RAVANNES.

Je n'y serais pas plus tôt, vois-tu, qu'une prison d'état me paraîtrait ce qu'il y a de mieux au monde : j'ai l'esprit fort bien fait. En attendant il faut y aller le plus tard possible. Pour cela faire, rentre dans la maison, achève de mettre notre brigadier en belle humeur et envoie-le-moi; nous devons répondre au prévôt.

VILLEROI.

La place est mal choisie pour parler d'affaires, car j'aperçois la petite Georgette, et j'ai peur que ton rôle de berger ne te fasse oublier celui de secrétaire.

RAVANNES.

Bon! m'as-tu jamais vu faire moins de deux choses à-la-fois?

VILLEROI.

Non, mais je voudrais te voir réussir une. (*Il sort.*)

SCÈNE III.

RAVANNES, GEORGETTE.

(*Georgette sort de chez elle, apporte son rouet à la porte, et se dispose à filer.*)

RAVANNES, *sur le devant.*

Voilà comme sont les petits esprits, ils vous demandent toujours compte du succès; ils ne savent pas que le génie entreprend, et que presque toujours la fortune exécute.... Elle est jolie, Georgette.... et ce serait ma foi dommage.... Elle regarde beaucoup notre maison, examinons de loin son petit manége. (*Il s'éloigne.*)

GEORGETTE.

Voyez s'il arrivera! Puisque je n'ose pas l'appeler, chantons pour le faire venir.

CHANSONNETTE

Maman, disait la jeune Hélène,
Puisqu'il faut le savoir un jour,
Il est bien temps que je l'apprenne
Dis-moi ce que c'est que l'amour.
— Le temps n'est pas venu, ma fille,
Et c'est un secret de famille,
Vous le saurez à votre tour
— C'est quelque malheur, je le gage,
A part, se dit-elle, tout bas;
Mais, n'importe, j'ai du courage,
Et puis, à ce que dit Lucas,
    On n'en meurt pas

Hélène s'agite, s'empresse;
Plus de repos le jour, la nuit;
D'amour elle parle sans cesse;
C'est un lutin qui la poursuit

Pleine du trouble qui la presse,
La petite à Lucas s'adresse;
C'est le berger le plus instruit
Ne sais ce qu'il a pu lui dire;
Quand on l'interroge tout bas,
Elle rougit, elle soupire,
Et puis répond, comme Lucas,
On n'en meurt pas.

RAVANNES, *s'approchant.*

On n'en meurt pas.

GEORGETTE.

Ah! c'est vous, M. Robert?

RAVANNES.

Est-ce que vous en attendiez un autre, ma petite voisine?

GEORGETTE.

Non, monsieur, je n'attends personne.

RAVANNES.

Pas même l'ami Charlot?

GEORGETTE.

Ah! celui-là, c'est différent; nous nous attendons toujours l'un l'autre.

RAVANNES.

Vous l'aimez donc?

GEORGETTE.

Belle demande! puisque nous serions mariés si vous n'étiez pas venu déranger tout cela.

RAVANNES.

Moi?

GEORGETTE.

Vous et votre frère! en venant vous établir ici, vous avez tant fait que tout le monde va dans votre auberge, et qu'il ne vient plus personne dans la nôtre. Voyant cela, mon père a renvoyé Charlot, qui tenait notre maison. Il est entré chez vous ; c'est bien naturel, on ne vit pas de l'air du temps. Maman s'est fâchée contre ce pauvre garçon ; elle ne veut plus entendre parler de notre mariage. Et voilà comme quoi vous êtes la cause de notre malheur à tous.

RAVANNES.

Voyez le grand malheur de ne pas épouser M. Charlot ! Avec un minois comme le vôtre, Georgette, on ne manque jamais d'amoureux.

GEORGETTE.

Je n'en ai pourtant pas d'autre.

RAVANNES.

Et moi donc ?

GEORGETTE.

Comment ! vous voulez être mon mari ?

RAVANNES.

Votre mari.... c'est autre chose.... je ne conviendrais peut-être pas à vos parents ; c'est leur affaire, que le mariage ; la vôtre est de plaire, et vous y réussissez à merveille !

GEORGETTE.

Il n'y a pas de mal à cela, n'est-il pas vrai ? Eh bien, Charlot s'en plaint toujours.

RAVANNES.

Je vous le disais bien ; ce garçon n'a pas le sens commun, et nous nous entendrons bien mieux ensemble ; qu'en pensez-vous, Georgette ?

GEORGETTE.

Mais oui ; je crois que je vous devine ?

RAVANNES.

Vous ne savez pas combien je vous trouve aimable !

GEORGETTE.

Ah! que si fait! je m'en suis aperçue, et Charlot aussi ; ça lui fait plus de peine qu'à moi, et c'est pour le rassurer que je voudrais l'épouser le plus tôt possible.

RAVANNES.

Eh bien, je me charge d'y faire consentir votre mère.....

GEORGETTE.

Ah! vous vous en chargez!

RAVANNES.

Promettez-moi seulement de m'aimer un peu.

DUO.

GEORGETTE.

Vraiment! il faut que l'on vous aime?
J'y songerai, monsieur Robert

RAVANNES.

J'ai pour vous un amour extrême,
Et mes yeux vous l'ont découvert

GEORGETTE.

Je crois à votre amour extrême.

RAVANNES.

Douteriez-vous de mon amour extrême?

GEORGETTE.

J'aurais tort en effet.

ENSEMBLE.

RAVANNES.	GEORGETTE.
Avec les filles du village,	Pourtant, j'y croirais davantage,
Ce n'est qu'un simple badinage.	Si, de votre constant hommage,
Mais, Georgette, de mon hommage	Toutes les filles du village
Vous êtes le premier objet	Tour-à-tour n'étaient pas l'objet.

SCÈNE IV.

LES MÊMES, CHARLOT, *derrière*.

ENSEMBLE

RAVANNES, *à part.*	GEORGETTE.	CHARLOT.
Souris malin, grace parfaite,	Le sournois est là qui me guette,	C'est encor lui près de Georgette,
Regard si doux !	Amusons-nous.	Approchons-nous.
De ce Charlot près de Georgette	Allons, soyons un peu coquette,	Elle sera toujours coquette,
Vraiment je suis jaloux	Pour punir un jaloux.	Et moi toujours jaloux

RAVANNES.

Vraiment, on n'est pas plus jolie !
Tournez sur moi ces yeux charmants.

(*Elle le regarde tendrement*)

CHARLOT, *à part.*

Voyez, voyez la perfidie !

GEORGETTE, *à part.*

Ah ! vous doutez de mes serments

RAVANNES.

Parlons avec franchise,
Vous méritez un meilleur lot ·
Se peut-il que de ce Charlot,
Georgette, vous soyez éprise ?

CHARLOT, *à part, en s'approchant toujours.*

Voici l'instant de la crise
Pauvre Charlot !
N'en perdons pas un mot

GEORGETTE.

Oui, j'en conviens avec franchise,
Le bon Charlot
A bien quelque défaut ;
S'il faut que je le dise,
Il est, entre nous,
Grondeur et jaloux,

De sa douce amie
Toujours se défie,
Et passe sa vie
A la tourmenter
 Il guette,
 Furette,
Jamais ne s'arrête;
Nuit et jour en quête,
Comment l'éviter?
Dans un tête-à-tête
Qu'on ne cherchait pas
En vrai trouble-fête
Il vient pas à pas,
Approche, s'arrête,
On parle tout bas;
On tourne la tête,
Il est sur vos bras.

(*Elle se retourne brusquement, et surprend Charlot qui écoute.*)

ENSEMBLE

RAVANNES.	GEORGETTE.	CHARLOT, *à part.*
Vraiment, on ne peut mieux s'y prendre,	De votre adresse à nous surprendre	Comme un sot je viens là me prendre,
Et l'on doit vous féliciter;	Vous devez vous féliciter;	Je n'y peux jamais résister;
Monsieur Charlot doit bien entendre,	Monsieur Charlot a dû m'entendre,	Je venais là pour la surprendre,
Car il sait fort bien écouter	Il était bien pour écouter.	Et je suis pris sans m'en douter.

VILLEROI, *dans la maison.*

Jules!

RAVANNES.

J'y vais. Je voudrais bien savoir ce que vous faisiez là, M. Charlot.

CHARLOT.

Notre bourgeois.... c'est que je venais vous dire.... que votre frère vous appelle.

RAVANNES.

Ah! c'est pour cela....

VILLEROI, *à Ravannes qu'il emmène.*

Mais viens donc vite! Dutreillage veut écrire lui-même.

RAVANNES.

Il se vante.... Georgette, songez à ce que je vous ai dit.

SCÈNE V.

CHARLOT, GEORGETTE.

CHARLOT.

Eh bien, mademoiselle Georgette?

GEORGETTE.

Eh bien, M. Charlot?

CHARLOT.

Vous osez encore dire que vous m'aimez?

GEORGETTE.

Peut-être bien qu'oui. Qui sait.... je suis capable de ça.

CHARLOT.

Quand j'ai vu....

GEORGETTE.

Qu'est-ce que vous avez vu? parlez, monsieur le sournois.

CHARLOT.

Eh bien! j'ai vu que M. Robert vous aime, qu'il vous cherche toujours, qu'il vous rencontre par-tout; preuve que vous ne l'évitez pas.

GEORGETTE.

Vous verrez aussi que c'était pour lui que je m'étais mise à travailler à notre porte; que je m'égosille à chanter depuis une heure : vous êtes bien heureux, Charlot, que je n'aie pas le temps de me mettre en colère; sans cela.... mais quand on n'a qu'un moment, faut pas le perdre en dispute.

CHARLOT.

Eh bien! t'as raison, Georgette, raccommodons-nous avant de nous fâcher.

GEORGETTE.

Auparavant, faut que je t'apprenne deux choses : la première est que ma mère ne veut plus entendre parler de notre mariage, si tu ne quittes pas, dès aujourd'hui, la maison des frères Robert; la seconde, c'est que mon père ne veut nous marier qu'à condition que tu y resteras.

CHARLOT.

Pour le coup, je ne vois pas le moyen de les mettre d'accord.

GEORGETTE.

Il y en a bien un; mais je ne veux pas l'employer sans avoir ton consentement.

CHARLOT.

De quoi ce qu'il s'agit?

GEORGETTE.

D'aimer un peu ce beau M. Robert; et il dit comme ça qu'il se charge de notre mariage.

CHARLOT.

Comment! il faut que tu l'aimes pour m'épouser?

ACTE I, SCÈNE V.

tiens, vois-tu, Georgette, tu ne te défies pas assez de cet homme-là.

COUPLETS

Monsieur Robert est de ces gens
Toujours prêts à rendre service ;
Mais de ces hommes obligeants
Je redoute les bons offices ;
De lui je n'aurai pas besoin,
Grand merci de son zèle extrême ;
Et mon mariage est un soin
  Que je veux prendre moi-même

C'est pour mon bien ce qu'il en fait,
Oui vraiment, j'en ai l'assurance ;
Et pourtant d'un pareil bienfait
Très volontiers je le dispense :
Je le connais, il va grand train ;
S'il se mêlait de cette affaire,
Ma Georgette, j'en suis certain,
  Je n'aurais plus rien à faire

GEORGETTE.

Ça, c'est vrai ; je crois que ces gens-là sont sorciers : ils font une dépense ! ça ne peut pas durer long-temps, c'est impossible.

CHARLOT.

En attendant ils me paient bien ; je fais ma pelote chez eux, et si ta mère voulait tant seulement entendre raison....

GEORGETTE.

Rien que cela ?

MADAME BERNARD, *en dedans.*

Georgette.

CHARLOT.

C'est elle, je m'enfuis bien vite.... tu me diras quand il y fera bon. (*Il sort.*)

SCÈNE VI.

DUTREILLAGE, GEORGETTE, MADAME BERNARD, RAVANNES.

MADAME BERNARD.

Georgette!

GEORGETTE.

Ma mère!

MADAME BERNARD.

Où êtes-vous donc?

GEORGETTE.

Je travaille à la porte; il fait si beau!

MADAME BERNARD.

Si beau! Mademoiselle fait comme son père; elle ne peut pas rester à la maison. (*à part.*) Faut pourtant que j'aille le tirer de là.... Rentrez, petite fille. (*Georgette rentre, et madame Bernard va chez le voisin.*)

DUTREILLAGE, *un peu gris.*

Bonjour, chère voisine de mon cœur.

MADAME BERNARD, *sèchement.*

Votre servante. (*Elle entre à la* Couronne.)

RAVANNES.

Ils font tant de bruit là-dedans qu'on ne peut s'entendre; nous serons mieux ici, commandant. Voilà tout ce qu'il faut pour écrire.

DUTREILLAGE.

C'est l'affaire d'un moment. Je vais te dicter ça: il s'agit....

RAVANNES.

De la lettre du prevôt, la voici.

ACTE I, SCÈNE VI.

DUTREILLAGE, *prenant la lettre qu'il regarde.*

Qu'est-ce qu'il chante le prevôt? voyons ça.... on.... on.... c'est écrit à la diable!

RAVANNES.

Il vous mande de faire des recherches dans les environs.

DUTREILLAGE.

Des recherches! sur qui?.... sur quoi?.... on s'explique.

RAVANNES.

C'est ce qu'il fait : vos recherches doivent avoir pour objet de déterrer, dans les environs, deux hommes....

DUTREILLAGE.

Je vois ça d'ici.

RAVANNES.

Deux hommes qui se cachent avec un soin extrême.

DUTREILLAGE.

J'entends.

RAVANNES, *étonné.*

Comment! vous savez donc?

DUTREILLAGE.

Suffit. Écrivez, mon secrétaire. (*Il dicte.*) Monsieur le prevôt.... virgule.... je sais.... je pense.... il serait possible.... en faisant des recherches ... Comment ai-je dit?

RAVANNES, *lisant ce qu'il a écrit.*

« Monsieur le prevôt, je me suis occupé des recher« ches que vous m'avez ordonnées, et je me suis trans« porté moi-même sur tous les points de mon arrondis« sement.

DUTREILLAGE.

De mon arrondissement..... c'est ça.... sur tous les

points de mon arrondissement quelconque : en sorte (*il dicte.*) tu entends....

RAVANNES.

J'y suis.

DUTREILLAGE, *dictant.*

En sorte que je suis certain, et même que je présume, si les personnes en question.... répétez-moi les derniers mots.

RAVANNES, *lisant.*

« Je crois avoir acquis la certitude que les personnes
« dont le signalement m'a été transmis....

DUTREILLAGE.

Doucement, fais donc attention que les personnes en question.... Quand on écrit il faut que le style soit clair et net comme un verre.

RAVANNES.

« Ne se trouvent pas dans le pays sur lequel s'étend
« ma surveillance ; s'il arrivait qu'elles s'y présentassent,
« elles ne tarderont pas à être arrêtées. »

DUTREILLAGE, *continuant à dicter.*

A être arrêtées, ainsi que tous les coquins avec lesquels j'ai l'honneur d'être, etc.

RAVANNES.

Elle est fort bien votre lettre ?

DUTREILLAGE.

C'est tout simple : l'habitude d'écrire donne beaucoup de facilité.

RAVANNES.

Signez.

DUTREILLAGE, *signant.*

A main levée ; vois-tu la paraphe ?

RAVANNES.

Maintenant, commandant, je pense qu'il faudrait faire partir sur-le-champ cette dépêche.

DUTREILLAGE.

A l'instant même ; j'ai une occasion. (*Il s'en va et revient.*) Ah! ça, dites donc? M. Robert, je pense à une chose : quand je dis au prevôt que ces deux messieurs ne sont pas cachés dans mon district, es-tu bien sûr que j'en sois sûr?

RAVANNES.

Ils n'y sont pas plus cachés que moi ; tudieu ! vous les auriez bientôt dépistés.

DUTREILLAGE.

Je n'en manque pas un, c'est vrai.

RAVANNES.

Un coup d'œil d'aigle!

DUTREILLAGE.

Et la finesse d'un vieux renard. (*Il sort.*)

SCÈNE VII.

FINAL.

RAVANNES, VILLEROI.

VILLEROI.
Eh bien! cette lettre maudite?

RAVANNES.
Eh bien ! elle est écrite,
Et comme il faut.

VILLEROI.
En vérité?

RAVANNES.
Tu peux dormir en sûreté.

ENSEMBLE.

Du cerf léger que l'on menace
Les limiers ont perdu la trace,
Le piqueur crie en vain tayaut !
La meute est en défaut.

RAVANNES.
Reprenons notre douce vie,
Et remercions le destin.

VILLEROI.
Sais-tu qu'une femme jolie
Habite le château voisin.

RAVANNES.
Et la belle Émilie?

VILLEROI.
Crois-tu que je l'oublie?

ENSEMBLE.

Toi } l'oublier, jamais.
Moi }

SCÈNE VIII.

LES MÊMES, MADAME BERNARD,
M. BERNARD, *à moitié ivre.*

MADAME BERNARD, *entraînant son mari.*
Tu sortiras !

BERNARD.
Ma chère femme,
Vraiment, vous m'arrachez l'ame.

MADAME BERNARD.
On te demande à la maison

BERNARD.
Il faut avoir de la raison

ACTE I, SCÈNE VIII.

MADAME BERNARD.
Tu t'y prends à merveille.
BERNARD.
Je n'ai pas fini ma bouteille.
VILLEROI, *à Ravannes, à part.*
Regarde un peu le cher voisin.
RAVANNES.
Sa femme le tourmente.
VILLEROI.
Il aime un peu trop notre vin.
RAVANNES.
Ah! ma foi, sa fille est charmante.

A quatre.

VILLEROI.
Toujours quelque objet nouveau
Occupe sa tête légère,
Et le dernier qui sait lui plaire
Lui semble toujours le plus beau.

RAVANNES.
Je m'aperçois qu'un goût nouveau
D'Émilie a su le distraire,
Mais il faut être, pour lui plaire,
Tout au moins dame de château.

MADAME BERNARD.
Ah! quel tourment, et quel fardeau
Qu'un buveur, pour sa ménagère;
Le jour il n'aime que son verre,
Et dort la nuit comme un blaireau.

BERNARD.
Bourgogne, Champagne, Bordeaux,
Pays charmants que je révère,
Je donnerais toute la terre
Pour le moindre de vos coteaux.

SCÈNE IX.

LES MÊMES, CHARLOT, GEORGETTE.

CHARLOT, *derrière.*
Chut... chut... bonne nouvelle,
Nos affaires sont en bon train.
VILLEROI, *à part, à Ravannes.*
Vois-tu Charlot avec sa belle?
RAVANNES.
Ah! l'infidèle!

CHARLOT, *à Georgette.*

Ton père m'a promis ta main

GEORGETTE.

Et ma mère, que dira-t-elle ?

CHARLOT.

Je vais lui parler.

UN COURRIER, *qui entre, à Ravannes.*

Oh ! garçon !
Indiquez-moi, je vous en prie,
La meilleure hôtellerie.

RAVANNES, *le regardant.*

Pour gens de votre façon,
Entrez dans cette maison.

(*Il lui montre la maison de Bernard.*)

MADAME BERNARD.

Quelle insolence !

RAVANNES.

Allez à la *Providence*,
Les gens de pied n'y sont pas mal

MADAME BERNARD.

Voyez l'impertinence !
Nous logeons à pied, à cheval.

LE COURRIER.

Mon maître a brisé sa chaise.

VILLEROI.

Voisine, logez-le chez vous.

LE COURRIER.

Sa fille est avec lui

VILLEROI, *vivement.*

Ceci change la thèse.
Tiens, prends, et conduis-les chez nous

LE COURRIER.

Les voici

SCÈNE X.

LES MÊMES, ÉMILIE, FAVANCOURT, *deux laquais derrière portent des malles.*

GEORGETTE, BERNARD, MADAME BERNARD, *courant aux voyageurs.*

Notre auberge est bonne ;
Vous y serez à juste prix.

RAVANNES, VILLEROI.

Entrez, entrez à la *Couronne*,
Vous y serez comme à Paris.

ENSEMBLE.

Entrez, entrez, sans plus attendre

FAVANCOURT, ÉMILIE.

On ne sait auquel entendre

ENSEMBLE

Vous y serez à juste prix.
Vous y serez comme à Paris.

VILLEROI, *s'avançant auprès d'Émilie.*

Tout comme à Paris, je vous jure.

VILLEROI, ÉMILIE, *se reconnaissant.*

Ciel !

RAVANNES, FAVANCOURT.

Qu'est-ce donc ?

ÉMILIE, *se remettant.*

Ce n'est plus rien.

VILLEROI, *à Ravannes.*

Ah ! quel bonheur ! regarde

RAVANNES.

Eh bien ?

VILLEROI, *à Ravannes.*

C'est Émilie !

RAVANNES.

Autre aventure !

A huit.

VILLEROI.	ÉMILIE.	RAVANNES.
O rencontre prospère !	Quel étrange mystère !	Examinons l'affaire,
Celle qui m'est chère,	Que résoudre, que faire ?	Cette tête légère
Émilie en ces lieux !	Un mot les perd tous deux.	Ne voit que deux beaux yeux.
C'est elle, c'est son père ;	Si je parle à mon père,	Et moi, je vois un père ;
Une vaine chimère	Il est juste.... sévère....	S'il perce le mystère,
N'abuse pas mes yeux.	Je dois trembler pour eux.	Il faut quitter ces lieux.

FAVANCOURT.	BERNARD, CHARLOT.	MADAME BERNARD, GEORGETTE.
Pourquoi tant de mystère ?	Je vois qu'on délibère,	Ils ont séduit le père ;
Voyez la belle affaire.	Nous perdrons notre affaire.	Mais la fille, j'espère,
Entrons chez l'un des deux.	Il perdra son	Ne sera pas pour eux
Pour faire bonne chère,	Ils vont entrer chez eux.	
Si tu m'en crois, ma chère,		
La *Couronne* vaut mieux.		

VILLEROI, *à Ravannes.*
 Quoi ! madame balance ?
FAVANCOURT, *à sa fille.*
 Allons, décidez-vous.
RAVANNES, *à Émilie, à part.*
 Le ciel vous a conduits chez nous.
VILLEROI, MADAME BERNARD, GEORGETTE, CHARLOT.
 Accordez-nous } la préférence.
 Vous nous devez
FAVANCOURT.
 Finissons, finissons
GEORGETTE, MADAME BERNARD, *à Émilie.*
 Au nom de la Providence,
 Vous nous devez la préférence.
FAVANCOURT.
 Finissons, finissons.
ÉMILIE, *à son père, montrant madame Bernard.*
 C'est une mère de famille.

ACTE I, SCÈNE X.

MADAME BERNARD ET GEORGETTE.

Et nos voisins sont des garçons.

ÉMILIE, *montrant Georgette.*

J'aime cette jeune fille.

FAVANCOURT.

Eh bien, entrons et finissons.

A huit.

ÉMILIE.	VILLEROI.	RAVANNES.
Que je crains ma faiblesse!	Ma voix en vain la presse,	De ce choix qui le blesse
Hâtons-nous de sortir.	Elle cherche à me fuir.	Il ne peut revenir;
Du trouble qui me presse	Voilà cette promesse,	Le dépit qui le presse,
Je ne suis pas maîtresse,	Garant de sa tendresse!	Le trouble qui l'oppresse,
Ma crainte, ma tendresse	Le trouble qui m'oppresse	La fureur, la tendresse,
Est prête à me trahir.	Est prêt à me trahir.	Sont prêts à le trahir.

FAVANCOURT.	BERNARD, MADAME BERNARD, GEORGETTE, CHARLOT.
Eh vite, qu'on se presse;	Vite, que l'on s'empresse,
Songez à nous servir.	Nous allons vous servir;
Ma foi, je le confesse,	Mais dans { notre / votre } détresse,
Une table qu'on dresse,	Cette table qu'on dresse,
Dans la faim qui me presse,	Voyons par quelle adresse
Est le premier plaisir.	Vous pourrez / Nous pourrons } la servir.

(*Émilie et son père entrent dans la maison de Bernard.*)

FIN DU PREMIER ACTE.

ACTE SECOND.

Le théâtre représente une salle d'auberge de campagne, dans laquelle donnent plusieurs chambres.

SCÈNE PREMIÈRE.

ÉMILIE, *seule, sortant de la chambre à droite.*

AIR.

Non je ne reviens pas de ma surprise extrême ;
Lui, sous cet habit !.... dans ces lieux ;
Mais je l'ai revu, c'est lui-même,
J'en crois et mon cœur et mes yeux ;
Sur le péril qui l'environne
Je ne puis rassurer mon cœur.
Au sentiment de mon bonheur
Tremblante encor je m'abandonne ;
 Je veux, je crains, j'espère,
 Je tremble tour-a-tour :
Sans cesse à moi-même contraire,
Je ne sens bien que mon amour.

Que je m'en veux d'avoir cédé à de vaines considérations. J'aurais pu le voir, lui parler.... nous n'avons qu'une heure ou deux à rester ici, et j'ai si bien fait que j'en partirai sans avoir pu lui dire un seul mot.

SCÈNE II.

ÉMILIE, GEORGETTE.

ÉMILIE.

Eh bien, Georgette, je ne vois pas que les préparatifs de notre dîner avancent. Fort heureusement mon père s'est endormi en arrivant, mais il va se réveiller, et si tout n'est pas prêt....

GEORGETTE.

Je suis tranquille, tout ira bien, maintenant que nos voisins s'en mêlent.

ÉMILIE.

Quels voisins?

GEORGETTE.

Tenez, mademoiselle, je ne vous cache rien; vous êtes si bonne, on peut tout vous dire. C'est que, voyez-vous, notre maison n'est pas très bien fournie pour l'instant, et nous avons été obligés de nous adresser à la *Couronne* pour tout plein de petites choses qui nous manquaient.

ÉMILIE.

Ils ont consenti à vous les procurer? ce sont de bien bonnes gens, à ce qu'il paraît.

GEORGETTE.

Tout au contraire, Charlot et moi nous croyons que c'est le diable, ou quelque chose d'approchant.

ÉMILIE.

Mais pour quelle raison?

GEORGETTE.

Imaginez-vous, qu'il y a trois mois, il n'y avait que

notre auberge dans ce village, et, par ainsi, tous les voyageurs venaient chez nous. Pierre Grosbois, qui tenait l'autre auberge, était mort, et depuis un an sa maison était à vendre. V'la qu'un beau matin, en nous éveillant, nous la trouvons ouverte, avec une belle enseigne d'or : *A la Couronne, chez les frères Robert, bon logis, bonne table, vins de toutes les qualités, au même prix que le vin du cru.* Tout le monde croyait d'abord que c'était une attrape; mais point du tout, c'est qu'ils le font comme ils le disent; dès le lendemain, festin général; le plus jeune des frères Robert se met à faire danser les filles, sous les marronniers devant sa maison, et depuis ce temps-là, c'est comme qui dirait une noce qui n'en finit pas.

ÉMILIE.

Mais les habitants du village doivent se ruiner?

GEORGETTE.

Pardine oui! on leur donne tout pour rien, et on leur fait crédit du reste.... aussi, on les aime!....

ÉMILIE.

Les jeunes filles aussi les aiment?

GEORGETTE.

Sur-tout l'aîné!

ÉMILIE, *avec une curiosité inquiète.*

Celui qui les fait danser, sans doute?

GEORGETTE.

Eh bien non, c'est l'autre; parcequ'il est encore plus gai, plus galant, plus.... au point qu'on en jase dans le village.

ÉMILIE.

On en jase?

ACTE II, SCÈNE II.

GEORGETTE.

Ah! mon dieu oui, tout le monde excepté moi; et pourtant Charlot me dit tout. Mais je ne suis, dieu merci, ni curieuse, ni indiscrète. Les petites filles me questionnent: je ne sais rien, mesdemoiselles. — As-tu vu comme la petite Françoise a de beaux habits? d'où que ça lui vient? — Ce ne sont pas vos affaires. — Car, voyez-vous, on me tuerait plutôt que de m'arracher une parole.

ÉMILIE.

Ça ne vous empêchera pas de me dire....

GEORGETTE.

A vous? non vraiment, mademoiselle.

DUO.

ÉMILIE, *toujours avec inquiétude.*

Allons, contez-moi ça, Georgette;
Que dit-on de ces jeunes gens?

GEORGETTE, *Émilie répète chaque vers.*

On dit qu'à Suzane, à Lisette,
Même à plus d'une autre fillette,
L'un des deux a conté fleurette,
Et qu'il a trahi ses serments.

ÉMILIE.

Mais lequel de ces jeunes gens?

GEORGETTE.

Le plus âgé.... c'est Jules qu'on l'appelle.

ÉMILIE.

Fort bien! (*à part.*) O recherche cruelle!
(*haut.*)
Et l'autre?

GEORGETTE.

Il cache mieux son jeu;
Il sort bien moins, il parle peu,
Mais il en tient pour quelque belle.

ÉMILIE.

Vous le croyez? (*à part*) L'infidele!

GEORGETTE.

Si je le crois? assurément,
Charlot m'a dit....

ÉMILIE.

L'ingrat m'oublie!

GEORGETTE.

Que d'une certaine Émilie
Il l'entendait parler souvent

ÉMILIE, *avec vivacité.*

Que d'une certaine Émilie?...

GEORGETTE.

Il l'entendait parler souvent.

ENSEMBLE.

ÉMILIE.	GEORGETTE, *à part.*
Je respire, c'est d'Émilie	Elle connait cette Émilie ;
Qu'en secret	J'ai mal fait
Son cœur s'occupait	De dire un secret.
Qu'il est doux d'apprendre	Mais elle a l'air tendre,
Un aveu si tendre,	Et sans le répandre,
Que brûlait d'entendre	Elle peut surprendre
L'amour inquiet.	Un pareil secret

GEORGETTE.

Vous saurez aussi qu'à moi-même
On me fait la cour ;
On me dit qu'on m'aime

ÉMILIE.

Il vous parle d'amour?

GEORGETTE.

A moi-même

ÉMILIE, *à part.*

J'avais trop tôt compté
Sur sa fidélité.

(*haut.*)

Il vous dit qu'il vous aime?

ACTE II, SCÈNE II.

GEORGETTE.
Oh mais, qu'il m'aime
D'amour extrême !
ÉMILIE.
C'est le plus jeune qui vous dit ?...
GEORGETTE.
Non.... c'est de l'aîné qu'il s'agit,
C'est lui qui brule pour Georgette.
ÉMILIE, *en riant.*
Et pour Suzanne et pour Lisette.
A tous ces propos, croyez-moi,
Gardez-vous bien d'ajouter foi.
ENSEMBLE.

EMILIE, *à part.*	GEORGETTE, *à part.*
Ma tendresse craintive	Jeune, simple, naïve,
Redoutait sa candeur,	J'échappe au séducteur ;
Et sa bouche naïve	D'une oreille craintive
A rassuré mon cœur.	J'écoute le flatteur.
Edmond, de ma souffrance	Coquette avec prudence,
Je bénis la rigueur ;	Adroite avec candeur ;
Je trouve dans l'absence	Charlot, sur ma constance,
Le gage du bonheur	Peut, avec confiance,
	S'en fier à mon cœur.

ÉMILIE, *à Bernard, qui entre avec sa femme.*

Je crois entendre mon père. M. Bernard, vous êtes cause que je vais être bien grondée.

(*Elle laisse son voile et son chapeau sur une chaise.*)

BERNARD.

On vous sert, mademoiselle. (*à Georgette*) Georgette, allez aider en bas. (*à Émilie*) Vous verrez si c'est un dîner cela.

(*Georgette descend, Émilie rentre.*)

SCÈNE III.

BERNARD, MADAME BERNARD.

BERNARD.

Souvenez-vous, ma femme, que les buveurs sont toujours des honnêtes gens. Là, dis-moi si ce n'est pas une belle action de la part de nos voisins de nous tirer de l'embarras où nous étions?

MADAME BERNARD.

Voilà-t-il pas une grande merveille. Ils sont marchands pour vendre; et qu'importe qu'on mange leur dîner et qu'on boive leur vin ici ou chez eux? Ne faudra-t-il pas toujours les payer?

BERNARD.

Payer! Comme à l'ordinaire..... le quart de ce que ça vaut.

MADAME BERNARD.

Bah! bah! ne nous ont-ils pas dit eux-mêmes qu'ils se retiraient sur la quantité?

BERNARD.

Mais s'ils perdent sur chaque bouteille, ils ne doivent pas gagner sur la pièce. C'est que j'ai réfléchi à ça; et je me suis dit qu'on a beau additionner des pertes, ça ne peut pas donner un grand bénéfice.

MADAME BERNARD.

Qu'ils s'enrichissent, qu'ils se ruinent, je n'en suis pas là-dessus, et ce n'est pas pour cela que je leur en veux.

BERNARD.

Je ne vois pas d'autre raison.

MADAME BERNARD.

Je le crois bien! Quand vous êtes en face d'une bouteille de vin, est-ce que vous voyez quelque chose, M. Bernard? Tant il y a que depuis plus de quarante ans que je suis au monde, il n'y avait pas eu un mot à dire sur les filles et sur les femmes de notre endroit. Les pères et les maris pouvaient aller la tête haute.... Maintenant....

BERNARD.

Vous me faites peur, madame Bernard. Qu'est-ce qu'il y a donc?

MADAME BERNARD.

Il y a que depuis que vos Robert sont ici, c'est tous les jours nouvelle histoire. Suzane par-ci, Madeleine par-là, et puis la petite Françoise; et puis..... Je ne veux pas dire tout ce que je sais.

BERNARD.

Madame Bernard, je suis tranquille de votre côté; voilà l'essentiel.

MADAME BERNARD.

Avec votre air ricanneur, je voudrais bien savoir pourquoi vous êtes tranquille?

BERNARD.

Je vous connais, madame Bernard; et ce n'est pas après quarante ans de vertu, pour le moins.

MADAME BERNARD.

Quarante ans!..... et votre fille qui n'a point ces quarante ans de vertu?

BERNARD.

Elle a votre exemple, madame Bernard; mais pour plus de sûreté, si vous m'en croyez, ma femme, nous la donnerons à ce Charlot qu'elle aime.

MADAME BERNARD.

Ah bien oui! qu'il y compte, tant qu'il restera dans la maison de ces mauvais sujets!

BERNARD.

(*On apporte des plats qu'on pose sur une table.*)
Voilà le dîner: je vais.

(*Il va pour entrer dans l'appartement d'Émilie.*)

MADAME BERNARD.

Cela me regarde. Vous savez bien qu'il n'y a que moi et Georgette qui pouvons entrer.

(*Elle entre dans la chambre.*)

SCÈNE IV.

BERNARD, GEORGETTE, RAVANNES, VILLEROI.

QUATUOR

GEORGETTE.

(*Elle apporte des assiettes, et Ravannes la poursuit sans voir Bernard.*)

Laissez-moi donc, monsieur Robert

RAVANNES.

C'est un baiser qu'on vous demande.

VILLEROI.

Prends donc garde que l'on entende

GEORGETTE.

Je vais casser tout le dessert

ACTE II, SCÈNE IV.

RAVANNES.
Peu m'importe !
VILLEROI.
Quelle folie !
GEORGETTE, à *Villeroi*.
Venez, monsieur, à mon secours.
VILLEROI.
A moi la petite a recours
GEORGETTE.
Au nom de la belle Émilie,
Venez, monsieur, à mon secours
VILLEROI.
Tu l'entends ; au nom d'Émilie,
Je dois voler à son secours.
RAVANNES.
N'en déplaise à ton Émilie.

(Il va pour embrasser Georgette, Bernard se met entre deux.)

BERNARD.
C'est moi qui viens à son secours
ENSEMBLE.

RAVANNES.	BERNARD, GEORGETTE, VILLEROI.
La peste soit de l'aventure,	A cette fâcheuse aventure
J'ai tous les pères sur les bras,	Mon galant ne s'attendait pas ;
Voyez quelle sotte figure	Voyez quelle sotte figure
Un homme fait en pareil cas ?	Un homme fait en pareil cas.

RAVANNES, *à Bernard, en lui montrant le dîner*.
Vous êtes content, je l'espère ?
BERNARD.
Et mais c'est tout au plus.
RAVANNES.
Vos hôtes feront bonne chère.
BERNARD.
Voyez-vous, c'est que je suis père....

RAVANNES.

J'ai mis dix bouteilles de plus

BERNARD.

Dix bouteilles !

RAVANNES.

Des meilleurs crus.

BERNARD.

Mais c'est beaucoup trop, ce me semble.

RAVANNES, VILLEROI.

Eh bien, nous les boirons ensemble

BERNARD.

Nous les boirons ? N'en parlons plus.

ENSEMBLE

RAVANNES, VILLEROI, à part.	GEORGETTE, à part.
Ce mot fait toujours merveilles !	Ce mot fait toujours merveilles,
Vois-tu comme il réussit	Le voilà qui réussit
Dès qu'on parle de bouteilles	Dès qu'on parle de bouteilles,
Notre homme se radoucit.	Mon père se radoucit

VILLEROI, *bas, à Ravannes.*

Mon ami, elle va partir dans une heure.

RAVANNES, *bas, à Villeroi.*

Eh bien ! tu la verras dans un moment.

VILLEROI, *bas, à Ravannes.*

Mais ce butord de Bernard, comment le renvoyer ?

RAVANNES.

(*bas.*) Belle difficulté, vraiment. (*haut.*) Il a raison, père Bernard, vous l'avez oublié tout net.

BERNARD.

Quoi donc !

RAVANNES.

Nous venons ici pour savoir s'il ne vous manque rien...
Le café et la liqueur......

BERNARD.

Ça, c'est vrai, je l'avais oublié; mais je vas vous dire.....

RAVANNES.

Courez vite chez nous, parlez à Charlot, c'est l'affaire d'un moment..... Allez.

(*Il le pousse vers la porte.*)

BERNARD, *se retournant.*

J'y cours.... Georgette!

GEORGETTE, *allant vers la chambre des étrangers.*

Il faut que j'entre chez ce monsieur, pour aider ma mère.

RAVANNES *à Georgette.*

Écoutez donc; j'ai quelque chose de très sérieux à vous dire....

BERNARD, *revenant.*

Permettez donc!

RAVANNES, *le repoussant tout-à-fait dehors.*

Mais, va donc, maudit bavard.

GEORGETTE, *entrant dans la chambre.*

Votre servante, M. Robert.

(*Elle sort.*)

SCÈNE V.

RAVANNES, VILLEROI.

RAVANNES.

La maudite engeance que les pères et les maris : ils me poursuivent par-tout !

VILLEROI, *très vivement.*

Mon ami, j'ai parlé au courrier. Les chevaux sont commandés pour quatre heures ; elle va partir sans que j'aie pu lui dire un seul mot, sans que je puisse savoir.....

RAVANNES.

Ta belle en ces lieux va se rendre.

VILLEROI.

Qui te l'a dit ?

RAVANNES.

Ai-je besoin qu'on me dise ce qu'une femme fera dans telles ou telles circonstances ? et suis-je, comme toi, un grand innocent qui ne prévoit rien et qui s'effarouche de tout ?

VILLEROI.

Vous verrez qu'on doit s'attendre à rencontrer quelqu'un qui vous évite, et qu'on ne doit pas craindre de voir partir les gens qui vont monter en voiture.

RAVANNES.

Si je te disais, moi, qu'au lieu de t'éviter, l'on te cherche ; et que les gens qui se préparent à monter en voiture ont besoin pour cela de ma permission ; que dirais-tu ?

ACTE II, SCÈNE V.

VILLEROI.

Je dirais que tu es fou.

RAVANNES.

Fort bien : en attendant prépare ton compliment. La belle Émilie ne tardera pas à paraître.

VILLEROI.

Mais, encore un coup, comment le sais-tu?

RAVANNES.

J'observe et je raisonne. Son père est à table, elle se doute que tu es ici. Le moment est favorable, elle le saisira par curiosité, si ce n'est pas par amour..... Tu vois bien ce voile! il n'a été oublié dans cette salle que pour se ménager le prétexte d'y venir.

VILLEROI.

Puisses-tu dire vrai!

RAVANNES.

J'entends quelqu'un.

GEORGETTE, *entre, regarde par-tout, et dit en entrant.*

Son sac à ouvrage; il n'est pas là.

VILLEROI.

Tu vois comme elle vient elle-même, comme elle s'empresse.

RAVANNES.

Ah! pauvre garçon, comment tu n'as pas l'esprit de deviner qu'on n'a envoyé Georgette chercher ici quelque chose qui n'y est pas, que pour savoir, sans faire semblant de rien, si nous y sommes..... Avais-je raison?

SCÈNE VI.

LES MÊMES, ÉMILIE, GEORGETTE.

ÉMILIE.

C'est singulier..... Je l'aurais peut-être laissé dans la voiture..... Allez-y voir, Georgette. (*Georgette sort.*)

RAVANNES, *voyant entrer Émilie.*

Elle ne le trouverait jamais sans moi. (*Il sort.*)

VILLEROI, *courant à Émilie.*

Ma chère Émilie!

ÉMILIE.

Ah! c'est vous, M. le chevalier, je suis si troublée..... si émue.....

VILLEROI.

Il m'est donc permis de vous voir!

ÉMILIE.

Que de questions j'ai à vous faire!

VILLEROI.

Que de choses j'ai à vous dire! et si peu de temps!

ÉMILIE.

Si peu de sûreté! Apprenez-moi d'abord comment je vous trouve ici, quand je vous crois, et quand je vous écris en Espagne? que signifie cet étrange déguisement?

VILLEROI.

Il vous prouve que je n'ai pu me décider à mettre trois cents lieues entre nous; et que pour n'être pas découverts dans les auberges où nous sommes forcés de vivre, nous avons pris le parti d'en tenir une nous-

ACTE II, SCÈNE VI.

mêmes. Mais, à votre tour, instruisez-moi des circonstances auxquelles je dois le bonheur inattendu de vous revoir.

ÉMILIE.

Vous n'avez donc pas reçu toutes mes lettres? Je vous mandais que mon père était de retour de son ambassade, et qu'il avait le projet de me marier. Je ne lui ai pas laissé ignorer mes sentiments pour vous; et, quoiqu'il ne vous connaisse pas personnellement, votre nom, votre rang à la cour, eussent été près de lui des recommandations suffisantes; mais vous êtes exilé, vous avez encouru la disgrace du régent, la haine du cardinal....

VILLEROI.

Je ne vois guère que la mort du ministre qui puisse mettre un terme à mon exil.

ÉMILIE.

Cette chance n'est pas la moins vraisemblable, à en juger par l'état actuel de sa santé; mais peut-être n'est-ce pas la seule: et le poste qu'occupe aujourd'hui mon père me fait naître un nouvel espoir.

DUO.

VILLEROI.

D'un seul vœu mon ame est remplie,
Assurez-moi, belle Émilie,
Que mon amour est partagé.

ÉMILIE.

Fidèle au serment qui me lie,
Vous comblez les vœux d'Émilie
Si votre cœur n'est point changé.

VILLEROI.

Vous avez toute ma tendresse.

ÉMILIE.

Mon cœur ne vous a point quitté.

VILLEROI.

Votre image me suit sans cesse

ÉMILIE.

Que de pleurs vous m'avez coûté !

ENSEMBLE.

Ce moment si doux et si tendre
A fixé mon sort sans retour ;
Mais nos ames doivent s'entendre :
J'ai des secrets à vous apprendre,
Ne parlons plus de notre amour.

VILLEROI.

Cinq mois d'absence !

ÉMILIE.

Quelle souffrance !

VILLEROI.

Que de regrets !

ÉMILIE.

De vains projets !
De vos alarmes
Je frémissais.

VILLEROI.

Toutes vos larmes
Je les versais.

ÉMILIE.

J'ai connu de la jalousie
Le triste et cruel sentiment.

VILLEROI.

Plus juste envers mon Émilie,
Je n'ai point connu ce tourment.

ENSEMBLE.

Cet aveu si doux et si tendre
A fixé mon sort sans retour
Mais nos ames doivent s'entendre ;
J'ai des secrets à vous apprendre :
Ne parlons plus de notre amour.

ÉMILIE.

Nous allons nous quitter encore.

ACTE II, SCÈNE VI.

VILLEROI.
Apprenez quel est mon espoir ?
ÉMILIE.
Par vous mon père doit savoir .
VILLEROI.
Il saura que je vous adore
ENSEMBLE.

Nos cœurs de cet aveu si tendre
Sans cesse amènent le retour,
Et chacun de nous veut apprendre
Ce qu'il a pu cent fois entendre,
Sermens de constance et d'amour

SCÈNE VII.

ÉMILIE, VILLEROI, RAVANNES.

RAVANNES, *entrant précipitamment.*
Puisqu'il faut qu'on vous interrompe, encore vaut-il mieux que ce soit moi qu'un autre.
ÉMILIE.
Ah! M. de Ravannes, que j'ai de plaisir à vous voir !
RAVANNES, *regarde le courrier qui traverse le théâtre.*
Si cela était vrai, partiriez-vous si vite? Vous voyez votre courrier, il entre chez votre père....
ÉMILIE.
Puis-je m'opposer....
RAVANNES.
Je vous fournirais cent prétextes pour rester, mais aucun ne vaudra celui que vous pourriez trouver vous-même.
EMILIE, *en riant.*
Je compterais plus sur votre imagination que sur la

mienne; mais je ne veux avoir recours ni à l'une ni à l'autre.

MADAME BERNARD, *à Émilie.*

Voilà le petit compte que mademoiselle a demandé.

ÉMILIE.

Entrez chez mon père, je vous suis, madame Bernard.

MADAME BERNARD.

Je ne passerai pas avant mademoiselle.

ÉMILIE, *à Villeroi.*

J'avais encore à vous parler, nous allons partir; je n'en retrouverai plus l'occasion. Adieu, messieurs.

(*Elle sort.*)

SCÈNE VIII.

RAVANNES, VILLEROI.

RAVANNES.

Eh bien, qu'as-tu appris dans cet entretien?

VILLEROI.

J'ai appris....

RAVANNES.

Favancourt a-t-il une terre de ce côté? où vont-ils?

VILLEROI.

Je ne sais pas.

RAVANNES.

Que dit-on de notre affaire à la cour?

VILLEROI.

Je ne l'ai pas demandé.

RAVANNES.

Mais enfin, de quoi êtes-vous convenus?

VILLEROI.

De nous aimer toujours.

RAVANNES.

Voyez-vous la belle résolution! Ainsi vous vous quittez sans vous être interrogés sur ce qui vous intéresse, sans savoir ce qu'elle devient, où tu dois lui écrire?

VILLEROI.

Mais aussi nous n'avons été qu'un moment ensemble.

RAVANNES, *d'un ton sérieux.*

Eh bien, cette fois je t'accorde vingt-quatre heures : auras-tu l'esprit d'en profiter?

VILLEROI.

Que veux-tu dire?

RAVANNES.

Que le comte de Favancourt et sa fille resteront ici jusqu'à demain, et que je viens de faire préparer leur logement à la *Couronne*, où ils seront d'une manière plus convenable.

VILLEROI.

Au lieu de répondre à cette fade plaisanterie, je vais écrire un mot à la hâte, et j'espère trouver l'occasion de le remettre à Émilie.

SCÈNE IX.

RAVANNES, *seul.*

Il y a des gens qu'il faut obliger malgré eux. Je le connais, si je lui avais expliqué mon projet, il aurait fallu répondre à toutes les objections, dissiper toutes les craintes; nous n'en aurions jamais fini. Mais voilà notre homme.

SCÈNE X.

RAVANNES, DUTREILLAGE.

DUTREILLAGE.
On dit que tu me cherches par-tout.

RAVANNES.
Chut! parlez bas.

DUTREILLAGE.
Est-ce qu'il y a des malades ici?

RAVANNES.
Parlez donc bas, vous dis-je!

DUTREILLAGE.
Mais encore faut-il savoir....

RAVANNES.
Quelle découverte!

DUTREILLAGE.
Explique-moi donc?.....

RAVANNES.
Ce sont eux! j'en suis certain.

ACTE II, SCÈNE X.

DUTREILLAGE.

Certain de quoi?

RAVANNES.

Je l'ai reconnu au premier coup d'œil.

DUTREILLAGE.

Mais de par tous les diables, de qui parles-tu?

RAVANNES.

Je me tue à vous le dire. Ces deux grands personnages que votre prévôt fait chercher.

DUTREILLAGE.

Eh bien! où sont-ils?

RAVANNES.

Nous en tenons au moins un.

DUTREILLAGE.

Pas possible!

RAVANNES.

Le marquis de Ravannes..... cinq pieds six pouces, cheveux gris....

DUTREILLAGE.

Blonds.

RAVANNES.

C'est cela, gris-blonds, le front large, la démarche fière.

DUTREILLAGE.

C'est bien là son signalement.

RAVANNES.

Eh bien! il est là, dans cette chambre; et dans cinq minutes il part.

DUTREILLAGE.

Ah bon dieu!..... je vais..... attendez, mon cher Robert, comment nous y prendre?

RAVANNES.

Rien de plus simple : il faut d'abord nous assurer du personnage et visiter ses papiers. Je reste ici. Vous, courez chercher main forte, et comme on vous recommande d'avoir beaucoup d'égards pour ces messieurs, vous ferez conduire celui-là chez nous, où il sera plus honorablement et plus en sûreté.

DUTREILLAGE.

A merveille ! Je suis à vous dans l'instant. Oh ! la belle capture ! Ne le perdez pas de vue, au moins.

(*Il sort.*)

RAVANNES.

Il ne sortira pas tant que j'y serai..... j'en réponds.

SCÈNE XI.

RAVANNES, *seul*.

Voilà ce qui s'appelle une manœuvre savante : faire arrêter le père pour retenir la fille, et le faire arrêter à ma place ! Ces choses-là ne viendraient jamais dans la tête de ce pauvre chevalier. Il perd sa maîtresse, probablement pour toujours, et monsieur soupire, écrit des petites lettres.... Ce garçon-là aurait eu beaucoup de succès du temps des croisades.

FINAL

Rondeau.

On aurait vu ce noble chevalier
En champ clos sur son destrier
Combattre et ferailler sans cesse
Pour mieux attendrir sa maîtresse ;

ACTE II, SCÈNE XI.

On l'aurait vu courir les champs,
Vaincre et pourfendre des géants,
Et prouver à grands coups de lance
Et son amour et sa vaillance ;
Après dix ans de respect et d'amour,
Nous l'aurions vu près de sa dame
Nuit, et jour, roucouler sa flamme
Comme un langoureux troubadour.

Récitatif.

Et puis enfin ce tourtereau fidèle,
Le dos voûté, les cheveux blancs,
Après avoir soupiré quarante ans,
Aurait fini par épouser sa belle

RONDEAU

Moi je ris de ces amoureux,
De ces céladons langoureux,
Et je leur répète sans cesse :
La beauté passe avec vitesse,
Le temps vole, il éteint nos feux :
Commencez donc par être heureux
Et laissez là tous ces preux chevaliers
Qu'on voyait sur leurs dextriers
Signaler par maintes prouesses
Et leur valeur et leurs maîtresses.

SCÈNE XII.

RAVANNES, VILLEROI.

DUO.

VILLEROI, *une lettre à la main.*
J'ai tout prévu dans cet écrit,
Mais il s'agit de le remettre.
RAVANNES.
A quoi bon cette lettre ? (*Il la déchire.*)
On ne part pas, je te l'ai dit

VILLEROI.
Tu me ferais perdre l'esprit.
Quand la voiture est à la porte,
Regarde.

RAVANNES.
Que m'importe ?

VILLEROI.
Le courrier est parti.

RAVANNES.
C'est égal
Les maîtres ici vont l'attendre

VILLEROI.
Les postillons sont à cheval

RAVANNES.
Eh bien, mon cher, fais-les descendre.

ENSEMBLE.

VILLEROI.	RAVANNES.
C'est bien le cas, en vérité,	Je ne puis avec gravité
D'une fade plaisanterie,	Traiter une plaisanterie ;
Ah ! dans ce moment, je t'en prie,	Mais cependant, quoique je rie,
Fais-moi grace de ta gaieté.	Mon cher, je dis la vérité.

SCÈNE XIII.

LES MÊMES, ÉMILIE.

TRIO.

ÉMILIE.
Mon père vient, je le devance
Pour vous dire un mot

RAVANNES.
Entre nous,
Parlez avec plus d'assurance,
Vous avez du temps devant vous.

ACTE II, SCÈNE XIII.

ÉMILIE, *à Villeroi.*

Nous pourrons nous revoir, j'espère.

VILLEROI.

Ah! combien vous flattez mon cœur.

ÉMILIE.

Vous savez qu'en ces lieux mon père...

RAVANNES, *avec emphase.*

Vous me devez votre bonheur.

ENSEMBLE

VILLEROI, ÉMILIE.	RVAANNES.
C'est bien le cas, en vérité,	Je ne puis avec gravité
D'une fade plaisanterie,	Traiter une plaisanterie;
Ah! dans ce moment je vous/te prie,	Mais cependant, quoique je rie,
	Je vous ai dit la vérité.
Fais-moi grace de ta / Épargnez-moi votre } gaieté.	

SCÈNE XIV.

LES MÊMES, CHARLOT, FAVANCOURT, MADAME BERNARD, BERNARD, GEORGETTE.

FAVANCOURT.

Adieu, ma petite Georgette;
Adieu, mes bonnes gens.

VILLEROI, *bas, à Ravannes, avec dédain.*

Ils ne partiront pas.

RAVANNES.

Non, je te le répète
(*à part.*)
Mon homme tarde bien long-temps.
(*haut*)
Si monsieur, par notre village,
Vient à repasser quelque jour,
Nous comptons bien sur l'avantage
De l'auberger à notre tour

FAVANCOURT, ÉMILIE.
Il est charmant, votre village,

Et j'y viendrai
Nous y viendrons } quelque jour.

TOUS, *excepté Favancourt et Émilie.*

On danse
On boit } dans notre village.

On aime,
On chante, } du bonheur c'est le vrai séjour.

RAVANNES.
J'aperçois le fier Dutreillage,
Nous allons rire à notre tour.

FAVANCOURT, ÉMILIE.
Il est charmant, votre village,
Nous y viendrons quelque jour

ÉMILIE.
Adieu, ma petite Georgette.
Adieu.

FAVANCOURT.
Adieu, mes braves gens.

VILLEROI, *à Ravannes, avec impatience.*
Partiront-ils?

RAVANNES.
Non, je te le répète,
Ils sont ici pour quelque temps.

SCÈNE XV.

LES MÊMES, DUTREILLAGE, *avec quatre gardes qu'il place dans le fond.*

DUTREILLAGE.
Au nom du roi, je vous arrête

ÉMILIE.
Que dit-il?

FAVANCOURT.
M'arrêter? qui, moi?

ACTE II, SCÈNE XV.

DUTREILLAGE.
Je vous arrête au nom du roi.

FAVANCOURT.
Mon ami, vous perdez la tête.

RAVANNES, *à part*, *à Villeroi*.
Eh bien! partira-t-il? dis-moi.

VILLEROI, BERNARD, GEORGETTE, CHARLOT, *ensemble*.
Je n'y conçois rien, sur ma foi.

GEORGETTE.
Entends-tu?

MADAME BERNARD.
Que dit-il?

BERNARD, *à sa femme*.
On l'arrête.

CHARLOT.
Tiens, regarde.

GEORGETTE.
Il pâlit.

CHARLOT.
Il sourit.

MADAME BERNARD.
C'est à tort qu'on l'accuse.

RAVANNES, FAVANCOURT.
Leur surprise }
La méprise   } m'amuse.

ÉMILIE.
Quelle erreur vous abuse?

VILLEROI.
Je soupçonne la ruse.

DUTREILLAGE, *avec emphase*.
Monsieur le marquis, suivez-moi.

FAVANCOURT.
Monsieur le marquis?

DUTREILLAGE.
Suivez-moi.

TOUS.
Je n'y conçois rien, sur ma foi.

ENSEMBLE.

A neuf voix.

FAVANCOURT.	RAVANNES.	VILLEROI.
Il a perdu la tête,	Criez à pleine tête ;	C'est un tour qu'il apprête,
Mais il s'en souviendra ;	Bien fin qui s'entendra.	L'étourdi nous perdra ;
Nous verrons à la fête	Je me fais une fête	Il rit d'une tempête
Qui le dernier rira.	Du train que l'on fera.	Qu'un seul mot calmera.
Vous voulez qu'on m'arrête,	Je ris d'une tempête	Ce n'est que sur ma tête
Soit, on m'arrêtera.	Qu'un seul mot calmera.	Que le coup portera.

DUTREILLAGE.	ÉMILIE.	BERNARD, MADAME BERNARD, GEORGETTE, CHARLOT.
Il se creuse la tête	Le trouble est dans ma tête,	Le trouble est dans ma tête,
Pour se tirer de là.	Quelle erreur est-ce là ?	Quel est cet homme-là ?
Nous verrons à l'enquête	En vain je m'inquiète,	Il a l'air doux, honnête,
Comment il répondra,	L'erreur s'éclaircira ;	Bien fou qui s'y fiera.
Et de pareille fête	Rions d'une tempête	Il faut voir de la fête
Comment il sortira.	Qu'un mot apaisera.	Comment il sortira.

DUTREILLAGE.

Par égard pour votre personne,
Que je respecte infiniment,
Vous me suivrez à la *Couronne*

FAVANCOURT.

Eh bien ! allons à la *Couronne*

DUTREILLAGE.

Vous y serez commodément.

RAVANNES, à *Villeroi*, à part.

J'ai bien choisi son logement.

VILLEROI, *arrivant*, à part.

Tu nous perdras assurément.

FAVANCOURT.

Que ferons-nous à la Couronne !

DUTREILLAGE, *avec importance.*

Des ordres qui me sont prescrits
J'instruirai monsieur le marquis

ÉMILIE, FAVANCOURT.
Mais enfin quel est ce marquis.
ENSEMBLE
Il a perdu la tête
Mais il, etc.

FIN DU SECOND ACTE.

ACTE TROISIÈME.

Le théâtre représente un salon de l'auberge de la *Couronne*, meublé avec une grande recherche.

SCÈNE PREMIÈRE.

ÉMILIE, FAVANCOURT.

FAVANCOURT.

Parbleu, la méprise est excellente! Je te donne en cent à deviner pour qui me prend cet imbécile de brigadier.

ÉMILIE.

Mais je ne vois pas....

FAVANCOURT, *riant aux éclats.*

Pour le plus mauvais sujet de France: pour cet écervelé de marquis de Ravannes.... moi.... avec mes soixante ans et ma gravité du dernier siécle.... j'en rirai longtemps.

ÉMILIE.

Cet homme n'est pas obligé de vous connaître, mon père; il a sans doute été induit en erreur par quelques faux renseignements, et il suffit de vous nommer.

FAVANCOURT.

Non, il y a dans cette aventure quelque chose que je veux éclaircir, et c'est pour cela que je me suis laissé arrêter. En ma nouvelle qualité, j'ai aussi des renseignements à prendre sur ce M. de Ravannes. On le soupçonne caché dans quelque coin de cette province avec son digne ami le chevalier de Villeroi.

ÉMILIE.

Quand vous connaîtrez M. de Villeroi, je vous assure, mon père, que vous en prendrez une toute autre opinion.

FAVANCOURT.

S'il n'a pas profité, c'est sa faute : il est à bonne école. Quoi qu'il en soit, qu'ils y prennent garde, je n'entends pas raison dans l'exercice de mes fonctions; et, malgré l'intérêt que mon Émilie leur porte, s'ils me tombaient entre les mains.....

ÉMILIE.

Mon père sait bien que Son Altesse Royale les aime beaucoup, et qu'elle les sacrifie avec peine au ressentiment de son ministre.

FAVANCOURT.

Le régent ne m'a point fait confidence de ses affections particulières : je sais que mes ordres, relativement à ces messieurs, sont extrêmement sévères et que je ne transige point avec mes devoirs.

ÉMILIE, *à part.*

Gardons mon secret; il était prêt à m'échapper.

FAVANCOURT, *regardant autour de lui.*

Émilie, n'es-tu pas étonnée comme moi de trouver cette recherche, cette élégance dans une auberge de campagne.

ÉMILIE, *froidement.*

Je ne vois rien là de bien extraordinaire : les meubles sont propres....

FAVANCOURT.

Comment! des glaces de cette grandeur, des étoffes de cette beauté! Les deux jeunes gens qui tiennent cette maison ont eux-mêmes quelque chose de....

ÉMILIE.

Commun.

FAVANCOURT.

Mais non!

UN VALET DE CHAMBRE ENTRE.

Les gens de monseigneur arriveront dans un moment.

FAVANCOURT.

C'est bon: vous les ferez entrer chez moi par l'autre porte. (*Le valet sort.*) La nuit approche, je vois qu'il faut nous décider à rester ici jusqu'à demain, et je vais me préparer à subir mon interrogatoire : je veux imposer à mes juges.

SCÈNE II.

ÉMILIE, *seule*.

Mon dieu! qu'il y a des circonstances où il est difficile de prendre un parti: je vois bien quel est le plus raisonnable; mais cette fois, le plus raisonnable est-il le meilleur?

POLONAISE

Quand je me livre à l'espérance,
Du devoir je crains la rigueur ;
Je dois en croire la prudence,
Je voudrais écouter mon cœur :
L'un me dit, point de faiblesse ;
Vois-tu le danger qui t'attend ?
Bannis l'objet de ta tendresse,
  Qu'il parte à l'instant

ACTE III, SCÈNE II.

Éloignez-vous, douce espérance,
Fuyez, le devoir est vainqueur.
Je veux en croire la prudence,
Et je n'écoute plus mon cœur.
L'autre d'une voix moins sévère
Me dit. Profite du moment,
Confie à l'amour de ton père
Et ton secret et ton amant.

Reviens, reviens, douce espérance,
Le devoir a trop de rigueur ;
Je n'écoute plus la prudence,
Je n'en veux croire que mon cœur

SCÈNE III.

ÉMILIE, VILLEROI, RAVANNES.

ÉMILIE.

Ah ! messieurs, vous me voyez dans une inquiétude !... mon père a parlé de vous ; il soupçonne que vous êtes cachés dans les environs.

RAVANNES.

Eh bien ! c'est un homme d'honneur, et quand il découvrirait.....

ÉMILIE.

Cette qualité d'homme d'honneur l'oblige à remplir les devoirs de sa place.

VILLEROI.

De quelle place ?

EMILIE.

Il vient prendre le gouvernement de cette province.

RAVANNES.

Ah ! malédiction !

VILLEROI.

Tu as fait là un beau chef-d'œuvre.

RAVANNES, *riant aux éclats.*

J'ai fait le gouverneur prisonnier. Ah! ah! ah!

ÉMILIE.

Que voulez-vous dire?

VILLEROI.

C'est lui qui, pour vous retenir ici quelques heures de plus.....

RAVANNES.

Pour pouvoir causer un peu a notre aise.....

VILLEROI.

A mis dans la tête de ce bon brigadier de la maréchaussée.....

RAVANNES.

Que votre père était moi.... (*il rit.*) Voyez-vous la métamorphose! le vénérable comte de Favancourt transformé en marquis de Ravannes, et, comme tel, arrêté par la maréchaussée. Est-ce que ce n'est pas bien gai.... là vraiment?

ÉMILIE.

Vous ne voyez donc pas à quoi vous vous exposez, à quoi vous m'exposez moi-même? A la première explication tout va se découvrir. Mon père a contre vous les ordres les plus sévères; croyez-vous qu'une pareille plaisanterie l'engage à en suspendre l'exécution? Je ne vous parle pas de mes craintes personnelles....

VILLEROI.

Ce sont les seules auxquelles je sois sensible!

RAVANNES.

Si tout le monde prend la chose sérieusement,

ACTE III, SCÈNE III.

je ne vois qu'un moyen de nous tirer d'affaire.

VILLEROI, *à Émilie.*

Lequel?

TRIO.

RAVANNES.

Évitons l'embarras extrême
Où la fortune nous réduit.
De ce logis à l'instant même
Partons sans tambour et sans bruit

ÉMILIE.

Oui, dans cet embarras extrême
Partez, partez à l'instant même

RAVANNES.

Esquivons-nous à petit bruit

VILLEROI, *à Émilie.*

Il faut donc vous perdre sans cesse?

ÉMILIE.

Nous lasserons le sort jaloux

RAVANNES, *à Émilie.*

De la maison soyez maîtresse,
Faites ici comme chez vous

ENSEMBLE.

VILLEROI.	ÉMILIE.
Je dois m'éloigner sans murmure,	Mon cœur écoute sans murmure
Quand votre repos en dépend,	Du devoir le conseil prudent,
De la tendresse la plus pure	Quand la tendresse la plus pure
Ma fuite devient un garant.	Y trouve un semblable garant.

RAVANNES.

Quand il apprendra l'aventure,
Que je voudrais être présent!
Voyez-vous la bonne figure
Que fera notre commandant?
  (*à Émilie.*)
Par notre volonté dernière
Nous vous nommons notre héritière,
Recevez notre testament.

EMILIE.

Pouvez-vous rire en ce moment

RAVANNES.

Je ris de l'embarras extrême
Où je vois notre homme réduit.
Où sont-ils ? où sont-ils ?

ÉMILIE.

Partez à l'instant même.

VILLEROI.

Toujours fuir ce qu'on aime !

RAVANNES.

Partons sans tambour et sans bruit.

ENSEMBLE

VILLEROI.	ÉMILIE.
Je dois m'éloigner sans murmure, etc.	Mon cœur écoute sans murmure, etc.

RAVANNES.

Quand il apprendra l'aventure, etc.

(*Émilie rentre chez son père.*)

SCÈNE IV.

VILLEROI, RAVANNES, LE TABELLION, DUTREILLAGE, *en grand uniforme.*

RAVANNES, à *Villeroi.*

Va faire nos préparatifs; c'est-à-dire mettre de l'or dans tes poches. Je te rejoins. (*Villeroi sort.*) (*à Dutreillage.*) Vous voilà en grande tenue.

DUTREILLAGE.

Il faut que la chose se passe en règle : j'ai amené avec moi le tabellion pour dresser le procès-verbal. Vous, mon secrétaire, vous ferez les fonctions de greffier, vous lirez les pièces.

LE TABELLION, *à Ravannes.*

Voilà votre place.

RAVANNES.

Vous êtes tous les deux en costume, il ne serait pas mal que j'allasse moi-même prendre un habit plus décent.

DUTREILLAGE.

D'autant que l'affaire est plus importante que vous croyez.... Nous tenons l'autre.

RAVANNES.

Qui l'autre?

DUTREILLAGE.

L'ami de M. de Ravannes, M. de Villeroi.

RAVANNES.

Vous l'avez découvert?

DUTREILLAGE.

A-peu-près. Je viens de faire saisir un de ses courriers qui accourait à toute bride.

RAVANNES.

Et ce courrier, où est-il?

DUTREILLAGE.

Dans la salle basse, gardé à vue.

LE TABELLION.

Nous le ferons comparaître en temps et lieu.

RAVANNES, *à part.*

Eh! vite, allons savoir ce que cela signifie. (*haut.*) Je suis à vous.

LE TABELLION.

Nous pouvons toujours commencer l'interrogatoire.

DUTREILLAGE, *à un garde.*

Allez avertir le prisonnier.

LE TABELLION.

Voyons le signalement.

SCÈNE V.

LES MÊMES, LE COMTE DE FAVANCOURT. (*Le Comte en habit d'officier général, caché d'abord sous sa redingotte; il a le cordon bleu; les gens de sa suite en grande livrée se rangent autour de l'appartement.*)

LE TABELLION.

Dites donc, commandant, voilà un aventurier qui se présente bien; il a un certain air.

DUTREILLAGE.

L'air n'y fait rien, j'en ai vu bien d'autres !

FAVANCOURT.

Allons, messieurs, de quoi s'agit-il?

LE TABELLION.

Comparons avec le signalement.... Taille droite et bien prise.... bien prise ! si l'on veut.... Cheveux blonds.... ils sont gris.... Visage frais, coloré.... tu appelles cela frais?... Agé de vingt-huit ans.... celui-ci en a pour le moins soixante. Il y a erreur, erreur manifeste.

DUTREILLAGE.

Nous avons lu différemment, mon secrétaire et moi... Il faut l'attendre.

FAVANCOURT.

Vous faites, messieurs, ce que vous auriez dû faire avant de prendre un parti dont il est probable que vous vous repentirez. Au fait, que voulez-vous de moi ?

DUTREILLAGE.

J'ai ordre d'arrêter quelqu'un.

ACTE III, SCÈNE V.

FAVANCOURT.

Et vous me donnez la préférence.

DUTREILLAGE.

Ne vous faites-vous pas appeler le marquis de Ravannes?

FAVANCOURT.

Vous avez vu sur le signalement que ce M. de Ravannes a vingt-huit ans. Ne trouvez-vous pas que j'ai l'air d'avoir quelque chose de plus?

LE TABELLION.

Trois fois autant; ça c'est vrai.

DUTREILLAGE.

Encore, monsieur, faut-il qu'on sache qui vous êtes.

FAVANCOURT, *montrant son uniforme.*

Je ne suis pas du tout obligé de vous le dire; mais comme il vous importe de le savoir, je veux bien vous apprendre que je me nomme le comte de Favancourt, et que je suis gouverneur de cette province.

DUTREILLAGE, LE TABELLION.

Ah mon Dieu! monseigneur, pardonnez.

DUTREILLAGE.

Notre prévôt m'a tant recommandé de faire chercher ce personnage.... Ce que j'en ai fait, c'est par excès de zèle.

FAVANCOURT.

Que diable! par excès de zèle, on ne prend pas un homme de soixante ans pour un homme de vingt-huit.

DUTREILLAGE.

Monseigneur saura que j'ai la vue basse, et que mon secrétaire, en lisant....

FAVANCOURT.

Votre secrétaire est un fripon qui s'est moqué de vous et de moi.

DUTREILLAGE.

Cela ne se peut pas ; c'est un des frères Robert.

FAVANCOURT.

Je le sais ; mais vous, M. de la maréchaussée, savez-vous quels sont ces jeunes gens, d'où ils viennent? Je ne suis ici que depuis quelques heures, et j'ai appris sur leur compte mille choses qui auraient dû éveiller votre surveillance.

DUTREILLAGE.

En vérité, monseigneur, ils n'ont d'autres défauts que de jeter l'argent par les fenêtres.

FAVANCOURT.

Mais, où le prennent-ils, cet argent?

LE TABELLION.

C'est cela, où le prennent-ils?

DUTREILLAGE.

Où le prennent-ils? comme vous dites.

FAVANCOURT.

Je les soupçonne fort d'être ici les agents de ces messieurs que le gouvernement fait chercher ; et peut-être... Amenez-moi les frères Robert.

DUTREILLAGE.

A l'instant, monseigneur. (*Il sort.*)

LE TABELLION.

Cela finira toujours par un procès-verbal ; je puis dresser le protocole.

SCÈNE VI.

LES MÊMES, ÉMILIE.

FAVANCOURT.

Émilie, j'ai bien peur de pouvoir vous donner des nouvelles de votre chevalier de Villeroi.

ÉMILIE.

Sauriez-vous?....

FAVANCOURT.

J'ai lieu de croire qu'il n'est pas loin, et nos hôtes doivent avoir là-dessus des renseignements qu'ils vont me communiquer.

ÉMILIE, *à part.*

Pourvu qu'ils soient partis.

SCÈNE VII.

LES MÊMES, BERNARD, MADAME BERNARD, CHARLOT, GEORGETTE, HABITANTS DU VILLAGE.

CHOEUR.

BERNARD.

Tous les habitants du village,
Honteux d'une fâcheuse erreur,
Viennent présenter leur hommage
   A monseigneur
   Le gouverneur.

MADAME BERNARD, GEORGETTE, CHARLOT.

Nous jouissons d'une méprise
Qui vous arrête parmi nous.

FAVANCOURT.

Je m'applaudis d'une méprise
Qui m'arrête au milieu de vous,
Et sur un fait, avec franchise,
Je veux vous interroger tous.
N'avez-vous point de plaintes à me faire
Contre les jeunes gens, maîtres de la maison?

MADAME BERNARD, ET QUELQUES VIEILLES.

Oui, monseigneur.

CHOEUR.

Non, non, non, non.

ÉMILIE, *à part*.

Ils sont bien loin j'espère.

FAVANCOURT.

Accordez-vous.

MADAME BERNARD ET LES VIEILLES.

Oui

LE CHOEUR DES JEUNES GENS.

Non.

LES VIEILLES.

Oui

LE CHOEUR.

Non

BERNARD.

Non, monseigneur; tout au contraire:
Ce sont de braves gens

MADAME BERNARD, LES VIEILLES.

Très dangereux.

LE CHOEUR.

Très obligeants

MADAME BERNARD, LES VIEILLES.

Ils troublent nos familles

LE CHOEUR.

Par eux nos pauvres sont nourris,
Ils font danser nos filles

ACTE III, SCÈNE VII.

LES VIEILLES.

Et boire nos maris.

FAVANCOURT, *aux jeunes filles.*

Qu'en pensez-vous, mesdemoiselles?

LES JEUNES FILLES.

Ils pourraient être plus fidèles

FAVANCOURT, *à part.*

Quels sont donc ces deux étourdis?

ENSEMBLE.

FAVANCOURT, ÉMILIE.	MADAME BERNARD, LES VIEILLES.
Chacun envierait leur partage	Voyez un peu le beau partage!
Ils ont pour eux tous les bons cœurs,	Ils ont ici pour défenseurs,
Toutes les filles du village,	Toutes les folles du village,
Tous les amants, tous les buveurs.	Tous les amants, tous les buveurs

ÉMILIE.

Le plus grand nombre est leur partage,
Ils ont ici pour défenseurs,
Toutes les filles du village,
Tous les amants, tous les buveurs.

SCÈNE VIII.

LES MÊMES, DUTREILLAGE, VILLEROI, RA-
VANNES, UN COURRIER.

DUTREILLAGE.

Monseigneur, je vous les amène.

ÉMILIE.

Ils sont arrêtés!

FAVANCOURT, *à Émilie.*

D'où vient ce grand intérêt?

TOUS, *en voyant Villeroi et Ravannes en habit d'uniforme de mousquetaires et de chevau-légers.*

Ciel!

FAVANCOURT.

Quels sont ces messieurs?

DUTREILLAGE.

Ce sont les frères Robert; c'est-à-dire, ce n'est pas eux, comme vous voyez; mais c'est qu'ils ont embrouillé cela.

RAVANNES.

Rien de plus simple, mon général; j'ai l'honneur de vous présenter M. le chevalier de Villeroi.

FAVANCOURT.

C'est m'annoncer, monsieur, que vous êtes le marquis de Ravannes.

RAVANNES.

C'est un tort peut-être?

FAVANCOURT.

En ce moment sur-tout. Vous savez qui je suis, messieurs; il y a plus que de l'imprudence à vous présenter devant moi.

RAVANNES.

Villeroi voulait absolument que nous évitassions ce petit cérémonial, dont il ignore encore les conséquences.

VILLEROI.

Je le prévois trop bien, tu m'as trompé.

FAVANCOURT.

J'en suis fâché, messieurs; mais vous trouverez bon que j'exécute les ordres que j'ai reçus, et que je vous envoie sous bonne escorte.....

DUTREILLAGE.

Cela me regarde.

RAVANNES.

Par-tout où vous voudrez, mon général; mais, auparavant, veuillez jeter les yeux sur cette dépêche que vous adresse le nouveau ministre, et que j'ai voulu avoir l'honneur de vous présenter moi-même.

VILLEROI.

Qu'est-ce que cela signifie?

RAVANNES.

Tu vas l'apprendre.

FAVANCOURT.

C'est une lettre de son Altesse Royale.

(*Il lit.*)

« MONSIEUR LE COMTE DE FAVANCOURT,

« Au reçu de ma lettre, vous ferez chercher et con-
« duire devant vous messieurs de Ravannes et Villeroi,
« qui sont cachés, j'en suis instruit, dans un village de
« votre gouvernement. »

VILLEROI.

Nous sommes à la Bastille.

RAVANNES.

Comme tu vas vite!

FAVANCOURT, *lisant*.

« Après leur avoir témoigné mon mécontentement de
« leur conduite passée, vous leur signifierez..... »

VILLEROI.

Je suis d'une colère contre toi!

RAVANNES.

Un peu de résignation.

FAVANCOURT, *lisant.*

« Vous leur signifierez que je mets fin à leur exil, et
« que je les rappelle à la cour. »

VILLEROI.

Ah! mon général!

RAVANNES.

J'en étais sûr; on ne pouvait pas se passer de nous.

FAVANCOURT, *très sévèrement.*

Messieurs, je vous réprimande au nom de son Altesse royale, (*en riant*) et je vous félicite du retour de sa faveur.

VILLEROI.

Monsieur le comte, vous ne savez pas toutes les espérances que je fonde sur cet heureux événement.

FAVANCOURT.

Si je l'ignorais, la rougeur d'Émilie pourrait m'en instruire; mais c'est une affaire à traiter en d'autres lieux.

BERNARD.

C'est-il dieu possible! v'là les frères Robert devenus de grands seigneurs. Ah ça! vous ne tiendrez plus auberge, pas vrai?

VILLEROI.

Non, mais nous avons choisi notre successeur. Nous faisons présent à Georgette de cette maison et de tout ce qu'elle renferme, à condition pourtant qu'elle épousera Charlot.

GEORGETTE.

Ah! monsieur. Ah! mademoiselle.

CHARLOT.

Nous vous bénirons tous les jours de notre vie.

ACTE III, SCÈNE VIII.

BERNARD.

Si ceux-là ne sont pas d'honnêtes gens, ma foi il n'y en a pas au monde.

LE TABELLION.

Il est dit qu'il n'y aura pas de procès-verbal.

VILLEROI.

Non, mais au lieu de cela, monsieur le tabellion, vous dresserez l'acte de donation que nous faisons à Charlot et à Georgette, et le contrat de mariage de ces deux jeunes gens; car (*regardant Favancourt et Émilie*) il y a tel bonheur qui ne peut pas aller sans l'autre.

FAVANCOURT.

Soyez tranquille, chevalier; vous me donnez un exemple qui ne sera pas perdu.

RAVANNES.

Eh bien! c'est pourtant moi et ce brave homme qui avons arrangé tout cela. Il est vrai qu'il ne savait pas trop ce qu'il faisait, et que je ne m'en doutais guère moi-même; cependant, vous conviendrez tous que la sagesse et la prudence n'auraient pas mieux réussi.

FIN DU TROISIÈME ET DERNIER ACTE.

LE JUGE-DE-PAIX,

OU

LES CONSULTATIONS DE L'AN SEPT,

COMÉDIE-VAUDEVILLE,

Par MM. JOUY et LONGCHAMPS,

REPRÉSENTÉE POUR LA PREMIÈRE FOIS SUR LE THÉATRE DU VAUDEVILLE, LE 26 PLUVIOSE AN VII.

PERSONNAGES.

ARMAND, juge-de-paix.
ÉDOUARD, fils d'Armand.
ERNESTINE.
DUJARDIN, père d'Ernestine.

Personnages épisodiques.

UN MÉDECIN.
UN FOURNISSEUR.
UN AUTEUR DRAMATIQUE.
BIZARINI, homme à projets, Italien.
VALÈRE, vieillard.
CÉLIANTE, jeune veuve.
SIMPLET, peintre.
JACTANT, entrepreneur de jeux.

La scène est chez Armand, juge-de-paix, dans la salle d'audience.

LE JUGE-DE-PAIX,

COMÉDIE-VAUDEVILLE.

SCÈNE PREMIÈRE.

ÉDOUARD, ERNESTINE.

ÉDOUARD.

Il me semble, ma petite cousine, que tu ne partages que bien faiblement mes transports; tout nous rit, le plus heureux avenir est devant nous, et tu soupires encore : c'est vraiment cruel.

ERNESTINE.

Avez-vous oublié ce que vous devez demander ce matin à votre père?

ÉDOUARD.

Et c'est justement le sujet de ma joie : je m'en suis occupé toute la nuit, et j'ai trouvé de si bonnes raisons à lui donner; j'ai si bien combattu les siennes; je lui ai si bien fait voir dans notre union le gage certain de notre bonheur et du sien, que je n'ai plus le moindre doute sur la réponse qu'il va nous faire.

ERNESTINE.

J'admire votre sécurité, mon cousin, mais je ne la partage pas. Si près du moment qui va décider de notre sort, comment ne pas se livrer à la crainte?

ÉDOUARD.

A l'espoir, il faut dire.

ERNESTINE.

Air : *Il faut des époux assortis.*

Dans le miroir de l'avenir
On voit d'après son caractère ;
L'un voit ce qu'il craint de souffrir,
Et l'autre voit ce qu'il espère.
De tout temps mon cœur au plaisir
Ne s'ouvrit qu'avec défiance,
Et l'excès même du désir
En bannit toujours l'espérance.

ÉDOUARD.

Mauvais calcul, ma cousine, mauvais calcul.

ERNESTINE.

C'est cependant celui de la prudence.

ÉDOUARD.

Elle ne sait ce qu'elle dit en fait de bonheur.

Même air

Je laisse dire le censeur
Dont la triste raison m'ennuie ;
Quand la folie est un bonheur,
La sagesse est une folie :
Dans l'avenir trop incertain
Si je veux pénétrer d'avance,
J'ouvre le livre du destin,
Au chapitre de l'espérance.

Au fait; peut-on avoir plus de raisons de se réjouir ? Je te revois, après deux ans d'absence, plus belle, plus aimable, plus aimée que jamais; tu m'assures que je te suis cher encore; mon père n'a plus de prétexte pour éloigner notre mariage : ma foi, mademoiselle, si l'on n'est pas ivre de joie avec tout cela, il faut avoir un grand fonds de tristesse.

ERNESTINE.

Ou de tendresse.

SCÈNE I.

ÉDOUARD.

Ah çà, comment se fait-il donc que la même cause produise chez nous des effets tout opposés; car c'est bien de l'amour que nous éprouvons tous les deux; mais le tien est silencieux, réservé; le mien, au contraire, a besoin de se répandre.

ERNESTINE.

C'est peut-être que les femmes savent mieux le sentir, et les hommes mieux l'exprimer. Il y a, je crois, deux sortes d'amours.

Air de l'Opéra Comique.

L'un est le fils du sentiment,
L'autre de l'orgueil tient son être;
L'un veut être heureux en aimant,
L'autre veut sur-tout le paraître;
L'un est bruyant, audacieux,
Et l'autre du bruit s'effarouche;
L'un a le bandeau sur les yeux,
L'autre le porte sur la bouche

ÉDOUARD.

Il y en a bien certainement un troisième tout à-la-fois ardent et timide, expansif et discret; c'est le mien.....

ERNESTINE, *l'interrompant avec l'air de l'inquiétude.*

Où devons-nous aller trouver mon oncle?

ÉDOUARD.

Il doit venir nous joindre ici même; il ne tardera pas.

ERNESTINE.

Le voici.

SCÈNE II.

ÉDOUARD, ERNESTINE, ARMAND.

ARMAND.

C'est aujourd'hui mon jour d'audience, mes enfants ; il est bien juste que vous passiez les premiers. Voyons, de quoi s'agit-il? Je ferai en sorte que vous soyez contents de moi.

ÉDOUARD, ERNESTINE.

Air: *Va, je t'en donne l'assurance.* (De Claudine.)

Tous nous en donne l'assurance,
Et vos bontés sont nos garants ;
On sait que de votre audience
Tous les plaideurs sortent contents

ARMAND.

Me consultez-vous comme père,
Ou comme juge en ce moment?
Quelquefois le juge est sévère ;
Le père est toujours indulgent.

ÉDOUARD.

Nous venons vous demander une grace.

ARMAND.

C'est au père que cela s'adresse.

ÉDOUARD.

Vous savez bien qu'il y a deux ans, lorsque je vous demandai la main de ma cousine, vous me fîtes deux objections: notre jeunesse, et le peu de fond qu'il y avait à faire, disiez-vous, sur un amour dont rien ne vous garantissait la durée. Vous me prescrivîtes une absence de deux ans. Cette longue épreuve est subie: me voilà de retour, plus amoureux, plus aimé qu'à mon départ, et vous ne pouvez plus refuser de consentir à notre union.

ARMAND.

Je vous le dis à regret; mais avant trois ans, c'est impossible.

ERNESTINE, ÉDOUARD.

Trois ans !

ARMAND.

Oui, ma chère Ernestine, trois ans.

ÉDOUARD.

Mais j'en ai vingt-quatre, elle en a dix-huit. Faut-il que nous en ayons soixante ?

ARMAND.

Il faut qu'elle en ait vingt-un.

ÉDOUARD, *avec humeur.*

Quel plaisir trouvez-vous, mon père, à prolonger notre supplice ?

ARMAND.

Ernestine est plus juste; et je suis sûr qu'elle ne me soupçonne pas d'éloigner, sans de fortes raisons, l'instant qui doit combler vos vœux et les miens.

ERNESTINE.

Je n'en puis supposer d'autres que votre volonté; mais elle me suffit.

ÉDOUARD, *avec emportement.*

Il est impossible qu'il y ait aucune bonne raison...

ERNESTINE, *l'interrompant.*

Mon ami !....

ARMAND.

C'est dommage que votre cousine vous ait interrompu, mon fils; vous alliez m'en fournir une.... Mais j'excuse votre emportement, et il devient pour moi un nouveau motif de vous confier à tous deux un secret qui vous forcera d'approuver ma conduite. Ernestine, j'ai pour vous le cœur d'un père, j'espère qu'un jour vous serez ma fille; mais vous n'êtes pas ma nièce.

ÉDOUARD, ERNESTINE.

Ciel!

ARMAND.

L'événement aussi malheureux qu'imprévu qui m'enleva mon frère, il y a quinze ans, m'obligea de me rendre à Paris; je vous trouvai chez lui, mais je ne pus me procurer d'autre éclaircissement sur votre compte qu'une lettre sans signature, qui m'apprenait que vous lui aviez été confiée dès le berceau; je crus devoir à sa mémoire de vous continuer les soins qu'il avait pris de votre enfance.

ERNESTINE.

Mais cette lettre....

ARMAND, *tirant sa montre.*

Il est dix heures: les devoirs de ma place m'appellent; dans un autre moment, je répondrai à toutes vos questions.... Consolez-vous, mes enfants; après tout, votre union n'est probablement que différée; car je vous promets d'y souscrire le jour où Ernestine aura ses vingt-un ans accomplis; jusque-là ma délicatesse et la loi s'y opposent.

ÉDOUARD.

La loi! la loi!

AIR: *Jeunes amants, cueillez des fleurs*
Dans vos lois que ne laissez-vous
Parler la nature elle-même :
Il suffirait, pour être époux,
Qu'il fût bien prouvé que l'on s'aime.

SCÈNE II.

Si l'hymen acquittait ainsi
La foi que l'amour a donnée,
L'amour acquitterait aussi
Les promesses de l'hyménée.

ARMAND.

Je ne vois pas ce que votre position a de si cruel : si vous vous aimez bien véritablement, si trois années passées ensemble ne changent rien à vos sentiments....

ÉDOUARD.

Quelle supposition !....

ERNESTINE.

J'oserais en répondre.

ARMAND.

Là là, mes enfants !

AIR : *Ce fut par la faute du sort.*
De vrais amants, de vrais amis,
Ce siècle de fer est avare ;
C'est sur-tout dans votre Paris
Que ce phénomène est plus rare :
Sur un trait de fidélité
J'interroge en vain ma mémoire ;
Un pauvre chien seul est cité,
Et l'on conteste son histoire ¹

ÉDOUARD.

On ne contestera pas la nôtre.

ARMAND.

Apprenez, mes amis, que l'épreuve la plus dangereuse pour la plupart des amants, c'est de se voir trop long-temps, et de trop près... L'amour se guérit souvent comme la peur ; il suffit d'approcher de l'objet. Je vous laisse, et vais m'habiller pour l'audience.

---

¹ Il n'était question dans les journaux du temps que d'un chien mort sur la tombe de son maître

SCÈNE III.

ÉDOUARD, ERNESTINE.

ERNESTINE.

Eh bien! mes pressentiments m'ont-ils trompée? Ce jour, au lieu de serrer les liens les plus doux, vient de rompre ceux du sang, qui paraissaient du moins nous unir.... me voilà sans parents.

ÉDOUARD.

N'as-tu pas tous les miens? Va, ceux que donnent l'amour et l'amitié valent bien ceux que donne la nature! D'ailleurs, les tiens te réclameront sans doute quelque jour.

ERNESTINE.

Je l'espère.

ÉDOUARD.

Et moi je le crains; ils me voleront une part de ton cœur.

ERNESTINE, *d'un air vivement affecté.*

Quelle situation est la mienne!

ÉDOUARD.

Air : *Et du bien que l'on en dit*

Sur ton destin pourquoi pleurer?
Console-toi, ma douce amie.

ERNESTINE.

Ah! mon cœur gémit d'ignorer
Ceux de qui j'ai reçu la vie!

ÉDOUARD.

Et si, rendus à tes transports,
Ils allaient me ravir leur fille!..

SCÈNE III.

ERNESTINE.
Hélas! je gémissais alors
D'avoir retrouvé ma famille

ÉDOUARD.

Eh bien! ne t'affliges donc avec moi que des trois siècles qui nous séparent encore du bonheur.

ERNESTINE.

Puisse au moins ce long délai ne pas produire sur vous l'effet dont nous a menacés votre père!

ÉDOUARD.

Voulez-vous aussi me tourmenter par des suppositions ridicules? J'aurais bien plus de sujets de m'alarmer, moi qui n'ai que mon amour pour garant du tien.

ERNESTINE.

Je te connais bien d'autres titres à ma tendresse.

Air · *Dans ces désertes campagnes.*

Un aimable caractère,
Des vertus, de la douceur,
Cet heureux talent de plaire
Dont la source est dans le cœur

ÉDOUARD.

S'il est vrai que je possède ces bonnes qualités, je les dois à toi seule.

Le bien qu'en toi l'on admire
Jusqu'à moi s'est étendu.
L'aimant au fer qu'il attire
Communique sa vertu

ARMAND, *qui entre.*

Retirez-vous, mes enfants, voici quelqu'un.

(*Ils sortent.*)

SCÈNE IV.

ARMAND, VALÈRE, CÉLIANTE.

CÉLIANTE.

L'affaire qui nous amène devant vous est bien simple. Jean Valère, ici présent, s'est obligé de me payer annuellement une rente de mille écus. Dix ans se sont écoulés sans qu'il ait rempli cet engagement; je l'ai fait assigner pour qu'il eût à y satisfaire; et, sur son refus, je le cite à votre tribunal.

ARMAND, *à Valère.*

Qu'avez-vous à répondre?

VALERE.

Que Céliante ne m'aime plus.

ARMAND.

Et que fait son amour à votre dette?

VALERE.

Qu'elle produise son titre.

CÉLIANTE, *le donnant au juge.*

Le voici.

ARMAND *lit.*

Air des *Folies d'Espagne*
Je soussigné promets à Céliante,
Dont les attraits peuvent seuls me charmer,
De lui payer trois mille francs de rente
Aussi long-temps qu'elle pourra m'aimer.

(*A part.*) Voilà bien le plus drôle de billet dont on se soit avisé depuis celui de La Châtre!

VALÈRE.

Aussi long-temps qu'elle pourra m'aimer! Cet article est

SCÈNE IV.

de rigueur; et madame, qui vient de perdre l'époux qu'elle m'avait préféré, sait bien que cette clause n'a pas été remplie.

CÉLIANTE.

Cela ne prouve rien; mon assignation répond à tout.

ARMAND.

Voyons. (*Il prend l'assignation des mains de Valère.*)

AIR : *Des cinq voyelles.*

Vu le billet, clair, net et positif,
Remis aux mains de moi Poussif,
Huissier expéditif,
Cejourd'hui quatre frimaire,
Ai remis à Jean Valère
L'ordre impératif
De me payer sans nul diminutif,
En argent effectif,
Le prix définitif
De dix ans d'amour excessif,
Dont suit l'aveu naïf.

Voici l'aveu naïf.

AIR : *Du haut en bas.*

Comme aujourd'hui,
J'ai constamment aimé Valère,
Comme aujourd'hui,
Mon cœur n'a brûlé que pour lui;
Et je signe l'aveu sincère
Que toujours il saura me plaire
Comme aujourd'hui.

(*En parlant.*) Signé *Céliante, veuve Courval.* Le titre de madame est parfaitement en règle.

VALÈRE.

Là, de bonne foi, est-ce que vous m'aimez ?

CÉLIANTE.

Très certainement; sans cela, quel intérêt aurais-je...

ARMAND.

Celui qui vous amène ici, par exemple.

VALÈRE.

Et c'est après dix ans d'oubli que vous venez me parler de votre amour? Je vois ce que c'est; vous aviez égaré mes titres à votre tendresse.

CÉLIANTE.

J'ai dû me taire aussi long-temps que le devoir m'en fit la loi; et puis tant de femmes disent qu'elles aiment sans aimer, qu'il peut bien s'en rencontrer une qui aime sans le dire.

VALÈRE.

Regardez-moi bien; depuis dix ans, je suis un peu changé, je vous en avertis.

AIR. *Oui, monsieur le bailli.*
J'approche de soixante.

CÉLIANTE.

Je vous aime toujours.

VALÈRE.

La goutte me tourmente.

CÉLIANTE.

Je vous aime toujours.

VALÈRE.

Mais il est manifeste...

CÉLIANTE.

Je vous aime toujours.

VALÈRE.

Que moi je vous déteste.

CÉLIANTE.

Je vous aime toujours.

VALÈRE.

Puisque vous avez la rage de m'aimer, composons un peu.

Air de *la Soirée orageuse.*
De l'amour pour trois mille francs,
C'est trop pour moi, sans modestie,

SCÈNE IV.

Il faut, dans l'hiver de ses ans,
Aimer avec économie.
Ne pourrait-on pas s'abonner ?
Trop de tendresse m'épouvante ;
Ah ! tâchez de ne m'en donner
Que pour six cents livres de rente !

CÉLIANTE.

Que cette plaisanterie est de mauvaise grace, quand je proteste, quand je jure que je vous aime !

ARMAND.

Le serment, dans cette affaire-ci, ne ferait point preuve légale.

AIR : *Non, non, Doris.*

C'est un point de fait et de droit,
L'amour est menteur par système ;
Plus il jure, moins on le croit,
Moins il veut être cru lui-même.
Quand il vient prêter un serment,
Thémis lui dit avec malice,
Les témoignages d'un enfant
Ne sont pas admis en justice.

VALÈRE.

Au surplus, pour des effets de cette nature, il y a prescription après dix ans et même plus tôt.

Air du vaudeville de *l'Ile des Femmes*

Des billets tirés par l'amour
Le desir seul est responsable,
Et tout est perdu sans retour
Quand l'endosseur est insolvable
Toujours, on l'a dû remarquer,
Ils s'entraînent dans leur déroute ;
Quand le desir vient à manquer,
Le pauvre amour fait banqueroute.

CÉLIANTE.

Chez les hommes cela peut être vrai ; mais nous !....

AIR : *Chantez, dansez.*

Il est des femmes, croyez-moi,
Dont le temps n'éteint pas la flamme ;

Le premier qui reçut leur foi
A le dernier vœu de leur ame.
Ce modele, vous l'avez vu;
Il ne vous est que trop connu.

VALÈRE.

A moi!.... connu!
Mon père m'a parlé souvent
D'une femme dont la tendresse
Se contenta d'un seul amant,
Qui fut l'ami de sa vieillesse.
Ce phenix, mon père l'a vu;
Moi, je ne l'ai jamais connu

ARMAND.

(*Bas à Céliante.*) Écoutez; puisqu'il est vrai que vous l'aimez, vous allez être satisfaite. (*bas à Valère.*) Ne me démentez pas. (*haut.*) Je vois un moyen de vous concilier. L'engagement que l'on produit ici n'est au fond qu'une espèce de contrat de mariage rédigé d'une manière un peu vague: vous êtes libres tous deux; que l'hymen acquitte la dette de l'amour.

CÉLIANTE.

J'y consens, et ma main est à lui....

ARMAND.

Cette preuve d'amour n'est plus équivoque; car la femme, jeune encore et jolie, qui consent à partager le sort d'un vieillard dont la fortune est aussi publiquement renversée ne peut être déterminée que par un attachement très vrai.

CÉLIANTE, *d'un air troublé.*

Serait-il ruiné!....

VALÈRE.

Ce noble désintéressement vous rend tous vos droits sur mon cœur; et je vais de ce pas....

SCÈNE IV.

CÉLIANTE, *hésitant, l'arrête.*

Quoique veuve..... je ne suis pourtant pas tellement maîtresse de mes actions.... que je ne doive consulter sur une affaire de cette importance.

ARMAND.

Épargnez-vous cette peine ; vous êtes jugée.

Air du *Vaudeville d'Abuzar.*

D'un ami l'on peut hésiter
A partager le sort prospère ;
Mais rien ne doit vous arrêter
S'il faut partager sa misère.
Aux gens heureux être lié,
D'amour ce n'est point faire preuve ;
En amour, comme en amitié,
L'infortune est la grande épreuve.

Valère, vous n'êtes point aimé, voilà votre billet ; et vous, madame, voilà votre aveu naïf.

CÉLIANTE, *s'en allant.*

Vous pouvez déchirer le tout ensemble.

SCÈNE V.

ARMAND, VALÈRE.

VALÈRE.

Je vous remercie de m'avoir ruiné pour un moment.

ARMAND.

Vous voilà tiré d'affaire ; que celle-ci vous serve de leçon.

VALÈRE.

Je n'en ai plus besoin ; l'âge est la meilleure de toutes.

Air du *Petit Matelot*

Séduit par gentille maîtresse,
Quand on cherche un tendre retour,
On donnerait dans sa jeunesse
Tous les écus pour de l'amour.
L'âge dissipe cette ivresse,
Et m'en voilà bien convaincu;
On donnerait dans la vieillesse
Tous les amours pour un écu.

Je vous salue et vous remercie. (*Il sort.*)

ARMAND, *seul*.

Si l'on parvient jamais à bannir de ce monde l'amour et l'intérêt, il ne s'y fera plus ni folie, ni bassesse.

SCÈNE VI.

ARMAND, BIZARINI.

BIZARINI.

Baccio le mani à la vostra signoria.

ARMAND.

A qui ai-je l'honneur de parler?

BIZARINI.

Al primier homine del mondo dans la parte des découvertes, il signor Bizarini.

ARMAND.

En quoi puis-je vous être utile?

BIZARINI.

J'y viens per vi porter plainte d'un larcin manifeste; on m'a pris....

ARMAND.

De l'or, des bijoux?

BIZARINI.

Une idea, signor mio, une idea.

SCÈNE VI.

ARMAND.

Il est probable que c'est une grande perte pour vous; mais je dois vous faire observer qu'il n'y a point encore de loi contre ce genre de vol d'ailleurs très commun de nos jours.

BIZARINI.

Dunque c'est un projet di piu qu'il faudra qu'on me doive.

ARMAND.

Vous vous mêlez donc aussi de jurisprudence?

BIZARINI.

Di tutto, signor, di tutto. Perchè perquoi je tiens un assortiment général de plans, di projetti, d'intraprises, de découvertes dans tous les genres.

ARMAND.

Seriez-vous l'inventeur de la pompe à feu, des aérostats, des télégraphes?

BIZARINI.

Pura bagatella! Qualque j'ai invento est bien pire : per vi donner qualche idéa entre mille, j'ai trovato le moyen di fare grimper la mer al sommet di piu hautes montagnes.

ARMAND.

Diable! on pourrait tirer un grand parti de cela pour un nouveau déluge universel!

BIZARINI.

Tale, che j'ai proposé de sommerger tutta l'Europe à jour fixe.

ARMAND.

Jolie proposition, en vérité!.... Et l'on n'a point accueilli ce projet?

BIZARINI.

Le ministre a refusé faute de pécunia ; ma subito je loui ai proposé de fornir tutto l'argent nécessaire.

ARMAND.

Au moyen de.....

BIZARINI.

Per le mezzo d'un petit imposto de mon invenzione : tout homme di spirito devra pagare un écu.

ARMAND.

Cette taxe n'aurait pas rapporté grand'chose.

BIZARINI.

Cospetto ! che dites-vous ? Le perceptor il serait l'amor proprio !

AIR : *Mon honneur dit.*

Vi voyez bien, sans che je vi le dise,
Ce che mon plan a de particulier ;
Per evitar il soupçon di bêtise
Chacun si fût empressé di payer.
Lo croirez-voi cet impôt salutaire
J'eus la dolor de le voir rejeter.

ARMAND..

C'est malheureux, car pour votre salaire
Vous auriez pu vous en faire exempter.

Mais, plaisanterie à part, vous donnez là dans un genre de spéculations qui doit être très peu lucratif.

BIZARINI.

L'ho veduto, et j'ai changé di batteria.

AIR : *On compterait les diamants*

Il mérite expire sovent,
En luttant contre l'indigence,
Per faire croître le talent,
Il faut semer la récompense.
Quand il en est au fond del sacco,
L'homme d'esprit n'est qu'una bête,
Et chi n'a rien dans l'estomacco
N'a pas grand cosa dans la tête.

SCÈNE VI.

Dunque ne trovant pas de quoi vivere avec l'immortalità, je me suis mis aux gages della mode.

ARMAND.

Du moins celle-ci paie comptant.

BIZARINI.

Je fornis seul aljourd'hui, dans questa capitale, tutte les idées di feste, di curiosità, de divertissements qualconques ; sè vi non y trovate le nom de *Bizarini* sempre, vi devez y trovar son cachet..... Questa testa est una mine.

ARMAND, *à part*.

Et une drôle de mine !

BIZARINI.

C'est à moi che les Parisiani devront l'avantague di prendre à *Bellevue* les eaux de Spa, les douges de Plombières, les boues de Saint-Amand.

ARMAND.

Quoi, vraiment ! quelle plaisanterie !

BIZARINI.

Et dunque, vous n'avez pas là il mio *prospectus* sur papier rouge.

ARMAND.

Non, d'honneur.

BIZARINI.

Oh per dio ! Lisez-moi cela, c'est qualque cosa di bellissimo ; je suis connu per les *prospectus*. Demandez à tout le monde.

AIR : *Mon bon André.*

Lorsque je médite une affaire,
Per six francs d'abord je fais faire
Par qualque phraseur mercenaire
Un long et brillant *prospectus*

Je n'y manque jamais de dire
(Au risque de faire un peu rire) :
Que beaux-arts, talents et vertus,
Par moi vont faire un pas de plus.
Mon but est de plaire et d'instruire;
L'argent pour moi n'a pas d'appas;
Et de l'honnor seul je fais cas,
Pourvu que je n'y perde pas.

ARMAND.

Mais vos brillants *prospectus* ne tiennent pas toujours parole.

BIZARINI.

Ah! nous avons le chapitre des accidents.

Air : *Quoi! ma voisine.*
J'avais promis qu'à Bella-vue
On me verrait
Au grand galop fendre la nue
Sur mon criquet.
Un accident que je supprime,
Bornant mon vol,
Arrêta mon essor sublime
A l'entresol[1].

Ma le mondo n'a rien perduto per attendre; je suis *têtu*, et j'ai pris ma revanche.

ARMAND.

Vous n'avez pas dû manquer de besogne cette année.

BIZARINI.

Qualque j'ai fait est incrédibile.

Air : *Finette est propriétaire.*
J'ai du haut de l'empyrée
Fait retomber Phaéton;
J'ai fait redescendre Orphée
Au noir palais de Pluton.
Le carnaval de Venise

[1] Allusion à l'expérience que M. Testu-Brissy fit à Bellevue, où il s'enleva à cheval dans un ballon.

SCÈNE VI.

   Par moi se retrouve ici;
   Mon talent le naturalise :
   Et c'est à moi, Bizarini,
    Que Frascati,
    Ruggieri,
    Tivoli,
    Veloni,
    Tortoni
    Et Garchi,
   Ont dû leur entreprise.

Ma cet hiver ne sera pas moins fertile, et j'ai commencé déjà par un superbe établissement; c'est une école de mœurs : je vous invite à y venir avec vos enfants.

    ARMAND.

Où la tenez-vous?

    BIZARINI.

Au bal.....

    ARMAND.

Merci : je puis former leurs mœurs ici sans rigaudons ni cabrioles. Serait-ce là par hasard l'idée lumineuse que l'on vous a volée?

    BIZARINI.

No, signor; il est question d'un théâtre amphibie, ou, se lo volete, d'un théâtre sur la rivière; toutes mes loges étaient autant de baignoires; ce qui donnait al spectator duo plaisirs ensemble,...... et des actors excellents!..... On peut bien dire que ceux-là étaient placés sur la *Seine*.

    ARMAND.

C'est un avantage qui manque à beaucoup d'autres. Mais cette salle aussi devait avoir des inconvénients?

    BIZARINI.

Qualques uns : per esempio, alla prima representazione de *Zaire*, *Orosmane* eut le malhor de se noyer dans la coulisse.... Ma j'avrais remediato à tutto, et se la barca eût été bien condotta, securo, quel théâtre devait surnager.

ARMAND,

Qu'est-il devenu?

BIZARINI.

Il était à l'ancre devant le Gros-Caillou, pendant une representazione. La riviera il déborda, elle emporta la sala, et la catastropha della pièce se fit aux filets de Saint-Cloud.

ARMAND.

Bref! l'entreprise est à vau-l'eau, et je vous invite à laisser en paix celui qui vous l'a volée, et à vous rappeler le proverbe, *qui trop embrasse mal étreint*.

BIZARINI.

Questa parola est pleine de lumière, et je veux en faire un proverbe à grand spectacle. Addio, signor judice, addio.

SCÈNE VII.

ARMAND, *seul*.

Il est écrit que je ne verrai que des originaux aujourd'hui; du moins la folie de celui-ci n'est préjudiciable qu'à lui-même. Il y en a tant d'autres.....

SCÈNE VIII.

UN AUTEUR, UN FOURNISSEUR, ARMAND.

LE FOURNISSEUR.
AIR : *Que fit ensuite le temps.*
Je viens devant vous
Citer un auteur téméraire,
Médisant, jaloux,
Insolent, comme ils le sont tous.
ARMAND.
Citoyen, dites-moi votre affaire,
Mais point de colère.
LE FOURNISSEUR.
Pour venir au fait,
Ce rimailleur atrabilaire,
A, dans maint couplet,
Au public offert mon portrait.
ARMAND.

Qui êtes-vous ?
LE FOURNISSEUR.
Blondel le jeune, entrepreneur de....
L'AUTEUR.
De fournitures : allons, un peu de courage.
ARMAND.
Et vous vous plaignez ?
LE FOURNISSEUR.
D'avoir été insulté nominativement.
L'AUTEUR.
AIR : *Ton humeur est, Catherine*
Dans le courroux qui l'anime
Du fait il s'écarte un peu ;
Je ne l'ai pas mis en rime ;
Mal-à-propos il prend feu.

Dans ce portrait qui le blesse
Pourquoi s'est-il reconnu ;
Je n'en voulais qu'à l'espèce,
Et point à l'individu

LE FOURNISSEUR.

Laissez donc; vous me prenez pour un sot, apparemment.

L'AUTEUR.

Vous avez la fureur de vous reconnaître par-tout; ce n'est pas ma faute.

LE FOURNISSEUR.

Vous allez voir que, quand on fait le signalement des gens, ce n'est pas comme si on les nommait.

L'AUTEUR.

Il y a des traits si communs, qu'ils appartiennent à tout le monde.

LE FOURNISSEUR, *à Armand.*

Citoyen, je vous fais juge.....

L'AUTEUR, *l'interrompant*

Il l'est déja.

LE FOURNISSEUR, *impatienté.*

Laissez-moi donc parler; si vous voulez toujours faire de l'esprit, je ne pourrai pas répondre.

L'AUTEUR.

Ah! c'est vrai.

ARMAND.

Voyons, de quoi s'agit-il?

LE FOURNISSEUR.

Il s'agit que je trouve très mauvais de ne pouvoir plus passer sur le pont Neuf sans entendre chanter....

L'AUTEUR.

Vous n'aimez donc pas la musique?

SCÈNE VIII.

LE FOURNISSEUR.

Je n'aime point la mauvaise musique, les méchants couplets, les méchants auteurs.

L'AUTEUR.

Savez-vous bien que vous devenez méchant vous-même?

ARMAND.

Voyons les couplets.

LE FOURNISSEUR.

Les voici : je vais vous les lire, car c'est un air si plat, si commun.....

L'AUTEUR.

C'est à vous de nous chanter ça.

LE FOURNISSEUR.

Je ne le sais pas.

L'AUTEUR.

C'est étonnant! mais donnez, je le saurai peut-être. (*Il prend les couplets, et les regarde en riant.*) C'est pour cela que vous m'amenez ici? J'ai bien traduit un fournisseur sur la scène; mais jamais sur les quais : ce sont là des couplets de pont Neuf.

ARMAND.

Voyons toujours.

L'AUTEUR.

Air de *Cadet Roussel*.

Cadet Roudel était barbier, (*bis*)
C'était là son premier métier. (*bis.*)
Cadet Roudel dans la misère
Modestement rasait la terre.
    Un vol audacieux
Fait qu'il *rase* à présent les cieux.

Gagnant tous les jours du terrain,
Cadet Roudel fait son chemin,

Et tout Paris, un beau matin,
Voit se décrasser mon vilain
Bien aisément la chose est faite
Lorsque l'on tient la savonnette.
Le voila fournisseur,
Cadet *frise* le grand seigneur.

LE FOURNISSEUR, *au juge.*

Un vol, citoyen, un vol; vous l'entendez.

L'AUTEUR.

Oui, un vol en l'air.

ARMAND.

Mais en quoi donc êtes-vous désigné dans ces couplets?

LE FOURNISSEUR.

Il le sait bien, lui qui, dans une mauvaise pièce, m'a déja fait faire mes premières armes avec un rasoir, parceque effectivement dans ma jeunesse j'ai fait par-ci par-là quelques barbes d'amitié.

L'AUTEUR.

Il n'y a pas le moindre mal à cela : puisque la nature veut qu'on ait de la barbe, et que l'usage veut qu'on la coupe, autant vaut que ce soit vous qu'un autre, dès que vous avez la main légère.

LE FOURNISSEUR.

Eh bien, laissons ces couplets, puisque je ne puis prouver qu'ils soient de vous; mais vous ne nierez pas aussi facilement la pièce donnée sous votre nom, où vous avez à peine déguisé le mien, et dont je me rappelle entre autres ce méchant couplet.

Air des *Trembleurs.*

Ce Roudel, né sur la paille,
Fut d'abord l'homme de paille
D'un gros fournisseur de paille
Qui gardait l'incognito.

SCÈNE VIII.

Il s'est engraissé de paille,
Il ne fait qu'un feu de paille,
Et finira sur la paille
Qui lui servit de berceau.

ARMAND.

Il n'y a pas là de quoi fonder une plainte particulière : ces plaisanteries portent beaucoup plus sur l'état que sur la personne.

LE FOURNISSEUR.

Eh bien, dans ce cas, je me plains au nom de tous mes confrères.

L'AUTEUR.

Ah ! vous êtes l'orateur de la troupe ?

LE FOURNISSEUR.

Il n'est pas question de troupe.

L'AUTEUR.

Aimeriez-vous mieux que j'eusse dit de la bande ? Il y a bien le mot *compagnie* ; mais il ne va guère sans épithète, et je n'oserais pas y mettre *la bonne*.

LE FOURNISSEUR.

Du haut de leur grenier qu'ils appellent *un Parnasse*, ces messieurs ne cessent de faire pleuvoir sur nous une grêle d'épigrammes. Il n'y a pas un théâtre, depuis le plus grand jusqu'au plus petit, où chaque jour nous ne fournissions à rire.

L'AUTEUR.

Et c'est ce que vous fournissez de mieux. Mais après tout, pourquoi ne ririons-nous pas à vos dépens, vous vivez bien aux nôtres ?

LE FOURNISSEUR.

Air : *Des simples jeux.*

Au théâtre on voit à la file
Des fournisseurs de tout côté ;

On en a mis au Vaudeville,
A l'Odéon, à la Cité,
Et puis au Théâtre lyrique,
Aux grands et petits Opéras,
Par-tout . même à la République.

L'AUTEUR.

C'est bien là qu'il n'en faudrait pas.

LE FOURNISSEUR.

S'ils ont quelque grosse balourdise à débiter, n'ayez pas peur qu'ils la mettent ailleurs que dans notre bouche.

L'AUTEUR.

Au théâtre, il faut observer les vraisemblances.

LE FOURNISSEUR.

Leur grand cheval de bataille, c'est que nous avons fait fortune avec rien..... C'est une absurdité ; moi, par exemple.

Air : *De la parole*
Vous dites que je n'avais rien
Quand j'ai commencé le service ;
Mais répondez-moi, citoyen
Quelques choses que l'on fournisse,
Ne devez-vous pas concevoir
Qu'il faut les avoir possédées ?

L'AUTEUR.

C'est spécieux ce que vous dites là ; mais cela ne prouve rien du tout.

Puisqu'au théâtre on a pu voir
Que vous, monsieur, sans en avoir,
Vous m'avez *fourni* des idées.

LE FOURNISSEUR, *au juge.*

Vous l'entendez, citoyen, je suis une bête.... C'est par-tout de même. L'un nous dit que nous ne savons pas lire ; l'autre, qu'il ne faut peindre chez nous qu'en détrempe ; l'autre, qu'il nous arrive souvent, par ré-

SCÈNE VIII.

miniscence, de monter derrière le carrosse, au lieu d'entrer dedans. Cela ne finit pas.....

ARMAND.

Il faut parler pour tout le monde. Je suis bien un peu las, comme le public, de cette nuée de brocards dont on vous accable, et il me serait facile de prouver au citoyen que la classe honnête des fournisseurs, (car il en est de cette espèce).....

LE FOURNISSEUR.

Et j'en suis, moi, de l'espèce.

ARMAND.

Peut justifier son opulence. Le bénéfice le plus modeste ne peut manquer, en se multipliant, d'amener rapidement une grande fortune acquise d'une manière très loyale.

LE FOURNISSEUR.

Et voilà justement comme j'ai fait la mienne.

L'AUTEUR.

Remarquez que le juge parle en faveur des exceptions, et que vous êtes en règle.

LE FOURNISSEUR.

Je m'en flatte.

ARMAND, *au fournisseur.*

Savez-vous ce que je vous conseille? il a fait une pièce contre les fournisseurs; faites, ou commandez-en une contre les auteurs dramatiques; le sujet n'est pas moins fécond; car, à tout prendre, la cour d'Apollon ne vaut peut-être pas mieux que celle de Plutus.

LE FOURNISSEUR.

Attrape.

ARMAND.

Air : *J'a vu par-tout dans mes voyages.*

Pauvre d'esprit, riches d'audace,
Sans talents comme sans vertus,
On voit des fripons au Parnasse,
Ainsi qu'on en voit chez Plutus.
Mais le maladroit plagiaire,
De même que tel parvenu,
En dépit de ce qu'il peut faire,
N'a l'air que d'un gueux revêtu.

LE FOURNISSEUR.

C'est mot à mot ce que je voulais dire.

L'AUTEUR.

Vous voulez donc quelquefois dire quelque chose? (*à Armand.*) Au reste, vous devez savoir, citoyen, que les ridicules et les vices sont le patrimoine des enfants de Thalie.

ARMAND.

Sans doute, et je ne prétends pas le leur ravir; mais je voudrais qu'ils fissent des tableaux, au lieu de portraits.

Air : *D'l'instant qu'on nous mit en ménage.*

Qu'un bon cœur même puisse rire
De ceux qu'il entend critiquer;
Tel est le but de la satire :
Passer outre, c'est le manquer.
En frappant la saine critique
Sans déchirer se fait sentir,
Et le coup de fouet qu'elle applique
Rougit l'endroit, sans le noircir.

LE FOURNISSEUR, *au juge.*

Quelle est votre décision dans cette affaire?

ARMAND.

Je n'ai que des conseils à vous donner à tous deux, et les voici :

SCÈNE VIII.

Air : *Femmes, voulez-vous éprouver*

On fut jaloux dans tous les temps
De la richesse et du génie,
Et la haine, chez bien des gens,
Marche à la suite de l'envie.
Quand vos talents, votre crédit,
S'afficheront par l'insolence,
On détestera votre esprit,
On maudira votre opulence.

Que l'or qui vous fait des jaloux
Serve à soulager la misère ;
Que votre esprit rendu plus doux,
Ou nous amuse, ou nous éclaire.
Quand vos talents, votre crédit,
Se voueront à la bienfaisance,
On applaudira votre esprit,
On bénira votre opulence.

L'AUTEUR.

La leçon ne sera pas perdue..... Sans rancune, mon cher fournisseur. Si vous voulez un billet de *premières* pour ce soir, je donne, au Vaudeville, une pièce nouvelle, et vous pourrez prendre votre revanche.

LE FOURNISSEUR.

Puisque nous faisons la paix, je vais décommander une petite fourniture de clefs forées qui vous attendaient au parterre. (*Ils sortent.*)

SCÈNE IX.

ARMAND, *seul*.

Quand la société cessera-t-elle d'offrir l'aspect d'un champ de bataille, où les partis en présence ne s'observent que pour se nuire !..... Voici, sans doute, quelque autre exemple à l'appui de cette observation.

SCÈNE X.

ARMAND, DUJARDIN, UN MÉDECIN.

DUJARDIN, *dans le fond.*

Je n'admets point d'excuses; vous le trouverez, ou vous direz pourquoi.

LE DOCTEUR.

Mais il y a une heure que je vous le dis pourquoi ; c'est que c'est impossible.

DUJARDIN.

Belle raison! (*à Armand.*) Serviteur, citoyen Juge; j'amène devant vous ce médecin, pour qu'il ait à me restituer un dépôt précieux.

ARMAND.

De quelle nature?

DUJARDIN.

De nature humaine : c'est un enfant.

ARMAND, *au Docteur.*

Et vous ne voulez pas le rendre?

LE DOCTEUR.

J'ai plusieurs raisons pour cela: la première, c'est qu'il y a dix-sept ans qu'il est mort.

DUJARDIN.

On sait bien que vous tuez les gens fort à votre aise, vous autres docteurs; mais je veux qu'on me prouve que le dernier rejeton des Dujardins n'existe plus.

LE DOCTEUR.

Je vous ai dit tout ce que j'en sais.

SCÈNE X.

ARMAND.

Que signifie tout ce verbiage?

LE DOCTEUR.

Deux mots vont vous mettre au fait.

Air : *Un beau matin*

Un beau matin,
Nicolas-François Dujardin,
Chez moi le trois juin,
En mil sept cent quatre-vingt,
Vint.
Implorant mon appui,
Il m'entraîne à l'instant avec lui
Dans un obscur séjour
Où naissait une sœur à l'amour
Sous le secret,
On me remet
L'enfant
Naissant.
Vous savez le fait,
Et comme il s'est
En effet
Fait.

ARMAND.

Cela ne dit pas ce qu'est devenu l'enfant.

DUJARDIN.

Et voilà justement ce que mon cœur lui demande. Protégez-moi, secourez-moi, citoyen Juge; écoutez les cris d'un père malheureux.

LE DOCTEUR.

Les cris d'un père n'avanceront rien; souffrez que j'instruise celui que vous venez consulter. N'étiez-vous pas marié secrètement?

DUJARDIN.

Oui, à très haute et très puissante dame Olympe.....

LE DOCTEUR.

Sa hauteur et son embonpoint ne font rien à la chose. Obligé de cacher à tous les yeux votre enfant, ne me priâtes-vous pas de le placer dans la famille qui l'adopta?

DUJARDIN.

Il est trop vrai, la persécution.....

LE DOCTEUR.

N'en saviez-vous pas le nom et la demeure?

DUJARDIN.

J'en conviens, mais.....

LE DOCTEUR.

Eh bien, que me demandez-vous? était-ce à moi à veiller sur votre fille?

ARMAND.

En effet, quel obstacle a pu vous en empêcher?

DUJARDIN.

Les aventures les plus inouies.... Je vais vous conter cela. Il y a eu trente ans le vingt-un du mois dernier....

LE DOCTEUR.

C'est une histoire merveilleuse et lamentable; mais vous savez bien que vous ne pouvez pas venir à bout de la raconter tout entière dans un jour, et que vous avez l'habitude de vous trouver mal à la fin. Ainsi, croyez-moi, passez à la perte de l'enfant.

DUJARDIN.

Vous saurez donc qu'après dix-sept ans d'absence et de malheurs, quand j'arrive, le cœur palpitant et les bras ouverts, pour presser ma fille chérie sur mon sein paternel.... j'apprends.... qu'elle est perdue; mettez-vous à ma place.

SCÈNE X.

ARMAND.

Le mal n'est peut-être pas sans remède?

DUJARDIN.

Sans remède, je le sens bien.

AIR : *A cet arrêt devions-nous nous attendre.*

Quand, par malheur, dans la verte jeunesse,
On nous ravit un enfant adoré,
L'espoir du moins charme notre tristesse,
Cet accident peut être réparé.

Mais à mon âge il est irréparable ;
Je le sens trop, mes vœux sont superflus :
Quand il vieillit, d'une perte semblable,
L'amour, hélas ! ne se relève plus.

LE DOCTEUR.

Si c'est là votre plus grand chagrin, consolez-vous.

Air d'*Arlequin afficheur*

Nous pourrions encor devenir,
Vous et moi, pères de famille,
Pourvu que nous sachions choisir
Une épouse jeune et gentille.
Maint exemple prouve en tous lieux
Qu'à tout âge on peut être père ;
On sait que Vulcain était vieux
Quand Vénus devint mère.

ARMAND.

Finalement, à qui cet enfant avait-il été confié?

LE DOCTEUR.

A quelqu'un de chez qui nous sortons ; mais comme il s'est passé bien des choses et qu'il a trépassé bien du monde depuis quinze ans, il ne reste plus que la maison : tous ceux qui l'habitaient ont disparu.

ARMAND, *d'un air de réflexion.*

Comment nommiez-vous le chef de cette famille?

LE DOCTEUR.

Préval, le banquier.

ARMAND, *avec un grand étonnement.*

Vous le connaissez?

LE DOCTEUR.

Si je le connais! Quand il a disparu, il me devait encore la mort de son père.

ARMAND.

Quel étrange hasard! Et la petite, comment l'aviez-vous nommée?

DUJARDIN.

Ernestine.

ARMAND.

Pour le coup, voilà bien un autre incident à ajouter à votre histoire.

DUJARDIN.

Sauriez-vous quelque chose....?

ARMAND.

Je me flatte qu'aucun juge au monde ne pouvait mieux terminer votre affaire. Ce Préval était mon frère, et votre Ernestine est chez moi.

DUJARDIN, *avec une explosion comique.*

Ciel! que dites-vous? ma fille!.... Que je la voie! que je l'embrasse!

LE DOCTEUR.

Doucement, M. Dujardin, les émotions violentes sont dangereuses. Comme ceci a tout l'air d'un dénouement de comédie, je suis d'avis que nous filions la reconnaissance. Comment la voulez-vous? comme dans nos drames modernes?....

SCÈNE X.

DUJARDIN.

Comme dans la nature.

LE DOCTEUR.

C'est tout différent.

ARMAND.

Dans ce cas, (*il sonne.*) faites descendre Ernestine et mon fils : je les demande ensemble ; car il est bon que vous sachiez qu'ils s'aiment, et qu'ils n'attendaient plus que vous pour s'unir.

LE DOCTEUR.

Ils ont couru le risque de l'attendre long-temps.... C'est bien le cas de faire une expérience sur la voix du sang ; ne disons pas à votre fille qui de nous deux est son père.

DUJARDIN.

Volontiers.

SCÈNE XI.

LES MÊMES, ERNESTINE.

DUJARDIN, *court à sa fille, qui recule de surprise.*
O ma fille ! viens dans les bras d'un père.

ERNESTINE.

Mon père ! se pourrait-il ? (*Elle l'embrasse.*)

ARMAND.

Rien n'est plus vrai ; le ciel le rend à vos vœux.

LE DOCTEUR, *à Dujardin.*

Avec vos explosions de sentiment, vous avez dérangé toute mon expérience. Que diable, ne pouviez-vous attendre que le sang vous reconnût ?

LE JUGE-DE-PAIX.

DUJARDIN.

J'aurais trop souffert s'il s'y était mépris.

LE DOCTEUR.

Cela peut encore arriver.

ERNESTINE.

Au plaisir que j'éprouve, je sens bien que mon cœur ne pouvait s'y tromper.

LE DOCTEUR.

Ah! sûrement; mais il n'y a toujours pas de mal à aider un peu la nature.

AIR : *Dans cette retraite à quinze ans.*

Chez nos pères la voix du sang
Jamais, dit-on, n'était muette,
Mais cette voix toujours parlant
Devint trop souvent indiscrete.
La nature a depuis long-temps
Senti le besoin du mystère ;
Et pour le repos des parents,
Le sang quelquefois doit se taire.

(*Édouard entre.*)

ARMAND, à *Dujardin.*

Voilà mon fils.

ERNESTINE, à *Édouard.*

Félicitez-moi, mon cousin, j'ai retrouvé mon père.

ÉDOUARD.

Quel bonheur inespéré!....

ARMAND, à *Dujardin.*

J'ai tenu lieu de père à votre fille, et j'ai lieu d'espérer, lorsque vous nous connaîtrez mieux, que vous ne contrarierez pas le penchant que nos enfants ont l'un pour l'autre.

DUJARDIN.

Disposez d'elle, de moi, et même de ma fortune.

SCÈNE XI.

ÉDOUARD.

O ma chère Ernestine ! que nous étions loin ce matin de prévoir le bonheur qui nous attendait ! Nos trois années d'épreuves sont écoulées.

ARMAND.

Il vous reste à subir celle du bonheur.

VAUDEVILLE

ARMAND.

Air de la soirée orageuse

Pour un juge, quel beau moment !
Une fois enfin dans ma vie,
J'ai su porter un jugement
Qui satisfait chaque partie
Chez moi, si tous les différents
Se terminaient comme les vôtres,
De moi tous les plaideurs contents
N'en appelleraient pas à d'autres.

DUJARDIN.

J'ai desiré la mort souvent,
Privé d'une fille chérie :
Un reste d'espoir cependant
M'attachait encore à la vie.
L'homme, pour porter la douleur,
Du ciel reçut la patience ;
Et condamné par le malheur,
Il en appelle à l'espérance

ÉDOUARD.

Souvent la sévère raison
Cite l'amour à l'audience ;
Mais il se moque, le fripon,
Et du juge et de la sentence.
Pour ne rien perdre de ses droits,
Il s'établit juge suprême ;
Condamné par toutes les lois,
L'amant en appelle à lui-même

LE DOCTEUR.

Depuis qu'on nous vit insulter
En plein théâtre par Molière,
On a cessé de respecter
Un art sublime et nécessaire.
On voit des malades mutins,
Dont la mort était chose sûre,
Condamnés par vingt médecins
En appeler à la nature.

ERNESTINE, *au public.*

Quand Thémis, à son tribunal,
Prononce un jugement sévère,
Condamné par l'arrêt fatal,
Le plaideur ne peut s'y soustraire
Mais juge par vous, un auteur
Conserve toujours l'espérance ;
Et condamné par la rigueur,
Il en appelle à l'indulgence.

COMMENT FAIRE?

OU

LES ÉPREUVES

DE MISANTHROPIE ET REPENTIR;

COMÉDIE-VAUDEVILLE,

Par MM. JOUY et LONGCHAMPS,

REPRÉSENTÉE POUR LA PREMIÈRE FOIS SUR LE THÉATRE DU VAUDEVILLE, LE 26 VENTOSE AN VII.

Le bon goût en littérature est parmi nous une manière d'être habituelle, mais non pas inaltérable. La contagion de la mode, que l'on a vu s'étendre jusque sur les productions de l'esprit, a faussé plus d'une fois le jugement de la nation entière, au point de lui ôter le sentiment de sa force et de sa dignité : c'est ainsi qu'après avoir vu la scène illustrée par les chefs-d'œuvre de Voltaire, de Corneille, et de Racine, en proie aux monstruosités dramatiques d'Otwai et de Schiller, nous avons été témoins du triomphe burlesque de Kotzbue sur Molière. Il est vrai que de pareils accès de folie sont en France de courte durée, et qu'il suffit presque toujours d'y signaler le mal en riant, pour le guérir. C'est exactement ce qui est arrivé à l'occasion de *Misanthropie et Repentir*. Ce drame allemand, le plus absurde et le plus niais de tous ceux qui sont sortis de la plume bavarde et sentimentale de son auteur, avait obtenu sur la scène française un succès d'enthousiasme, au grand scandale des amis de l'art et de notre gloire nationale. Les infortunes conjugales du baron et de la baronne Ménau avaient ouvert à Paris une source inépuisable de larmes, de sanglots, de désespoir. Il était temps que le ridicule fît justice de ce bizarre engouement; la parodie s'en chargea, et le vaudeville de *Comment faire* tarit tout-à-coup les larmes que, depuis six mois, *Misanthropie et Repentir* fesait répandre. Dans cette parodie, d'un genre alors tout nouveau, M. de Longchamps et moi nous nous étions proposé de faire à-la-fois la critique de la pièce allemande, et celle des spectateurs français qui l'avaient accueillie avec des transports d'admiration, que les chefs-d'œuvre de Molière n'avaient jamais excités. Cette fois encore, la gaieté vengea le bon goût outragé dans son sanctuaire, et la muse hétéroclite du conseiller livonien expira sous les couplets et les épigrammes. Honteuse d'avoir été prise pour dupe, la même foule qui s'était portée aux représentations de *Misanthropie et Repentir* accourut à celles de *Comment faire*. Pendant quinze mois la salle du Vaudeville ne désemplit pas, et cette vogue ne cessa que lorsque le drame du Scudéri de l'Allemagne fut rentré dans l'oubli dont il n'aurait jamais dû sortir.

Nota. Dans cette pièce, comme dans le *Juge-de-paix*, j'ai cru devoir laisser subsister la qualification de *citoyen*, qui indique l'époque ou ces deux ouvrages furent représentés.

PERSONNAGES.

BONNEVAL, oncle d'Adèle et d'Agathe.
Madame BONNEVAL, sa femme.
ADÈLE, leur niéce.
AGATHE, jeune veuve, leur nièce aussi.
DELVILLE, amant d'Agathe.
LENOIR, amant d'Adèle.
SÉZANNE, pupille de Bonneval.
FLORETTE, femme de chambre.
JUSTIN, contrôleur des contre-marques du théâtre Français.

La scène est dans le salon de Bonneval, aussi près que possible du théâtre Français.

COMMENT FAIRE?

COMÉDIE-VAUDEVILLE.

SCÈNE PREMIÈRE.

JUSTIN, FLORETTE.

FLORETTE.

J'accours, que me veux-tu?

JUSTIN.

Te prévenir que si tes maîtres ne se dépêchent, ils courent grand risque de ne plus trouver de places aujourd'hui à notre spectacle.

FLORETTE.

Il serait bien étrange que d'aussi proches voisins, protégés par le contrôleur des contre-marques d'un théâtre, restassent dans les corridors!

JUSTIN.

Il n'y a ni voisinage, ni protection qui tiennent : on nous force la main, et je ne réponds pas de pouvoir les placer ensemble.... Que ne louaient-ils une loge?

FLORETTE.

Vous avez donc bien du monde?

JUSTIN.

Tout Paris, c'est une rage!

FLORETTE.

Je vois bien qu'il faudra que j'y retourne; car je ne m'en rappelle pas un mot?

JUSTIN.

Je le crois bien.... dormeuse.

FLORETTE.

N'est-ce pas une piéce étrangère?

JUSTIN.

Étrange, le chef-d'œuvre de *Kotzbou*.... un vrai bijou d'Allemagne!

Air du *petit Matelot*

C'est la suite d'une querelle
Entre une femme et son époux :
Le repentir de l'infidèle,
Du mari fléchit le courroux.

FLORETTE.

Quoi! pour semblable bagatelle,
Il s'était donc fâché vraiment :
C'est bien là ce que l'on appelle
Une querelle d'allemand!

Je ne vois pas là de quoi m'expliquer l'engouement qu'on a pour cette piéce?

JUSTIN.

Ceux qui en disent beaucoup de bien, espèrent qu'on en pensera moins mal d'eux;.... et puis encore....

AIR : *Il faut quand on aime une fois.*

Nous avons su faire à propos
Beaucoup de politesses
Aux grands hommes, dont les journaux
Font le destin des piéces :
Ils sont de la célébrité
Dispensateurs suprêmes.

FLORETTE.

Ils devraient bien, en vérité,
En garder pour eux-mêmes.

JUSTIN.

Il n'y a pas jusqu'à l'envie qui ne sourie à nos succès; car, vois-tu, une piéce médiocre faite à Vienne est plus

SCÈNE I.

sûre de réussir chez nous qu'un chef-d'œuvre fait à Paris.

Air de *la Soirée orageuse*.

Louer un auteur étranger
Ne tire pas à conséquence ;
C'est un moyen de se venger
Des rivaux qu'on redoute en France
Nos petits écrivains jaloux
Usent d'une tactique habile ;
Ils vont par-tout prônant Kotzbou
Pour faire oublier d'Harleville.

Que tout ceci reste entre nous : vois-tu, c'est le secret de la comédie. Mais va donc un peu presser tes maîtres.

FLORETTE.

Je ne peux pas les aller déranger ; on est là-dedans à signer le contrat.

JUSTIN.

Comment! est-ce que la noce est pour aujourd'hui?

FLORETTE.

Non pas, mais pour demain ; et tu sens bien que, par prudence, le contrat doit se faire la veille.

JUSTIN.

Ah diable! oui, le lendemain il serait peut-être trop tard.

FLORETTE.

Air : *Si vous rencontrez un amant.* (Du Jockey.)

Pour que l'amour, comme témoin,
Signe au contrat de mariage,
Avant la noce il est besoin
De dresser l'acte qui l'engage..
Si l'hymen lui cédait ses droits
Avant cet acte nécessaire,
L'amour, au mépris de nos lois,
Pourrait oublier le notaire.

JUSTIN.

C'est très sensé!... Quand tu te serais mariée toute ta vie, tu ne raisonnerais pas mieux mariage.... Mais il faut convenir que celui de ta jeune maîtresse avec le citoyen Lenoir est singulièrement assorti.... Une jeune fille, folle comme un étourneau, avec un mari sombre comme un hibou!

FLORETTE.

Eh! c'est ce qu'il faut en ménage. Rien n'est plus ennuyeux que d'être toujours d'accord.... Les oppositions chassent la monotonie.

Air: *J'ai vu par-tout dans mes voyages*

Le ménage le plus fidele
S'ennuierait d'une longue paix ;
Ceux qui n'ont jamais de querelle
Ne se raccommodent jamais.
C'est ainsi que tout se balance ;
Le malheur fait naître l'espoir ;
Et l'on achète par l'absence
Le doux plaisir de se revoir.

JUSTIN.

Allons, me voilà tranquille sur cette union-là.... Mais à quand la nôtre donc, à propos de mariage....

FLORETTE.

Mal assortis?

JUSTIN.

Tu sais bien que non.

FLORETTE.

Attendons, crois-moi: nous sommes assez riches pour être amants, mais pas assez pour être époux.

JUSTIN.

Patience! je suis mieux que tu ne crois dans mes affaires. Encore un mois de Misanthropie et de Repentir, ma fortune est faite.

FLORETTE.

Drôle de moyen! j'ignorais que le repentir pût jamais mener à la fortune.

JUSTIN.

Et mon établissement du grand escalier?

FLORETTE.

Ta boutique de parfumeur? tu n'y fais rien; on ne va pas à la comédie pour faire sa toilette, mais pour l'y montrer.

JUSTIN.

Fort bien; mais on vient à notre drame allemand pour se trouver mal, et moi je m'en trouve bien.... Imagine-toi que depuis la première représentation....

AIR :

J'ai bien vendu, je t'en réponds,
Deux ou trois cents flacons de gouttes,
Et cent flacons de sels de toutes
   Façons.
J'en ai bien vendu cent douzaines
D'eau de Cologne pour migraines,
Et d'eau des carmes pour vapeurs;
Plus, un baril, sans rien rabattre,
D'excellent vinaigre des quatre
   Voleurs.

FLORETTE.

Quelle consommation!

JUSTIN.

Et deux cents pour cent de bénéfice sur le tout; car comme je n'ai à traiter qu'avec les meilleurs cœurs de Paris, cela ne marchande jamais.

FLORETTE.

Tu sens bien que cela ne peut pas durer. Ceux à qui

tu en vends aujourd'hui n'en rachèteront pas demain.

JUSTIN.

Qu'importe? ce ne sont jamais les mêmes qui reviennent.... Mais ce qui m'étonne, c'est que ça va toujours croissant.

FLORETTE.

Cela s'explique : dans le commencement, on n'était encore convenu de rien; l'opinion n'était pas fixée.

AIR: *Chez mon père.*

On voyait pleurer et rire ;
On ne savait trop qu'en dire
Mais depuis une quinzaine
C'est général.
Il faut y pleurer, sous peine
D'être mis dans un journal.

Je crois que j'entends venir notre monde.

JUSTIN.

Et moi je te quitte; le troisième acte doit être près de finir; c'est le moment de contrôler, je cours à mon poste..... Adieu.

(*Ils sortent.*)

SCÈNE II.

SÉZANNE, BONNEVAL, MADAME BONNEVAL, LENOIR, ADÈLE.

SÉZANNE.

C'est un bien beau morceau d'éloquence qu'un contrat de mariage! Je ne connais que la pièce où vous allez qui soit aussi gaie et aussi bien écrite !

MADAME BONNEVAL.

Avec tous vos contes, vous nous empêcherez de la

voir; je suis sûre que nous aurons perdu les trois premiers actes.

SÉZANNE.

Soyez tranquille; on vous garde encore une exposition pour le quatrième.

ADÈLE.

C'est fort commode pour les gens qui dînent à six heures.

LENOIR.

Air de *Joconde*.

Ces dames, en arrivant tard,
Vont perdre tout un rôle :
Nous ne verrons point le vieillard.

SÉZANNE.

Ni papillon qui vole.

BONNEVAL.

Vous ne verrez point le major
Déclarer sa tendresse.

SÉZANNE.

Et pourtant ces dames encor
Verront toute la pièce.

LENOIR.

Toutes les épigrammes du monde ne m'empêcheront pas de l'admirer : tout Paris pour Miller a les yeux de Meinau.

SÉZANNE.

Je la trouve aussi, moi, fort jolie; mais n'attribuez-vous pas à la pièce le plaisir que vous font les acteurs?

LENOIR.

Eh! quel autre ouvrage qu'un chef-d'œuvre pourrait constamment attirer la foule? Elle ne se porte ainsi qu'à ce qui est vraiment beau.

SÉZANNE.

Ah! je rends justice à la foule!

Air du Vaudeville de l'Officier de fortune.

Pour le vrai beau, dans ma patrie,
La foule a le goût le plus vif,
La foule à *Paul et Virginie*
Préfère un spectre de Radcliff;
A David la foule préfère
Les traits grotesques d'un Callot;
La foule abandonne Molière
Pour courir à madame Angot.

LENOIR.

De pareilles comparaisons me feraient croire que vous-même n'avez pas vu Misanthropie et Repentir.

BONNEVAL.

Ah, par exemple, j'en suis certain; nous y étions ensemble.

MADAME BONNEVAL.

Je les ai vus y aller.

SÉZANNE.

Et vous m'en voyez bien revenu.

BONNEVAL.

Ah çà, mais que t'a donc fait cette pauvre pièce?

SÉZANNE.

Comment, ce qu'elle m'a fait? on prétend qu'elle a déja raccommodé plus de cent ménages: que voulez-vous que devienne un garçon?

AIR: *Que ne suis-je la fougère*

Grace au chef-d'œuvre des drames,
Bientôt dans notre Paris
On ne verra plus de femmes
Abandonner leurs maris.
Déja le célibataire,

SCÈNE II.

Redoute de son voisin,
Ne trouve plus rien à faire
Dans le faubourg Saint-Germain.

BONNEVAL.

Heureusement tu demeures à la Chaussée-d'Antin.

SÉZANNE.

Oui, j'ai du temps devant moi.

ADÈLE.

Savez-vous bien, Sézanne, que vous êtes terrible avec vos méchancetés; vous trouvez un côté ridicule à tout, et vous feriez rire....

BONNEVAL.

Tout le monde, excepté ton futur.

LENOIR.

Je ne suis pas ennemi de la gaieté; mais je ne ris jamais aux dépens des mœurs et de la sensibilité.

SÉZANNE.

Je ne sais trop si les mœurs se trouveraient plus mal des ris de Georges Dandin que des pleurs de M. Meinau.

LENOIR.

Les pleurs sont toujours l'affiche d'une belle ame.

SÉZANNE.

Ma foi, je ne m'y fierais pas.

Air du *Vaudeville des Visitandines*

J'ai vu pleurer l'hypocrisie,
Et j'ai vu rire la candeur;
J'ai vu les larmes de l'envie,
J'ai vu le rire d'un bon cœur;
J'ai vu rire la confiance,
Et la rage verser des pleurs;
J'ai vu pleurer des séducteurs,
Et j'ai vu rire l'innocence.

MADAME BONNEVAL.

Laissons là vos dissertations, et partons.

ADÈLE.

Vous qui restez, mon oncle, quand ma cousine Agathe arrivera, vous lui direz où nous sommes.

SÉZANNE.

Quoi! vient-elle ce soir même?

BONNEVAL.

A l'instant. Ses malles sont ici. J'entends bien que les deux noces se fassent ensemble; il n'en coûtera pas davantage.

SÉZANNE.

Eh bien, je reste donc à l'attendre.

Air · *On compterait les diamants.*
Pour vous je m'en vais recevoir
Ici votre nièce chérie.

MADAME BONNEVAL.
Peut-être voudra-t-elle voir
Repentir et Misanthropie :
Alors vous l'accompagnerez.

SÉZANNE.
Non, d'honneur, vous êtes trop bonne ;
J'enverrai là qui vous voudrez ;
Mais je n'y mènerai personne.

SCÈNE III.

BONNEVAL, SÉZANNE.

BONNEVAL.

Tranquillise-toi; son prétendu Delville sera sûrement ici pour l'accompagner; car je l'attends pour affaires.... Tu le connais ce Delville?

SÉZANNE.

Oh! depuis long-temps; mais je ne l'ai jamais vu

SCÈNE III.

chez vous, que je me souvienne. Qui donc a fait ce mariage?

BONNEVAL.

C'est moi.

SEZANNE.

Vous marieriez le feu et l'eau.

BONNEVAL.

Comment donc?

SEZANNE.

C'est que les caractères d'Agathe et de Delville ne se conviennent pas plus.... que ceux d'Adéle et de Lenoir, par exemple.

BONNEVAL.

Eh qu'importent les caractères? Celui de madame Bonneval sympathisait-il davantage avec le mien? Il y a cependant trente ans que nous vivons ensemble.

SÉZANNE.

Et trente ans que vous vous querellez.

BONNEVAL.

C'est vrai; mais je n'ai jamais eu de reproches sérieux à lui faire : tudieu, je puis marcher tête levée!

SÉZANNE.

Maintenant les portes sont si hautes!

BONNEVAL.

Il faut pourtant aussi vous, monsieur mon pupille, que vous songiez à prendre une femme.

SÉZANNE.

Songez vous-même, mon cher tuteur, que vous avez déja deux mariages sur les bras, sans compter le vôtre, et laissons encore là le mien, je vous en prie.

BONNEVAL.

Et que voulez-vous devenir enfin?

SÉZANNE.

Ce que le destin voudra. Je n'ai jamais de projets, de peur qu'ils n'échouent.

BONNEVAL.

Air : *Reveillez-vous, belle endormie*

Jamais cette humeur variable
Au bonheur ne te conduira.
On n'a point de vent favorable
Quand on ne sait pas où l'on va

SÉZANNE.

Même air

Je puis bien aisément, j'espère,
Rétorquer cet argument-là ;
On n'a jamais de vent contraire
Quand on ne sait pas où l'on va.

BONNEVAL.

Bah, bah, c'est perdre son temps que de raisonner avec vous : je rentre dans mon cabinet : vous m'y enverrez Delville quand il viendra.

SCÈNE IV.

SÉZANNE, *seul.*

Parbleu, ces têtes de femmes sont quelque chose de bien mobile! Qui diable eût cru que cette petite Agathe, qui, le premier mois de son veuvage, se félicitait si naïvement avec moi du retour de sa liberté, consentirait sitôt à la reperdre? Et pour qui? Pour un fat. Je suis vraiment curieux de voir l'accueil qu'elle va me faire.... Si elle allait ne pas me reconnaître? Cela s'est vu.... La mémoire des femmes est dans le cœur; c'est pour cela qu'elles apprennent si vite, et qu'elles oublient si promptement.... Mais voici Delville.

SCÈNE V.

DELVILLE, SÉZANNE.

DELVILLE.

Ah! c'est vous, Sézanne. Savez-vous si madame d'Orfeuil est arrivée?

SÉZANNE.

Pas encore.

DELVILLE.

Ah! c'est bien; j'aurais été désolé de ne pas me trouver ici avant elle.... Car enfin, on peut bien attendre un peu madame la veille du mariage, quitte à changer de rôle le lendemain.

SÉZANNE.

Vous avez presque l'air honteux d'être ici le premier.

DELVILLE.

Vous croyez rire? C'est que voilà peut-être la première fois que je me trouve dans ce cas-là.... J'ai là-dessus une réputation faite : on sait que je n'arrive jamais à un dîner qu'au dessert, et à l'opéra qu'au dernier acte.

SÉZANNE.

J'arrive plus tôt, moi, afin de manger la soupe, et d'entendre l'ouverture.

DELVILLE.

Ah! quel genre! Ignorez-vous à ce point l'usage d'un certain monde?

Air nouveau du C. Jadin

Dans nos bals, c'est la méthode,
Il faut savoir s'y plier.
Chacun, pour suivre la mode,
Veut y venir le dernier.
C'est une loi positive.
Là, sans être un maladroit,
Jamais personne n'arrive
Que tout le monde n'y soit.

SÉZANNE.

C'est difficile.

DELVILLE.

N'importe; je ne connais rien de pire que d'avoir l'air d'un *premier venu* quelque part.

SÉZANNE.

Je ne sais pas trop pourquoi l'on a fait de cette expression une espèce d'injure.

AIR : *Il faut quitter ce que j'adore.* (Du Jockey.)

Au Parnasse Apollon préfère
Aux derniers les *premiers venus.*
Le myrte qui croît à Cythère
Couronne les *premiers venus.*
En affaires tout l'avantage
Appartient au *premier venu;*
N'a pas qui veut en mariage
L'honneur d'être un *premier venu.*

DELVILLE.

Pas mal du tout, pas mal.... Mais êtes-vous seul ici?

SÉZANNE.

A-peu-près; ces dames sont allées voir Misanthropie et Repentir.

DELVILLE.

Ah! ah! que dites-vous de ce drame? c'est vraiment une pièce anti-sociale, n'est-ce pas?

SCÈNE V.

Air du pas redoublé

Je crains l'exemple d'un époux
Qui, par misanthropie,
Va dans les bois, parmi les loups,
Pleurer son Eulalie.
Chez nous si toujours même cas
Entraînait mêmes suites,
Nos forêts ne suffiraient pas
Pour loger nos ermites

SEZANNE.

Nos maris sont plus philosophes.

DELVILLE.

D'ailleurs, si tout le monde avait mon coup d'œil, aucune femme ne sortirait de là qu'on ne la sût par cœur.

SÉZANNE.

Diable! vous êtes un observateur dangereux.

DELVILLE.

J'en conviens; il faut se défier de moi: j'ai un tact immanquable; personne au monde ne connaît mieux les femmes.... Par exemple, cette petite d'Orfeuil que j'épouse, eh bien, dès notre première entrevue, j'ai reconnu son grand défaut.

SÉZANNE.

Lequel?

DELVILLE.

Elle est trop simple, trop naïve.

SÉZANNE.

C'est cela, c'est bien cela.

DELVILLE.

Vous la connaissez?

SÉZANNE.

J'ai eu l'avantage de la voir assez souvent autrefois

chez son oncle.... Elle est bien digne de tout l'amour qu'elle vous inspire.

DELVILLE.

A moi de l'amour! il y a long-temps que j'en suis revenu, mon cher.

SÉZANNE.

C'est de bonne heure; je vous en aurais cru le partisan plutôt que l'ennemi.

DELVILLE.

Ni l'un ni l'autre. Je prends de l'amour ce qu'il a de bon; je me laisse aimer.

Air de *Paul et Virginie*

On a raison de le maudire,
De le vanter on a raison;
Pour vivre heureux sous son empire,
Moi, j'ai pris un moyen fort bon :
J'évite de porter la chaîne
Dont je sais retenir un cœur ..
L'amour qu'on sent est une gêne,
L'amour qu'on donne est un bonheur.

SÉZANNE. (*Il paraît distrait par quelque bruit.*)

Vous avez un système fort commode.... Mais le plaisir de votre entretien m'a fait oublier de vous dire que l'oncle Bonneval vous attend dans son cabinet.

DELVILLE.

Ah! j'y cours...... C'est une assez bonne créature, n'est-ce pas?..... Sa nièce Adèle est charmante, m'a-t-on dit..... Voilà trois fois que je viens ici sans avoir pu la rencontrer..... Oh! je l'aurai bientôt devinée!..... Au revoir.

SCÈNE VI.

SÉZANNE, *seul.*

J'ai cru entendre le bruit d'une voiture.... c'est sans doute celle d'Agathe..... Je ne suis pas fâché d'avoir écarté ce cher Delville pour un instant.

SCÈNE VII.

SÉZANNE, AGATHE.

AGATHE, *parlant encore dans la coulisse.*
Sortez ce qu'il y a dans la voiture; et sur-tout prenez garde à mon carlin. (*Voyant Sézanne.*) Ah!

SÉZANNE.
Ce n'est pas moi que vous comptiez trouver ici?

AGATHE.
Non, mais je n'en ai pas moins de plaisir à vous y voir.

SÉZANNE.
Vrai? Je ne risque donc rien de vous dire que le hasard qui nous fait trouver seuls est un peu de ma façon. J'étais bien aise de savoir de vous-même jusqu'à quel point je vous dois féliciter de votre mariage avec Delville. Est-ce convenance? est-ce amour?

AGATHE.
Mais tous les deux peut-être.

SÉZANNE.
Bah! vous l'aimeriez?

AGATHE.

Apparemment, puisque je l'épouse....

SÉZANNE.

Pardon; j'oubliais qu'il ne se fait point de mariage sans amour.... A ce compte-là vous aimiez aussi l'autre avec ses soixante ans?

AGATHE.

Vingt témoins me l'ont vu pleurer.

SÉZANNE.

Cela ne m'étonne pas, je vous ai toujours dit que vous réussiriez à tout.... Mais tenez, je me fais scrupule de vous retenir ici plus long-temps.... L'heureux mortel est là-haut.... L'amour vous attend....

AGATHE.

Il ne me fera jamais regretter les instants que je donne à l'amitié.

SÉZANNE.

Je suis bien aise que vous me conserviez ce sentiment-là.... Eh bien! dites donc à votre ami pourquoi vous vous remariez sitôt : vous lui aviez tant promis de rester veuve.

AGATHE.

Que voulez-vous; pour une jeune femme qui se respecte, le veuvage est peut-être un état plus embarrassant qu'agréable.

Air : *Fatigué d'un si long voyage*

Avec le besoin d'être aimée,
De mettre à profit son printemps,
Besoin de se voir estimée
S'arrange assez mal à vingt ans;
Mais par l'hymen tout s'accommode,
Par lui de tout on peut jouir;
C'est un médiateur commode
Entre l'estime et le plaisir.

SCÈNE VII.

SÉZANNE.

C'est toujours un moyen désespéré, il y en a de plus sûrs et de plus doux.

Même air.

Quand la sagesse trop austère
Traine après elle trop d'ennuis,
A sa place on met le mystère,
Bien des connaisseurs y sont pris,
C'est par lui que tout s'accommode,
Par lui de tout on peut jouir;
C'est un médiateur commode
Entre l'estime et le plaisir.

AGATHE.

Je n'aime à tromper personne; et je veux que le mariage m'assure les soins d'un amant.

SÉZANNE.

Mauvais moyen: souvenez-vous de ce mot profond: La femme qui épouse son amant est un roi qui abdique.

AGATHE.

Eh bien! du moins alors on reste amis.

SÉZANNE.

Ne comptez pas sur cette amitié-là.

AIR : *Nous sommes précepteurs d'amour.*

De nos regrets prenant pitié,
L'amour, au moment qu'il s'envole,
Nous promet toujours l'amitié,
Mais jamais il ne tient parole.

En amour, il faut souvent plus d'adresse pour garder ses conquêtes que pour les faire.

AGATHE.

Tant pis, car l'adresse me révolte : vous savez combien je hais la dissimulation.

SCÈNE VIII.

LES MÊMES, BONNEVAL, DELVILLE.

BONNEVAL.

Eh! bon jour, mon enfant : pourquoi ne nous as-tu pas fait avertir?

AGATHE.

Je n'en ai pas eu le temps; j'arrive à l'instant même, et je passais chez vous quand vous êtes entré.

SÉZANNE, *à part.*

Pas mal, en vérité, pas mal. Quelle aimable franchise.

DELVILLE.

D'honneur, je suis aux anges de vous voir; je comptais les heures, les minutes.

BONNEVAL.

Ah! cela c'est vrai; il n'a fait que bâiller avec moi.

AGATHE.

La route aussi m'a paru bien longue; je n'ai pas laissé souffler mes chevaux, tant je desirais me retrouver près de vous.

AIR : *O ma tendre musette.*

A mon impatience
Que ce moment tardait;
Pour en jouir d'avance
Mon cœur me devançait
Du temps ou peut sans doute
Accuser la lenteur,
Quand au bout de la route
On croit voir le bonheur

SÉZANNE.

Qu'on est heureux de s'entendre dire de ces choses-là!

SCÈNE VIII.

DELVILLE.

Oh çà, n'allons-nous pas rejoindre ces dames aux Français?

BONNEVAL.

Bah! bah! tu viens de faire dix lieues aujourd'hui, tu te maries demain, c'est bien le cas de rester un peu tranquille ce soir.... Pas vrai, Sézanne?

SÉZANNE.

C'est selon : il y a là-dessus différents avis....

AGATHE.

Le mien est d'aller retrouver ma cousine...... Que donne-t-on?

BONNEVAL.

Misanthropie et Repentir.

AGATHE.

Ah dieu! ce drame qui a tant fourni d'anecdotes aux journaux?

BONNEVAL.

C'est cela même.

AGATHE.

Oh! je n'y vais pas; la contenance d'une femme y devient trop embarrassante.

DELVILLE.

Eh! qu'avez-vous à craindre des observations, madame?

AGATHE.

Rien du tout, en vérité; mais d'après ce que j'ai lu, quelque maintien qu'on ait à cette pièce, on ne peut échapper aux conjectures les plus ridicules, et je ne m'y veux pas exposer.

DELVILLE.

Vous ne songez pas sans doute à celles qu'on pourrait tirer de votre refus?

BONNEVAL.

En voilà bien d'un autre à présent! Je savais bien que cette diable de pièce brouillait tous les amants qui l'allaient voir; mais se brouiller aussi parcequ'on n'y va pas, c'est trop fort.

AGATHE.

Nous ne nous brouillerons pas pour cela, Delville. Partons.

DELVILLE.

Vous êtes adorable. (*à part.*) Je l'y observerai.

SÉZANNE, *arrêtant Agathe.*

Ah çà, je dois vous prévenir d'une chose; c'est qu'il est décidément reçu que l'on y pleure : arrangez-vous là-dessus.

AIR : *Tout roule aujourd'hui dans le monde.*

Contre vous chacun se déchaîne
Si vous refusez d'y pleurer:
Aussi dès la première scène
Voit-on les mouchoirs se tirer.
On voit encor de bonnes ames
Pleurer à la pièce d'après ;
J'ai vu bien mieux, j'ai vu des femmes
Pleurer en prenant leurs billets.

DELVILLE.

Êtes-vous des nôtres?

SÉZANNE.

Non; je vais faire une visite ici près, et reviens souper avec vous.

SCÈNE IX.

BONNEVAL, FLORETTE.

BONNEVAL, *appelant Florette.*

Florette ! Florette !

FLORETTE, *répondant.*

Plaît-il ?

BONNEVAL.

Viens un peu me tenir compagnie.... Tu es une bonne enfant..... aussi je te veux du bien..... tu sais que je te veux du bien ?

FLORETTE.

Oui, et j'en suis bien reconnaissante.

BONNEVAL.

Tu veux te marier pourtant !

FLORETTE.

Tout le monde se marie dans la maison ; l'épidémie me gagne..... D'ailleurs, monsieur sait bien qu'on ne peut pas toujours rester fille.

BONNEVAL.

Pourquoi donc cela, ma chère Florette ? te manque-t-il quelque chose ici ?.... Tu ris, friponne, et tu ne devrais pas rire..... Sans doute, tu t'imagines que tu seras bien heureuse avec ton Justin.

FLORETTE.

Il le dit.

BONNEVAL.

Ce n'est pas là le plus difficile.

FLORETTE.

Oh ! mais il me l'assure.

BONNEVAL.

Avant d'être mariés, ces jeunes gens ne doutent de rien; deux mois après, ils doutent de tout..... Voilà comme nous étions madame Bonneval et moi....

FLORETTE.

Oh! mais il y a plus de deux mois.

BONNEVAL.

C'est vrai.... c'est vrai.... Allons, Justin est un honnête garçon, qui m'a servi long-temps; il est laborieux, rangé.

FLORETTE.

Il a tout ce qu'il faut pour rendre une femme heureuse.

BONNEVAL.

Dès que tu en es sûre, mon enfant, et que tu ne peux plus rester fille, il faudra voir à arranger cela.... J'entends du bruit.... Le spectacle ne peut être encore fini : vois un peu qui ce peut être.

(*Elle sort.*)

SCÈNE X.

BONNEVAL, FLORETTE.

FLORETTE, *sort un moment, et revient en courant.*

Air : *Où allez-vous ?*

Ah ! juste ciel, quel accident !

BONNEVAL.

Qu'as-tu ? pourquoi cet air tremblant ?

FLORETTE.

Madame, à cette pièce...

BONNEVAL.

Eh bien ?

SCÈNE X.

FLORETTE.
Est tombée en faiblesse,
Vous m'entendez bien.

SCÈNE XI.

LES MÊMES, MADAME BONNEVAL, *évanouie, portée sur un fauteuil par Justin et un autre homme.*

BONNEVAL.
Qu'est-ce que tout cela signifie?

JUSTIN.
C'est notre dernier acte; il n'en fait jamais d'autres. Au milieu des gémissements que l'on y poussait, j'ai cru reconnaître la voix de madame. J'ai couru à sa loge, où je l'ai trouvée sans connaissance et sans secours, n'ayant pu placer sa nièce auprès d'elle.

BONNEVAL.
Air : *Tous les bourgeois de Chartres*
Comme elle est pâle et blême !

JUSTIN.
Ne vous alarmez pas.
Madame est la vingtième
Aujourd'hui dans ce cas ...
Mais comme cela gagne : à la fin, moi je tremble
Qu'un jour, acteurs et spectateurs,
Auteurs, moucheurs, ouvreurs, souffleurs,
Ne se pâment ensemble.

BONNEVAL, *sur le devant de la scène.*
Cet événement n'est pas naturel..... il y a quelque chose là-dessous.... Serait-il bien possible! Rien n'est plus ordinaire.... ce ne peut être que cela.

FLORETTE.
Madame ouvre les yeux....

BONNEVAL, *allant vers sa femme avec inquiétude et colère.*

Eh bien, madame?

MADAME BONNEVAL, *ouvrant les yeux.*

Ah!

BONNEVAL.

Elle ne peut plus soutenir ma vue.... Épouse infidèle, répondez à votre juge?

JUSTIN.

Qu'est-ce qu'il dit donc?

FLORETTE.

Est-il fou?

MADAME BONNEVAL, *en délire.*

Quel mari que ce bon Meinau?

BONNEVAL.

Ah! il vous faudrait un Meinau pour mari! Non, non, je ne serai pas si bon, je vous en avertis; vos jérémiades ne me désarmeront pas.

MADAME BONNEVAL.

Pardonne, ô le plus chéri des époux!....

BONNEVAL.

Jamais, jamais.

MADAME BONNEVAL.

Malheureuse victime! trois ans dans les pleurs?

BONNEVAL.

Ah! il y a trois ans.

JUSTIN, *à part.*

Il vaut mieux tard que jamais.

BONNEVAL.

Encore un mot: madame, répondez....

MADAME BONNEVAL.

Que me veux-tu? Eulalie....

SCÈNE XI.

BONNEVAL, *sur le devant.*

AIR : *On dit qu'à quinze ans.*

Je vois que je suis
(O destin presque inévitable !)
Je vois que je suis
Du plus grand nombre des maris.
Une femme coupable
Qu'oppresse un souvenir
D'un spectacle semblable,
A dû s'évanouir. .
Je vois que je suis
(O destin presque inévitable !)
Je vois que je suis
Du plus grand nombre des maris.

(*Il sort.*)

SCÈNE XII.

MADAME BONNEVAL, FLORETTE, JUSTIN.

MADAME BONNEVAL, *revenant tout-à-fait à elle.*
Où suis-je?

FLORETTE.
Chez vous, madame.

MADAME BONNEVAL.
Ah! c'est toi, Florette. Conduis-moi là-haut : cette pièce m'a tuée.

FLORETTE, *soutenant sa maîtresse, dit à Justin.*
Je reviens à l'instant.

SCÈNE XIII.

JUSTIN, seul.

Quelle mouche a donc piqué le patron? Se fâcher contre sa femme, parcequ'elle se trouve mal! Ah! cela s'arrangera... Ce qui m'inquiète davantage, c'est ce qu'on vient de me dire, que les autres théâtres, jaloux de la vogue que nous donne Misanthropie et Repentir, font faire des pièces sur le modèle de la nôtre.

Air. *Tout roule aujourd'hui.*

Déja chaque auteur dramatique
Veut nous emprunter ce sujet :
L'un pour un opéra comique,
L'autre pour en faire un ballet.
Pantomime, drame, anecdote,
A tout la pièce aura fourni :
Je sais qu'on la met en gavotte
Pour les chevaux de Franconi.

SCÈNE XIV.

JUSTIN, FLORETTE.

JUSTIN.

Eh bien!

FLORETTE.

Oh! c'est la plus drôle de scène du monde! je n'y tenais plus d'envie de rire.

JUSTIN.

Qu'est-ce donc qui se passe là-haut?

SCÈNE XIV.

FLORETTE.

Ah! monsieur est dans un accès de jalousie vraiment comique : il dit qu'il voudrait bien connaître le téméraire qui....

JUSTIN.

Je crois que madame voudrait bien le connaître aussi.

FLORETTE.

Ce qu'il y a de singulier, c'est que, tout en repoussant le soupçon, elle en a l'air presque aussi flattée qu'offensée.

JUSTIN.

Eh mais, écoute donc, à son âge ce doute est une vraie politesse.

Air : *Pour la Baronne*
A certain âge,
Si vous lui prêtez un amant,
A certain âge,
Fillette vous trouve insolent :
Ce qui pour elle est un outrage,
Est pour une autre un compliment
A certain âge.

FLORETTE.

Le mari lui a montré dix journaux contre les femmes qui se trouvent mal; la femme lui en a fait voir autant qui les défendent : ils ont fini par se les jeter à la tête, et je ne serais pas étonné que le divorce s'en suivît.

JUSTIN.

Comment donc? de pareilles scènes à leur âge! Eh mais, on prendrait cela pour de l'amour?

FLORETTE.

Absolument, il n'y a que lui qui fasse de tels éclats.

JUSTIN.

Oh! mais aussi querelles d'amour....

FLORETTE.

Ne durent pas : nos maîtres se raccommoderont.....

JUSTIN.

S'ils peuvent.... Voici nos jeunes gens : sortons.

SCÈNE XV.

AGATHE, DELVILLE.

AGATHE, *appuyée sur le bras de Delville, et s'asseyant aussitôt qu'elle arrive.*

DELVILLE.

Air du menuet d'Exaudet.

Sans humeur,
Sans aigreur,
L'un et l'autre,
Séparons-nous, croyez-moi,
Je reprendrai ma foi,
Et vous rendrai la vôtre.
Ce moyen,
J'en convien,
Est pénible ;
Mais j'aurais trop de souci
De voir ma femme si
Sensible.
Par égard pour votre gloire,
Moi je veux bien ne pas croire
Qu'un rapport
Un peu fort
De ce drame,
Avec vos secrets tourments,
A mis le trouble dans
Votre ame.
Mais l'époux,
Entre nous,
Doit tout craindre

SCÈNE XV.

> D'une femme à sentiment,
> Dont tout homme, en pleurant,
> Saura se faire plaindre.
> Quand nos pleurs,
> Nos douleurs
> L'ont émue;
> Quand nous avons sa pitié,
> Femme est plus qu'à moitié
> Vaincue

Or, vous m'avouerez que c'est inquiétant.... Pleure qui veut aux genoux d'une femme, il n'est pas nécessaire d'aimer pour cela.... Du temps que je m'exerçais, moi, j'aurais pleuré en lisant les petites affiches.

AGATHE, *avec dignité.*

Je devrais être extrêmement piquée des ridicules conjectures que vous osez tirer de mes larmes; mais votre opinion m'est devenue si indifférente, que je ne prendrai même pas la peine de la combattre.

DELVILLE.

Que voulez-vous? j'ai l'antipathie des grands sentiments.

AGATHE.

Je le crois, et c'est ce qui me décide à rompre entièrement avec vous.

DELVILLE.

Ah!... je pourrais réclamer l'honneur de la rupture.... J'ai parlé le premier.... mais je sais vivre; et c'est de votre part que je vais prévenir votre oncle. (*On entend rire.*) Qu'entends-je? la jeune Adèle sans doute?... Il faut la voir; restons.

SCÈNE XVI.

AGATHE, *toujours dans un fauteuil, un mouchoir sur les yeux;* DELVILLE, *à l'écart, observant Adèle;* LENOIR, *l'air fâché;* ADÈLE, *riant aux éclats.*

ADÈLE.

Air : *De la gaieté le doux transport.* (De la Melomanie.)

De la gaieté, moi, je chéris l'empire;
C'est un charme.

LENOIR.

C'est un délire!

DELVILLE.

Ah qu'elle est bien!

ADÈLE.

C'est un charme.

LENOIR.

C'est un délire!

ADÈLE.

Pour bien jouir, il faut rire.

LENOIR.

Il faut pleurer

ADÈLE.

Il faut rire.

(*Allant vers Agathe.*)

D'où viennent tes larmes?

AGATHE.

Je reviens de Misanthropie, et tu me le demandes!
Mais toi-même, quelle peut être la cause de tes ris?

ADÈLE.

Air : *Adieu donc, dame française.*

La bonne plaisanterie!
J'en ris vraiment de bon cœur;
Monsieur se met en fureur,

SCÈNE XVI.

Il se fache, il peste, il crie,
Parceque je ne veux pas, moi,
Pleurer sans savoir pourquoi.

LENOIR.

Quelle sécheresse d'ame!

DELVILLE, *à part.*

Son petit air espiègle me revient tout-à-fait.

LENOIR.

AIR. *Les plus heureux sont les fous.*

Ma colère s'enflamme
D'y penser seulement!
Vous riez au plus beau moment
De ce superbe drame.
Non, plus d'hymen entre nous,
Vous ne serez point ma femme,
Et je romps dans mon courroux
Le nœud qui m'attache à vous.

ADÈLE.

Je n'en pleurerai pas davantage.... Il n'y a rien que je craigne tant que d'avoir les yeux rouges.

LENOIR.

Ayez les yeux moins beaux, et le cœur plus sensible.

DELVILLE, *à part.*

Elle est charmante! (*haut.*) J'ai peut-être tort, mais j'ai pour système, qu'on ne sait compatir qu'aux maux qu'on a soufferts.... Vous voyez que votre jeune cousine ne s'est point appitoyée sur madame Miller.

AGATHE.

(*Pendant qu'elle chante, Lenoir la regarde avec colère.*)

AIR. *Dans ces désertes campagnes*

Une femme faible et bonne,
Dupe d'un moment d'erreur,
Pour un mari qui pardonne,
Abjure un vil séducteur ...

D'un repentir aussi tendre,
La vertu peut s'honorer....
Des pleurs qu'on lui voit répandre
Qui pourrait ne pas pleurer ?

ADÈLE.

Moi.

AIR : *La fanfare de Saint-Cloud*

L'intéressante personne
Fuit un mari qu'elle aimait,
Et tendrement abandonne
Deux enfants pour un bonnet.
Dès la première audience
L'époux tombe dans ses bras....
D'une telle invraisemblance
Vraiment qui ne rirait pas?

DELVILLE.

D'honneur, mon cher Lenoir, je ne conçois pas votre antipathie pour la gaieté d'une femme? C'est peut-être sa meilleure sauve-garde.... Que voulez-vous que fasse un amant près de celle qui rit de tout? De son tendre aveu, s'il le hasarde; de ses belles phrases, s'il en sait faire; de ses larmes, s'il en répand? C'est une femme inexpugnable que ça!

ADÈLE, *à part.*

Il est aimable.

LENOIR.

J'ai mes principes faits à cet égard : je veux une femme qui ne craigne pas de se rougir les yeux par des pleurs. Madame et moi ne pourrions être que malheureux l'un par l'autre, et notre bonheur mutuel exige....

ADÈLE.

AIR : *Geneviève dont le nom.*

Je vole au-devant de vos vœux :
A rompre de si tristes nœuds

SCÈNE XVI.

Je suis prête à souscrire
Ailleurs nous pourrons rencontrer
Vous, la femme avec qui pleurer,
Moi, le mari pour rire.

DELVILLE, *à part.*

D'honneur, elle m'enchante!

LENOIR, *à part.*

Que ces yeux gonflés de pleurs sont intéressants!

ADÈLE, *à part.*

Je crois que Delville me trouve jolie.

AGATHE, *à part.*

Lenoir au moins paraît me rendre justice.

SCÈNE XVII.

LES MÊMES, SÉZANNE, *arrivant dans ce moment de silence.*

SÉZANNE.

Eh bien, qu'est-ce? on se boude ici comme là-haut, à ce qu'il me semble?

ADÈLE, *riant.*

On fait mieux, on se quitte.

SÉZANNE.

Serait-ce, par hasard, un nouveau tour du drame germanique?

ADÈLE.

Justement.

SÉZANNE.

Je crois qu'il nous a été envoyé tout exprès d'Allemagne, pour allumer chez nous la guerre civile!

DELVILLE.

Ma foi, c'est possible.

LENOIR.

Que feriez-vous, Sézanne, d'une femme qui ne pleure pas au plus touchant des drames?

SÉZANNE.

Moi, je la mènerais voir une bonne comédie....

LENOIR.

Belle école! Y trouvera-t-elle la leçon terrible et puissante du repentir?

SÉZANNE.

Non; mais elle y trouvera de quoi prévenir la faute : cela vaut peut-être mieux.

ADÈLE.

Tenez, pour que vous n'emportiez pas de moi une trop mauvaise idée, je veux bien vous faire un aveu; c'est que j'étais fort émue à la dernière scène du quatrième acte.

SÉZANNE.

Je le crois bien, c'est la mieux écrite, on n'y dit pas un mot.

ADÈLE.

Et je crois vraiment que j'allais pleurer.... quand je vous ai regardé par hasard : la douleur vous faisait faire une si drôle de mine, que la crainte de vous ressembler m'a fait rire....

LENOIR.

L'expression de la sensibilité ne peut jamais qu'embellir. (*Il fixe Agathe.*)

Air : *Il n'en est pas de généreux* (Du petit Commissionnaire.)

Qu'on aime à voir dans les beaux yeux,
De la femme qu'on idolâtre,

SCÈNE XVII.

Briller les pleurs délicieux
Qui tombent sur un sein d'albâtre !
Le plus juste ressentiment
Cede aux pleurs de celle qu'on aime..
Et les larmes du sentiment
Embellissent la beauté même.

DELVILLE, *regardant Adèle.*
Même air.

Moi, j'aime à voir souris charmant
Caresser deux lèvres mi-closes,
Et découvrir, en se jouant,
Des perles au milieu des roses
Le plus juste ressentiment
Céde au sourire de ce qu'on aime.
Joli souris bien caressant,
Sait embellir la beauté même.

SÉZANNE.

Moi, je n'ai point de goût exclusif, et je suis de votre avis à tous deux.

AIR : *Ne sommes-nous pas ici mieux*

Si d'un souris délicieux
Je connais tous les charmes,
Je sais aussi de deux beaux yeux
Apprécier les larmes

LENOIR.

Je ne serai jamais l'époux d'une rieuse.

ADÈLE.

Permis à vous : s'il n'y a que la tristesse qui vous amuse, je vous souhaite bien du plaisir.

LENOIR.

Je vais me dégager près de votre oncle.

ADÈLE.

Allez, et puissiez-vous rencontrer une autre madame Miller !

DELVILLE.

Je vais, en votre nom, retirer ma parole.

SÉZANNE *les arrête.*

Eh non, non; c'est moi qui vais parler au cher oncle. Pour vous, il vous reste ici quelque chose de mieux à faire. Tenez.

AIR: *Je le compare avec Louis.*
(*à Lenoir.*)
Voyez ces yeux pleins de langueur,
Humides encore de larmes.
(*à Delville.*)
Voyez ce souris plein de charmes,
Et consultez bien votre cœur....
Pour ceux qu'un même goût rassemble,
Qu'il est doux de pleurer ensemble,
(*Il place Lenoir près d'Agathe.*)
Ou de rire ensemble!
(*Il place Delville près d'Adèle.*)

Je vais parler aux grands parents. Vous, restez comme je vous ai placés; je ne vous demande que cela.

SCÈNE XVIII.

AGATHE ET LENOIR, ADÈLE ET DELVILLE, *après s'être regardés quelque temps, les deux premiers en soupirant, les deux autres s'asseyant, et chantant en riant.*

Air parodié de *Tom-Jones*

LENOIR.	DELVILLE.
Que le devoir que l'on impose	Le long du jour
En ce moment a de douceur!	Aux larmes fidèle,
Je soupire, hélas! et je n'ose	Il va près d'elle
D'Agathe interroger le cœur.	Pleurer son amour,
	Moins lamentable,
	Mais plus aimable,
	Parlons d'amour, mais sans fadeur.

SCÈNE XVIII.

AGATHE.	ADÈLE.
Je soupire, hélas! et je n'ose	Il se lamente, lamente,
Pour vous interroger mon cœur	Et moi je chante, je chante,
	C'est mon humeur.
ENSEMBLE.	*ENSEMBLE.*
Sur mes / ses soupirs je me repose ·	Ah! combien cette humeur
	M'enchante;
Pour vous expliquer mon ardeur,	Elle vous assure mon cœur;
C'est le vrai langage du cœur	Elle a su lui gagner mon cœur.

(*A la fin du duo, Lenoir tombe aux pieds d'Agathe.*)

SCÈNE XIX.

LES MÊMES, BONNEVAL, SA FEMME, SÉZANNE.

BONNEVAL, *voyant les amants.*

A merveille! ne vous dérangez pas : cela s'appelle une infidélité précoce.

SÉZANNE.

Après la noce, elle eût encore été moins de saison.

MADAME BONNEVAL.

Sézanne nous amenait ici pour vous aider à vous entendre; mais il me semble que la chose est en assez bon train.

DELVILLE.

Tenez, cher oncle, nous venons de nous apercevoir à temps, mademoiselle et moi, que nous nous convenions. Lenoir et madame ont fait tout aussi à propos une découverte semblable; et si vous le trouvez bon....

BONNEVAL, *à Adèle.*

Très volontiers, mes enfants : il s'agit de votre bonheur; je ne veux point y mettre obstacle.

MADAME BONNEVAL.

Ni moi; mais c'est cependant un peu prompt.

SÉZANNE.

Pas plus que l'amour du major pour madame Miller.... Allons, je vois enfin qu'en dépit de Misanthropie et Repentir nous aurons nos deux mariages, et point de divorce.

DELVILLE.

Comment un divorce?

MADAME BONNEVAL.

Oui vraiment : monsieur ne s'avisait-il pas....

BONNEVAL.

Laissons cela, madame Bonneval, puisque Sézanne m'a fait obtenir mon pardon.

MADAME BONNEVAL.

Il y a trente ans qu'il était écrit là (*mettant la main sur son cœur*).

SCÈNE XX.

LES MÊMES, JUSTIN, FLORETTE.

JUSTIN.

Je viens vous présenter une petite requête, citoyen Bonneval.... Comme Florette et moi voudrions finir par nous marier....

BONNEVAL.

Eh bien, à la bonne heure; et si ma femme y consent....

MADAME BONNEVAL.

Volontiers; et même, pour arranger tout le monde, je garderai Florette à mon service.

SCÈNE XX.

JUSTIN.

Si vous vouliez, citoyen Bonneval, il ne tiendrait qu'à vous de me faire gagner quelque argent pour le ménage?

BONNEVAL.

Comment donc cela?

JUSTIN.

Vous avez là, au rez-de-chaussée, un petit appartement qui ne sert à personne : si vous vouliez me le prêter les jours de Misanthropie, j'y ferais transporter les évanouis; ça obligerait tout le monde.

BONNEVAL.

Je le veux bien, mes enfants.

FLORETTE.

Cette pièce-là fera notre fortune.

SÉZANNE.

Ma foi, tout le monde ici lui a des obligations aujourd'hui; cela me raccommode avec elle, et je suis d'avis qu'il ne se marie plus un homme à Paris, sans y mener sa future la veille.

BONNEVAL.

Oui, mais non pas le lendemain.

VAUDEVILLE

Air nouveau de Louchamps.

ADÈLE.

A tout le monde il serait doux,
Je le sens bien, de pouvoir plaire.
Mais pour contenter tous les goûts
Vraiment on ne sait comment faire
Lenoir a cru voir dans mes ris
La preuve d'une ame frivole

COMMENT FAIRE?

Delville de moi s'est épris,
Il aime une femme un peu folle
A tout, etc.

AGATHE.

Devant l'un je n'ai pu pleurer
Sans qu'il en conçût des alarmes;
L'autre n'a pu, sans m'adorer,
Voir mes yeux se mouiller de larmes.
A tout, etc.

SÉZANNE.

Femme craignant le drame noir
Refuse d'en subir l'épreuve;
Dans ce refus l'époux croit voir
De quelque tort secret la preuve.
A tout, etc

FLORETTE.

Au drame noir, moi, j'ai bâillé,
Justin s'en est mis en colère

SÉZANNE.

Il a grand tort, mon amitié
Pour toi s'en augmente, ma chère.
A tout, etc.

LENOIR.

Aux Français encore long-temps
L'on ira voir Misanthropie.

SÉZANNE.

C'est que de Simon les talents
Couvrent les défauts d'Eulalie.
A tout, etc.

DELVILLE.

La critique, n'en doutons point,
Pourra blâmer ce prompt échange;
Mais, entre nous, le plus grand point,
C'est que tous quatre il nous arrange.
A tout, etc

SCÈNE XX.

ADÈLE, *au public.*

Si vous approuvez les couplets
Semés dans cette bagatelle,
Protégez-les contre les traits
Que l'on pourrait lancer contre elle,

Car enfin

A tout le monde il serait doux
Pour les auteurs de pouvoir plaire;
Mais pour contenter tous les goûts
Vraiment ils n'ont su comment faire.

LE VAUDEVILLE

AU CAIRE;

COMÉDIE-VAUDEVILLE,

Par MM. JOUY et LONGCHAMPS,

REPRÉSENTÉE POUR LA PREMIÈRE FOIS SUR LE THÉATRE DU VAUDEVILLE, LE 18 FRIMAIRE AN VIII.

A l'époque où cette arlequinade fut jouée à Paris, l'Égypte conquise était devenue une province de la république française, et nos étendards flottaient au sommet des pyramides. Sous la protection de nos armées, les arts qui venaient de reconquérir leur berceau, s'occupaient d'y jeter les fondements d'une gloire nouvelle; et déja l'on s'occupait de former une troupe de comédiens qui devaient aller s'établir au Caire. Le mauvais succès de l'expédition de Saint-Jean-d'Acre empêcha son départ. La petite pièce qu'on va lire avait été faite pour l'inauguration du *théâtre de Ghizè*[1].
Cette farce, qui fit beaucoup rire aux bords de la Seine, aurait probablement eu le même succès aux bords du Nil.

[1] Nom de la plus grande des pyramides.

PERSONNAGES.

ARLEQUIN.
DORVILLE.
GILLES.
CASSANDRE.
COLOMBINE.
Troupe comique.
Esclaves.

La scène se passe au Caire.

LE VAUDEVILLE

AU CAIRE,

COMÉDIE-VAUDEVILLE.

SCÈNE PREMIÈRE.

Le théâtre représente, d'un côté, un édifice qui annonce l'entrée d'une salle de spectacle; de l'autre, quelques maisons; le fond, un lointain où l'on aperçoit des pyramides et de vieux monuments.

ARLEQUIN, DORVILLE.

DORVILLE.
Que je suis aise de te revoir, mon cher Arlequin!

ARLEQUIN.
Et moi aussi, je suis bien aise de vous retrouver; il y a long-temps que nous ne nous sommes vus, au moins.

DORVILLE.
Oui, vraiment! le goût de l'étude et des voyages m'a conduit en Égypte, où je suis membre de l'Institut, et où mon influence m'offrira peut-être les moyens de te servir: c'est bien le moins que je te doive pour tout le plaisir que tu m'as fait à Paris.

ARLEQUIN.
Vous étiez un de nos habitués.

DORVILLE.

Le plus assidu, j'ai besoin de rire.

AIR : *Une abeille toujours cherie.*

Rire est une douce habitude,
L'esprit a besoin de loisir;
Il faut savoir quitter l'étude,
Pour la reprendre avec plaisir.
Souvent le plus noble génie,
Après des travaux assidus,
Laisse le compas d'Uranie
Pour la marotte de Momus.

Aussi compté-je bien encore sur toi pour nous ramener la joie.

ARLEQUIN.

Pour l'inspirer il faut la sentir, et il s'en faut de beaucoup que je sois gai.

DORVILLE.

Que t'est-il donc arrivé? Les Arabes auraient-ils pillé ta troupe?

ARLEQUIN.

Non pas : c'est ma troupe qui m'a pillé. Quand nous avons quitté Paris, j'allais épouser Colombine, j'en étais bien sûr; car j'avais un dédit de vingt-cinq mille francs du bon homme Cassandre, son père et notre directeur.

DORVILLE.

Eh bien! tu le feras valoir ici.

ARLEQUIN.

Je ne l'ai plus; ils me l'ont emporté avec mes bagages.

DORVILLE.

Vous n'êtes donc pas venus ensemble?

ARLEQUIN.

Et non sûrement. Pendant notre séjour à Toulon, ce coquin de Gilles a trouvé le moyen de gagner Cas-

SCÈNE I.

sandre; Cassandre m'a défendu de voir sa fille; la fille a fait ce qu'a voulu son père : et, sans m'écrire un seul petit mot de consolation, elle est partie avec eux, le quatorze, sur le vaisseau où ils m'avaient fait dire de me rendre le quinze.

DORVILLE.

Comment se fait-il donc que tu sois ici avant eux?

ARLEQUIN.

J'ai trouvé un patron bergamasque de mes amis, qui partait pour Alexandrie. Il m'a pris à son bord, et je suis encore arrivé vingt-quatre heures avant les autres.

DORVILLE.

La fortune t'a bien servi.

ARLEQUIN.

Air du Pas redoublé.

J'étais bien sûr de devancer
Ici mon hypocrite;
L'intrigant a beau se presser,
L'amant va bien plus vite.
La nature le veut ainsi,
Sa loi n'est pas frivole;
L'intrigue rampe, dieu merci,
Tandis que l'amour vole.

DORVILLE.

Dans tout ceci, je vois qu'il est possible encore que ta Colombine ne soit pas infidèle, et j'entrevois un moyen plaisant de te la faire rendre; mais tes camarades arrivent au Caire aujourd'hui; il faut absolument que tu reprennes ton emploi dans la troupe. Maintenant, parle-moi un peu de notre cher pays: quelles nouvelles politiques?

ARLEQUIN.

AIR : *Du petit Matelot.*

Moi, vous parler de politique !
Eh ! regardez donc mon habit.
La bigarrure en politique
Aujourd'hui n'est plus en crédit.
J'abandonnai la politique
Le jour où nos heureux destins
De la carrière politique
Chassèrent tous les arlequins

DORVILLE.

Ah ! je sais ; c'est ici que ce beau jour s'est levé ; mais dans la société, n'y a-t-il rien de changé ?

ARLEQUIN.

Oh ! mon dieu non : c'est comme de tous temps.

AIR *Sans doute, employer la contrainte.*

Chaque jour la mode signale
Quelque ridicule à saisir,
On prêche bien haut la morale,
On suit en secret le plaisir.
Les vieillards sont toujours avares,
Les sots sont toujours importuns,
Les grands talents sont toujours rares,
Les intrigants toujours communs.

DORVILLE.

Et le théâtre ? Le mauvais goût, dit-on, y fait de grands progrès ?

ARLEQUIN.

Je vois que nos petites satires sont venues jusqu'ici ; il est plus facile de dénigrer ses rivaux que de faire mieux.

AIR : *Il faut quitter ce que j'adore.*

Des modèles dans la carrière
Il n'est pas aisé d'approcher ;

SCÈNE I.

Pourtant sur les pas de Molière
Plus d'un auteur cherche à marcher
Et cet ecrivain sans reproche,
Qui n'eut point encor de rival,
Au défaut d'héritier plus proche,
Du moins trouve un *Collateral*

DORVILLE.

Mais j'entends du bruit. C'est votre caravane comique.

ARLEQUIN.

Ah! je vais revoir mon infidèle, et lui chanter sa gamme.

DORVILLE.

Non, ne te montre pas encore; va m'attendre chez moi, nous y concerterons quelque chose ensemble.

ARLEQUIN.

Vous voilà maintenant chargé de ma fortune?

(*Il sort.*)

SCÈNE II.

DORVILLE, *les acteurs, un chameau chargé de bagages.*

(*On les décharge pendant cette scène.*)

CHOEUR.

Air: *De la Caravane.*
Après un long voyage,
Qu'on trouve de plaisirs
A toucher le rivage,
Objet de ses désirs!

Reprise.

DORVILLE.

Soyez les bien venus en ce pays, mes chers compatriotes! les Français l'ont soumis, les arts doivent s'y plaire.

AIR : *Jetez les yeux sur cette lettre.*

Des arts l'Égypte a vu l'aurore ;
Leur exil fut long et fatal :
Mais nous allons les voir encore
Embellir leur pays natal.
Riches des fruits d'une autre terre,
C'est ainsi que de tendres fils
Viennent rapporter à leur mère
Les trésors qu'ils ont recueillis.

Tout est préparé pour vous recevoir ici; l'Institut, dont je suis commissaire, a désigné ce local pour votre théâtre, et les maisons qui l'avoisinent pour vos logements. Votre troupe est complète, sans doute?

CASSANDRE.

Absolument.... Il ne nous manque qu'un Arlequin.

DORVILLE.

Vous ne jouerez donc plus le vaudeville?

CASSANDRE.

Si fait.... tout de même.

DORVILLE.

Cet emploi vous manquera; un vaudeville sans Arlequin!

AIR : *Avec les jeux dans le village.*

De sa gaieté naïve et pure
Pourrez-vous remplacer les traits?

CASSANDRE.

Nous aurons la caricature
Et le grotesque des portraits,
Au vaudeville la folie
D'Arlequin peut se dispenser.

SCÈNE II.

DORVILLE.

Oui ;
Comme dans son temple Thalie
De Molé pourrait se passer.

Mais qu'est-ce qu'on entend? quels cris, quels éclats!

SCÈNE III.

LES PRÉCÉDENTS, GILLES *sur son âne, entre une contrebasse et une grosse caisse, poursuivi par des négrillons.*

GILLES.

AIR : *A vous vu mon âne.*

Laissez donc mon âne,
Laissez donc mon âne.
(*Les enfants*)
Ah ! voyez comme il est fait ;
(*Acteurs*)
C'est Gilles sur son baudet
(*Gilles*)
Laissez donc mon âne.

CASSANDRE, *à Dorville.*

C'est le citoyen Gilles que je vous présente ; il est seul de son emploi ; mais comme il va épouser ma fille, j'espère que la race ne nous manquera pas.

DORVILLE.

Je crains bien plutôt qu'elle ne se multiplie trop, et qu'elle ne devienne une nouvelle plaie pour l'Égypte. (*Au chœur.*) Vous pouvez entrer là-dedans les bagages.

(*Ils se retirent.*)

GILLES.

Ouf! je n'en puis plus.

CASSANDRE.

Qu'as-tu donc?

GILLES.

J'ai que je suis déja dégoûté du pays.

DORVILLE.

Et pourquoi?

GILLES.

Il n'y a pas de quoi, peut-être? un vilain soleil qui ne finit plus; de grands diables de déserts où vous ne trouveriez seulement pas un marchand de coco pour vous rafraîchir la bouche. J'ai cru que je ne me tirerais jamais de ces maudits sables; mon âne en avait par-dessus la jarretière.

DORVILLE.

Pourquoi n'avez-vous pas monté sur un chameau?

GILLES.

Pardine, oui, que j'aille me hucher sur la bosse de cette vilaine bête, moi qui suis sujet à tomber de cheval!

AIR : *Mon bon Monsieur*

Sur des
Baudets
Ou des
Petits bidets,
Je me guindais
Dès
Ma tendre enfance.
Et vos
Chameaux
Sont de gros
Animaux
Que je ne vis jamais en France.
Quoique enfant de Paris,
Gilles, dans tout pays,
Sait respecter les usages des autres;
Mais du monde fût-on au bout,
Le cœur aime à retrouver tout
Ce qui nous rappelle les nôtres. (*montrant l'âne.*)

SCÈNE III.

DORVILLE, *aux acteurs*.

C'est d'une belle ame. (*à Cassandre.*) Ah ça! pour quand l'ouverture?

CASSANDRE.

Oh! mon dieu, dès demain.

DORVILLE.

A merveille.

GILLES.

Nous vous amenons une troupe.... Ah! ah! vous n'en trouveriez pas une pareille à dix lieues à la ronde.

CASSANDRE.

Et qui sera bien réglée, je m'en flatte.

AIR : *Tout roule aujourd'hui*

Jamais on n'y verra de brigues,
Et tous nos acteurs s'aimeront.
Nos dames n'auront plus d'intrigues,
Mais nos ouvrages en auront.
Et par une loi rigoureuse,
Dont l'amour ne peut appeler,
Jamais la première amoureuse
Ne pourra se faire doubler.

DORVILLE.

Vous jouerez sûrement plus d'un genre ici.

GILLES.

Tout, tout.

DORVILLE.

Les beaux sujets ne vous manqueront pas.

AIR : *Appelé par le Dieu d'amour.*

L'antique splendeur de ces bords
Pour l'esprit n'est pas éclipsée ;
Tout rappelle d'illustres morts ;
Tout reveille ici la pensée.
Au milieu des grands monuments
Épars sur ces rives fertiles,
L'ami des arts et des talents

GILLES.

Est croqué par les crocodiles.

CASSANDRE.

La salle est-elle disposée?

DORVILLE.

Théâtre, décorations, costumes, tout est prêt : d'ailleurs vous pourrez vous adresser à moi pour tout ce dont la troupe aura besoin.

(*Il sort.*)

SCÈNE IV.

CASSANDRE, GILLES, COLOMBINE.

CASSANDRE, à *Colombine.*

Eh bien! qu'est-ce que vous faites là, mademoiselle?

COLOMBINE.

Moi, je pense, mon père....

CASSANDRE.

A votre Arlequin, je gage!.... Comment, vous respectez-vous assez peu, mademoiselle Cassandre, pour vous occuper encore d'un homme qui vous a sacrifiée à une nouvelle maîtresse, au moment de vous suivre en Égypte?

COLOMBINE.

Mais, est-ce bien sûr, mon père?

CASSANDRE.

Quand je vous le dis, mademoiselle.

GILLES, à *part.*

Nous avons bien de la peine à lui mettre ça dans la tête. (*haut.*) Si vous avez du cœur, vous devez vous venger en m'épousant.

SCÈNE IV.

COLOMBINE.

C'est-à-dire que je me punirai de la faute d'un autre.

GILLES.

Je voudrais bien savoir pourquoi vous me refuseriez, si vous me connaissiez à fond?

COLOMBINE.

Eh! qu'est-ce qui ne vous connaît pas?

Air : *Fanfare de Saint-Cloud.*

Leste et fringant comme un grime,
Loyal comme un charlatan,
Brave comme un anonyme,
Modeste comme un traitant;
Sans fiel comme un libelliste,
Humain comme un usurier,
Savant comme un journaliste,
Et beau comme un créancier.

GILLES.

Vous l'entendez, beau-père, c'est comme à Paris.

CASSANDRE.

Laisse-la dire, elle t'épousera, ou j'y perdrai mon nom; mais allons prendre un peu connaissance de notre nouvelle demeure.

(*Il sort avec Gilles.*)

SCÈNE V.

COLOMBINE, seule.

Pauvre Colombine! en t'éloignant d'un ingrat, tu croyais l'oublier, oui, l'oublier.

AIR *La pitié n'est pas de l'amour*

Pour vaincre mon amour extrême,
Je fais, hélas! de vains efforts;
Je m'occupe de ce que j'aime,
Tout en me rappelant ses torts.
Par mon courroux, loin de s'éteindre,
Mon feu semble se réveiller,
D'un ingrat on aime à se plaindre,
Pour le seul plaisir d'en parler.

SCÈNE VI.

COLOMBINE, CASSANDRE, GILLES.

CASSANDRE.

Bien, bien; nous serons à merveille. (*à sa fille.*) Encore ici, belle rêveuse; mais allez donc au moins voir votre loge, et vous y arranger.

(*Elle sort.*)

GILLES, *montrant l'écriteau qui est à terre.*

AIR : *Tout roule aujourd'hui*

D'abord de la salle nouvelle
Il faut attacher l'écriteau.

CASSANDRE.

On n'a pas pu trouver d'échelle
Pour suspendre notre tableau.

SCÈNE VI.

GILLES.

Laissez donc, quelle invraisemblance!
Pour une vous en aurez cent
Je n'entendais parler en France
Que des échelles du Levant.

CASSANDRE.

Il ne s'agit pas de ça; pouvons-nous jouer demain?

GILLES.

Quand vous voudrez..... Tout est prêt, il ne nous manque que la pièce.

CASSANDRE.

Comment, la pièce?

GILLES.

Sûrement; le petit prologue d'inauguration que nous voulions avoir?

CASSANDRE.

Ah! diable, oui!.... Mais c'est que je ne sais trop sur quel sujet....

SCÈNE VII.

LES MÊMES, DORVILLE.

GILLES.

Eh! parbleu, voici bien à propos le citoyen commissaire; il pourra nous donner quelque idée.

DORVILLE.

Sur quoi?

CASSANDRE.

Sur notre compliment d'ouverture; c'est que, voyez-vous, il n'y a que Gilles et moi qui nous y entendions, et deux pour un impromptu, ça n'est guères.... Si nous étions seulement dix ou douze.

DORVILLE.

Oh! sûrement, cela irait plus vite.... Et quoi! n'avez-vous aucun auteur avec vous?

CASSANDRE.

Du tout; je suis bien fâché à présent d'en avoir refusé une demi-douzaine, qu'on m'offrait à très bon compte.

GILLES.

Bah! il n'y en avait pas un qui ne fût meurtri de cent chutes.

DORVILLE, *riant.*

AIR : *Je crois avoir lu quelque part* (De la Fille en loterie.)

Si l'on assignait ce pays
Pour retraite aux auteurs comiques,
Qui ne sont connus à Paris
Que par leurs disgraces tragiques,
Leurs cohortes que grossiraient
Chaque jour phalanges nouvelles,
En ces lieux renouvelleraient
Le déluge des sauterelles.

CASSANDRE.

Il ne s'agit pas de cela.... Ce que nous voudrions surtout, c'est que cette petite pièce eût une teinte locale; car, encore faut-il, quand la scène est en Égypte, que chaque couplet ne renvoie pas le spectateur à Paris. Qu'avez-vous de remarquable ici?

DORVILLE.

Des tombeaux, par exemple.

GILLES.

C'est gai.

CASSANDRE.

AIR : *Combien je suis frais et dispos.*

Laissons-les aux auteurs nouveaux,
Dont la muse mélancolique

SCÈNE VII.

>Va chercher au fond des tombeaux
>Des sujets d'opéra-comique.
>Aux dramaturges quand il plaît
>D'évoquer les morts, le parterre
>Retue, à grands coups de sifflet,
>Les pauvres diables qu'on déterre.

DORVILLE.

Vous avez les momies.

CASSANDRE.

C'est bien sec.

GILLES.

Qu'est-ce que c'est que ça.... des momies!

DORVILLE.

>Air du *Vaudeville de l'Opéra-Comique*
>
>Grace à des parfums précieux,
>Le corps d'un homme ou d'une femme
>Conserve sa forme à nos yeux,
>Quoiqu'au-dedans froid et sans ame

GILLES.

Ce n'est que cela?

>Si c'est le nom qu'en ce pays
>On donne aux beautés récrépies,
>Oh! mon dieu, combien à Paris
>J'ai laissé de momies!

DORVILLE.

Aimez-vous mieux les oignons d'Égypte?

GILLES.

Encore un triste sujet, ça fait pleurer.

DORVILLE.

Attendez.... On peut bâtir quelque chose sur les pyramides.

CASSANDRE.

Vraiment oui.

AIR : *Voila l'image d'un époux.*
Le mot est assez bien trouvé,
Un couplet sur la pyramide.

GILLES.

C'est un sujet bien élevé

DORVILLE.

Il n'est pas neuf.

CASSANDRE.

Il est solide.

GILLES.

A la pyramide, en effet,
D'un trait piquant l'idée est jointe ;
Ce monument prête au couplet
Puisqu'il finit par une pointe.

CASSANDRE.

Eh! ce diable de Gilles.... C'est ça.... Mais il ne s'agit pas de ça. N'auriez-vous pas ici quelques noms fameux dont nous puissions nous emparer; car, depuis quelque temps, au Vaudeville, on voit beaucoup de grands hommes.

DORVILLE.

Oui, leurs ombres, c'est-à-dire : au reste, si vous voulez de grands noms, et qui prêtent à la plaisanterie, ce pays-ci peut vous en fournir tout comme un autre. Tenez :

AIR du *Pas de Zéphir.*
Isis,
Amasis.
Osiris,
Busiris,
Sésostris,
Thalestris,
Anubis,
Serapis,
Ophis,
Et Thyphis.

SCÈNE VII.

Apis, Sémiramis.
Quels sujets
Plus complets
De couplets !
Voyez Cléopâtre
Au théâtre,
Et son sein d'albâtre,
Où pend
Un serpent.
Voyez de Pompée
La triste équipée,
Tableaux
Aussi beaux
Que nouveaux.

Nous avons de plus,
Un Belus,
Un Ninus,
Un Ammon,
Aaron,
Pharaon
Et Memnon.
Le prophéte Omar,
Abuphar,
Putiphar ;
Et plus loin,
Au besoin,
Le Bedouin
De vaudeville
Quel champ fertile,
La muse habile
S'empare de tout,
Mais de vous sur-tout,
Noms en is,
Si jolis,
Tous choisis
Et chéris
Par les ris.

Isis,
Amasis, etc.

GILLES.

Je n'ai jamais entendu parler de tous ces gens-là.

CASSANDRE.

Ces noms sont un peu anciens. N'auriez-vous pas quelque personnage célèbre, plus rapproché de nous, par exemple....

DORVILLE, *l'interrompant.*

Je vous entends; mais croyez-moi, un pareil sujet n'est pas de votre ressort.

AIR : *Trouverez-vous un parlement.*

Vos faibles chansons, d'un héros
Ne sauraient consacrer la gloire :
Peut-il entendre vos pipeaux
Au milieu des chants de victoire.
A de plus sublimes concerts
Son oreille est accoutumée ;
Son théâtre, c'est l'univers,
Et son chantre la renommée

CASSANDRE.

Pour le moment, tenons-nous aux pyramides.

GILLES.

Oui, de peur de tomber.

CASSANDRE.

D'autant mieux que j'entrevois un joli rôle pour ma fille Colombine.

DORVILLE, *avec l'air de l'étonnement.*

Quoi! votre fille se nomme Colombine?

CASSANDRE.

Sans doute.

DORVILLE.

Cette charmante personne, dont la beauté vient de faire si rapidement la fortune.

SCÈNE VII.

CASSANDRE.

Mais de quelle fortune parlez-vous donc? je ne conçois rien à ce que vous me dites.

DORVILLE.

Comment! vous ne saviez rien encore : ah! que je suis heureux d'être le premier à vous donner cette grande nouvelle. Il faut que je vous embrasse.

CASSANDRE.

Bien obligé. Mais quelle nouvelle?

DORVILLE.

Apprenez que le grand Ismalouck, le plus riche Mammeluck de l'Égypte, est devenu tout-à-coup amoureux de Colombine, en la voyant débarquer à Alexandrie; il l'a suivie au Caire, où il vient pour lui offrir sa fortune et sa main.

GILLES.

C'est-il possible!

CASSANDRE.

Et pourquoi pas?

GILLES.

Air du *vaudeville de la fille en loterie*

Je vois qu'ici bien promptement
Un mariage se décide.

DORVILLE.

Mon cher, ce qu'on fait lestement
Souvent n'en est pas moins solide.
En France on a vu récemment,
Par des traits qu'on n'oubliera guères,
Que dans l'Égypte l'on apprend
A mener vite les affaires.

(*On entend sonner la trompette.*)

On vient de ce côté.... Heureux Cassandre!.... c'est Ismalouck lui-même.

SCÈNE VIII.

LES MÊMES, ARLEQUIN, *en Mammeluck, et soutenu par quatre esclaves portant des coussins.*

CASSANDRE.

Quel honneur pour moi!... Ma fille!

DORVILLE.

Doucement.... ce n'est pas la règle de la faire venir encore.

ARLEQUIN, *portant ses mains au front.*

Issaut, ombra, sabaribout.

CASSANDRE, *fesant les mêmes gestes.*

Sabaribout, seigneur Mammeluck. (*à Gilles.*) Fais donc sabaribout.

GILLES, *saluant.*

Sabaribout! (*à part.*) Que le diable t'emporte. (*Le Mammeluck s'assied sur un coussin qu'on lui a préparé.*)

CASSANDRE, *à Dorville.*

Entend-il un peu le français?

DORVILLE.

Il le parle comme sa propre langue.

ARLEQUIN.

Français! que Mahomet couvre ta tête de ses rayons!

GILLES, *à part.*

Il y a long-temps que c'est fait.

ARLEQUIN.

Que les cataractes de l'abondance t'inondent de leurs flots! T'a-t-on dit que j'aime ta fille?

CASSANDRE.

Oui, seigneur.

SCÈNE VIII.

ARLEQUIN.

T'a-t-on dit que je voulais l'épouser?

CASSANDRE.

Oui, seigneur.

ARLEQUIN.

T'a-t-on dit quels étaient mon rang, ma fortune, ma naissance?

CASSANDRE.

Oui, seigneur.

ARLEQUIN.

Tant mieux, je suis bien aise qu'un autre t'ait dit cela pour moi.

Air du Vaudeville du Jockey

Sans beaucoup d'embarras, je crois,
Je ne pourrais pas, je te jure,
Te dire ce qu'ont fait pour moi
Et la fortune et la nature.
Toujours prêt à vanter autrui,
Chacun, c'est l'usage au grand Caire,
Évite de parler de lui

CASSANDRE.

Chez nous c'est juste le contraire.

ARLEQUIN.

Maintenant, écoute mes propositions. Un palais superbe t'arrangerait-il?

CASSANDRE.

A merveille.

ARLEQUIN.

T'accommoderais-tu de deux cents esclaves de la plus grande beauté?

CASSANDRE.

On ne peut pas mieux.

GILLES.

Qu'en fera-t-il?

ARLEQUIN.

Deux chameaux chargés d'or massif te conviendraient-ils?

CASSANDRE.

Beaucoup.

GILLES.

Je suis perdu.

ARLEQUIN.

Eh bien! touche là, ta fille est à moi. Pour premier gage de notre union, reçois mon croissant. (*Il le lui met dans sa perruque.*)

CASSANDRE, *à Gilles.*

Mon ami, j'ai le croissant. Comment le trouves-tu?

GILLES.

Cela vous fait une lune toute entière.

CASSANDRE.

Allons, seigneur Mammeluck, c'est une affaire arrangée.

GILLES, *à part.*

Badinez-vous, père Cassandre? et ce que vous m'avez promis?

CASSANDRE.

Je ne t'ai pas promis de refuser ma fortune; et d'ailleurs, quand ces choses-là se promettent, elles ne se tiennent pas. C'est parceque je t'ai cru plus riche qu'Arlequin, que je l'ai laissé là pour toi; c'est parcequ'un plus riche se présente, que je te laisse là pour lui. Je suis conséquent, vois-tu?

GILLES.

C'est indigne.

ARLEQUIN, *avec un geste de colère, qui fait approcher ses esclaves.*

Cassamaca!

SCÈNE VIII.

GILLES.

Que dit-il?

DORVILLE.

Qu'il veut faire étrangler quelqu'un de nous qui l'ennuie.

CASSANDRE, à *Gilles*.

Tais-toi donc. Ah ça, il ne s'agit pas de cela, seigneur Mammeluck : pardonnez la sollicitude d'un père... Avez-vous l'agrément du vôtre pour cette union?

ARLEQUIN, *avec fierté*.

Apprends que les Mammelucks, ainsi que le Nil, ne connaissent pas leur source.

CASSANDRE.

Bah! pas de père?

DORVILLE.

C'est ce qui fait ici leurs titres de noblesse.

GILLES.

Tiens! me voilà noble!

AIR : *On compterait les diamants*

Les voyages m'ouvrent l'esprit,
Je vais devenir philosophe,
Je vois déjà que Dieu nous fit
Tous à-peu-près de même étoffe
Seulement dans chaque pays
Par les préjugés on diffère
Pauvre enfant trouvé de Paris,
Je serai gentilhomme au Caire

Car enfin, il ne m'en aurait pas plus coûté de me faire exposer dans un faubourg d'Alexandrie qu'à l'Estrapade.

ARLEQUIN.

Il reste à éclaircir le point le plus important. Nos

femmes doivent arriver pures dans nos bras. C'est chez nous une loi de rigueur.

GILLES, *à part.*

Bon!

ARLEQUIN.

Ta fille n'a-t-elle jamais aimé.

CASSANDRE.

Jamais, seigneur.

GILLES, *à part.*

Ah! mon Dieu, mon Dieu.

CASSANDRE.

On voit, seigneur, que vous ignorez ce que c'est qu'une Colombine du Vaudeville.

GILLES, *à part.*

Je le lui apprendrai, moi; laisse faire.

CASSANDRE.

D'abord à Paris cela ne sortoit jamais sans son père; aux répétitions avec moi; au foyer avec moi; dans la coulisse avec moi; avec moi tout le jour; et puis, avant de nous coucher,

AIR. *Des fraises*

Le soir par-tout j'inspectais,
Et de la bonne sorte,
De sa chambre je sortais,
Et sur elle j'en fermais
La porte[1]

ARLEQUIN.

Il suffit, esclaves. Sabarobout, mabarica flori.

(*Les Esclaves apportent un bouquet sur un coussin.*)

CASSANDRE.

Les belles fleurs! On disait qu'il n'y en avait pas ici.

[1] Nom de l'excellent acteur qui jouait à cette époque les rôles d'Arlequin au Vaudeville

SCÈNE VIII.

ARLEQUIN.

Qui a pu vous dire cela ?

DORVILLE.

Air nouveau

On obtient tout de ces climats,
Ils n'ont besoin que de culture
Il n'est point de terrains ingrats
Pour qui sait vaincre la nature
Les triomphes de nos guerriers
Ont pu vous le faire connoître
Doit-on s'étonner de voir naître
Des fleurs où croissent des lauriers

ARLEQUIN.

Porte à ta fille ce bouquet, symbole de nos hautes faveurs, et qu'elle me soit amenée. Mahomet ordonne que je lui parle un quart d'heure sans témoins.

CASSANDRE.

La volonté de Mahomet soit faite!

(*Cassandre sort, Dorville parle bas à Arlequin, et se retire.*)

SCÈNE IX.

ARLEQUIN, GILLES.

GILLES, *rôdant.*

Seigneur, je voudrais ?

ARLEQUIN.

N'as-tu pas entendu que je veux être seul.

GILLES.

C'est que j'aurais à vous parler de Colombine; je puis vous prouver qu'elle en aime un autre.

ARLEQUIN.

Tu viendras quand je t'appellerai.

SCÈNE X.

LES MÊMES, CASSANDRE, COLOMBINE.

COLOMBINE, *à son père, dans le fond.*

Eh bien! je consens à lui parler, mais je le refuserai, je vous en avertis.... Je ne ne veux pas plus d'un grand seigneur que d'un Gilles.

GILLES.

Bravo!

CASSANDRE.

Songe à ta gloire, à ta fortune : écoute-le.

GILLES.

Refusez-le.

CASSANDRE.

Il faut céder.

GILLES.

Il faut tenir ferme.

CASSANDRE.

Allons, laissons-les.

(*Ils sortent.*)

SCÈNE XI.

ARLEQUIN, COLOMBINE.

COLOMBINE.

Monsieur le Mammeluck, je suis très sensible à l'honneur que vous me voulez faire; mais je vous déclare que je ne puis y répondre.

(*Lui rendant le bouquet.*)

Air : *Femmes, voulez-vous éprouver*

Reprenez ce gage flatteur,
Je n'en puis accepter l'hommage.
Je dois refuser votre cœur,
Le mien s'est donné sans partage
Ces fleurs, par une autre beauté,
Sans doute seront accueillies.

ARLEQUIN.

Une autre n'a jamais porté
Les fleurs que pour toi j'ai cueillies.

COLOMBINE, *le reconnaissant*.

Qu'entends-je ! c'est Arlequin.

ARLEQUIN.

Tâche donc de me reconnaître plus bas.

COLOMBINE, *d'abord avec colère, et puis avec douceur*.

Quoi! malheureux, c'est vous.... Pauvre Arlequin!

ARLEQUIN, *de même*.

Oui, traîtresse, c'est moi. Pauvre Colombinette!

COLOMBINE.

Après le tour infame que tu m'as joué.... Ah! quel bonheur!

ARLEQUIN.

Après une trahison aussi sanglante.... Ah! quelle joie !

COLOMBINE.

J'ai juré de ne plus te voir..... laisse-moi donc te regarder.

ARLEQUIN.

J'ai fait le serment de ne plus te parler.... Dis-moi donc bien vite comment tu te portes.

COLOMBINE.

Comment je me porte!.... Mais vous, ingrat! comment se fait-il que vous soyez ici, et que vous y soyez avant nous?

ARLEQUIN.

Ma bonne amie, c'est que je suis venu à pied.

COLOMBINE.

Comment donc?

ARLEQUIN.

Hélas! oui; je ne me suis pas couché pendant toute la traversée.

COLOMBINE.

Et que faisiez-vous?

ARLEQUIN.

Ma manœuvre, comme les autres.

AIR. *Que ne suis-je la fougère.*

Je pensais à Colombine,
La voile s'enflait soudain;
Je parlais de Colombine,
Et sentais fuir le chemin;
Quand la tempête mutine
Faisait pâlir le marin,
Je chantais ma Colombine,
Le ciel devenait serein

COLOMBINE.

Ce n'est pas là ce que je vous demande.... Crois-tu donc que j'aie pensé moi-même à autre chose qu'à toi?

AIR : *Une fille est un oiseau.*

Non, je n'ai vu qu'Arlequin
Durant ce triste voyage,
L'onde pure était l'image
De son esprit enfantin
Dans les jeux, dans les cascades
Des dauphins et des dorades,
Je revoyais ses parades,
Sa gaieté, sa vive humeur,
Helas! pourquoi le nuage,
Pourquoi le zéphir volage
Peignait-il aussi son cœur!

Mais enfin, qu'espérez-vous de ce déguisement?

ARLEQUIN.

J'espère t'épouser d'abord, et puis te faire mourir de honte de m'avoir trahi.

COLOMBINE.

Ah! je t'épouserai, je t'épouserai, traître. Je sens que j'en suis capable, et nous verrons ensuite, infidèle!....

ARLEQUIN.

Des reproches à moi! quand vous m'avez abandonné en France?

COLOMBINE.

C'est bien vous qui n'avez pas voulu partir avec moi.

ARLEQUIN.

Je sais pour qui vous m'avez trompé.

COLOMBINE.

Je sais à qui vous m'avez sacrifiée.

ARLEQUIN.

Gilles m'a promis la preuve de votre perfidie.

COLOMBINE.

Qui? Gilles?.... C'est lui-même.

ARLEQUIN.

Oui, Gilles, Gilles.

SCÈNE XII.

ARLEQUIN, COLOMBINE, GILLES.

GILLES, *accourant*.

Me voilà, me voilà, monseigneur.

COLOMBINE, *sortant*.

Eh bien! puisque vous l'en croyez plus que moi, écoutez-le, je vous laisse.

SCÈNE XIII.

ARLEQUIN, GILLES.

ARLEQUIN.

Qu'est-ce qui te demande ici, toi?

GILLES.

Vous m'avez appelé.

ARLEQUIN.

Butor! (*à part*.) Comment la revoir?

GILLES.

Vous n'en aurez plus l'envie quand je vous en aurai dit un mot.

ARLEQUIN.

Que veux-tu dire?

GILLES.

Vous savez bien que Mahomet dit que vous ne devez épouser que des femmes qui.... à cause de la pureté de vos bras, comme vous l'avez dit vous-même.... Je sais bien que le papa vous l'a promis; comptez là-dessus.

SCÈNE XIII.

Air : *Va-t'en voir, etc.*

Un cœur pur et neuf encore,
Tout plein d'innocence,
Exprès pour vous ce trésor
Est venu de France
Va-t'en voir, etc.

Je ne vous dis que ça.

ARLEQUIN.

Eh bien! qu'est-ce que cela signifie?

GILLES.

Vous n'entendez pas ce refrain? on voit bien que vous n'êtes pas de chez nous. Le mot est qu'on vous trompe; et que Colombine a aimé.

ARLEQUIN.

A aimé! et qui?

GILLES.

Un vaurien..... un mauvais petit garnement..... Arlequin.

ARLEQUIN, *gaiement.*

Alla mamouc coquinica!

GILLES.

Comme vous dites, seigneur, Coquinica.

ARLEQUIN.

Et tu serais en état de prouver?...

GILLES.

Ah! et tout de suite encore.... Voici un petit échantillon de leur prose à tous deux.

ARLEQUIN.

Des lettres! Et comment les as-tu?

GILLES.

Je les ai interceptées pour l'honneur de votre famille.

ARLEQUIN, *avec joie.*

Oh! les chères lettres.

(*Il les pose sur son cœur et les baise.*)

GILLES.

Comme il prend la chose à cœur; mais quoi! vous baisez cette écriture?

ARLEQUIN.

Non: je les mordais de colère. (*à part.*) J'ai failli me trahir. (*haut.*) C'en est fait, je ne dois plus chercher qu'à me venger; et ce père qui ose me soutenir.... Mais il ignorait, sans doute...?

GILLES.

Ah bien oui! Tenez, voulez-vous voir le dédit qu'il avait signé lui-même?

ARLEQUIN, *essayant de prendre le dédit.*

Oh! si je pouvais le ravoir.

GILLES.

Si je n'avais eu l'adresse de l'escamoter à ce mauvais sujet, c'était une fille sacrifiée.... Maintenant que vous savez tout, vous y renoncez bien positivement, n'est-ce pas? Dites-le-moi.

ARLEQUIN.

Pourquoi?

GILLES.

C'est que, voyez-vous, je l'aime aussi, moi, cette Colombine; et je l'épouserais si....

ARLEQUIN.

Quoi! malgré....

GILLES.

Ah! nous autres Gilles, nous n'y regardons pas de si près; mais aujourd'hui que voilà Cassandre amorcé par un Mammeluck, je crains qu'il ne veuille plus de moi pour gendre, à moins que nous ne trouvions le moyen de l'y forcer.

ARLEQUIN.

Ta franchise me plaît, et je veux te servir. Je veux qu'une humiliation bien publique ôte au perfide Cassandre l'espoir de trouver ici un autre parti que toi pour sa fille.

GILLES.

C'est ça.

ARLEQUIN.

Tais-toi sur ce qui vient de se passer; je vais continuer les préparatifs de mon mariage; et au moment de signer le contrat fait en ton nom, je refuse publiquement Colombine.

GILLES.

Bravo! bravo!

ARLEQUIN.

Mais il faut, pour confondre Cassandre, que je puisse lui montrer son dédit.

GILLES.

Je vais vous le donner: le voici.

ARLEQUIN.

Bon! cours et ramène ici tes camarades pour être té moins de ton triomphe.

GILLES.

J'y cours; ne commencez pas sans moi.

(*Il sort.*)

SCÈNE XIV.

ARLEQUIN, *seul.*

Oh! ma pauvre petite Colombine, je tiens donc les lettres qui m'assurent ton cœur, et le dédit qui m'assure ta main. Mais je suis trop impatient pour ne pas user du moyen qui se présente d'être heureux dès ce soir.

SCÈNE XV.

CASSANDRE, ARLEQUIN.

ARLEQUIN.

Seigneur Cassandre, l'entretien que j'ai eu avec ton aimable fille a accumulé un torrent de délices autour de mon ame.

CASSANDRE.

Seigneur....

ARLEQUIN.

J'ai vu le lait de l'innocence couler autour de la sienne.

CASSANDRE.

Ah! que les Mammelucks voient des belles choses!

ARLEQUIN.

Je cours rassembler mes grands officiers, et tout faire préparer pour la cérémonie. (*à part.*) Courons bien vite prévenir Dorville de tout ceci. (*haut.*) Allah! congratulata, Cassandra!

(*Il sort.*)

SCÈNE XVI.

COLOMBINE, CASSANDRE.

CASSANDRE, *dans l'enthousiasme*.

Cassandra! c'est de moi qu'il parle. Holà, Colombine! (*Elle entre.*) Ma chère enfant, le Mammeluck est à toi : il m'a dit *Cassandra*, qui veut dire Cassandre. Tu vois, ma fille, il n'y a que deux heures que je suis dans le pays, et j'entends déjà la langue des Mammelucks.

COLOMBINE.

Je crains bien, mon père, de l'avoir aussi trop bien entendue.

CASSANDRE.

Qu'est-ce que ton misérable Arlequin auprès d'un homme comme ça?

COLOMBINE.

Ça se ressemble beaucoup, mon père.

CASSANDRE.

(*Ici on entend le bruit des trompettes.*)

Mais, qu'entends-je? Des cymbales! C'est lui, c'est lui, ma fille. Eh! mesdemoiselles! accourez donc.

SCÈNE XVII.

CASSANDRE, ARLEQUIN, *porté sur un palanquin*, GILLES, *esclaves, la troupe comique.*

CHŒUR.

Air de la *marche du bazar*. (Dans la Caravane.)

Honneur au grand Ismalouck,
Du grand Cassandre
Illustre gendre,
Honneur au grand Ismalouck,
Fils de Babouc
Marabouc.
Et le plus vaillant Mammelouck
De son croissant,
Toujours croissant,
L'éclat par l'hymen va s'étendre
Chantons, célébrons
Ismalouck
Mammelouck

ARLEQUIN, *assis sur un palanquin, à Colombine.*

Bel astre d'occident, consentez-vous à illuminer ma couche du soleil de vos regards?

COLOMBINE.

Je crois vous avoir déjà dit, seigneur....

ARLEQUIN, *bas à Colombine.*

J'ai les preuves de votre innocence. On nous trompait : laissez-moi faire. (*haut.*) Eh bien, dois-je espérer?

COLOMBINE.

Mon père le veut, seigneur. J'obéirai.

ARLEQUIN.

En ce cas, nous allons signer l'acte d'union. Approchez-vous, grand charamaquir.

SCÈNE XVII.

CASSANDRE.

C'est apparemmnent le notaire.

LE NOTAIRE.

L'an quatre cent cinquante-quatre de l'hégire, le quatrième jour de la lune rousse, furent présents devant nous, Abulha Mustapha, charamaquir du Caire, le très sublime, très éminentissime Mammeluck, Muley Omar Ismalouck, arrière-petit-fils de la lune, cousin germain du bœuf Apis....

ARLEQUIN.

Passons les dignités, nous en aurions pour une heure, et venons à la dot.

LE NOTAIRE.

J'attends que vous m'en dictiez les articles.

ARLEQUIN, *embarrassé.*

Écrivez.

Air de la *marche du roi de Prusse.*

Je donne à la beauté

CASSANDRE, *répétant avec emphase.*

Il donne à la beauté

ARLEQUIN.

Dont je suis enchanté.

CASSANDRE.

Bon ! enchanté !

ARLEQUIN.

Tous mes haras de Bethléem ;

CASSANDRE.

Tous ses haras de Bethléem

ARLEQUIN.

Et puis trois puits d'or de Manheim,

CASSANDRE.

Et puis trois puits d'or de Manheim.

ARLEQUIN.

Le tout à prendre a Jérusalem

CASSANDRE.

A prendre à Jérusalem

ARLEQUIN.

Plus, quatre beaux caveaux,

CASSANDRE.

Plus, quatre beaux caveaux
Garnis de vin

ARLEQUIN.

Non de tombeaux.
Tous mes jardins en l'air,

CASSANDRE.

Tous ses jardins en l'air

ARLEQUIN.

Et mes trois châteaux dans le désert

CASSANDRE.

Ses trois châteaux dans le désert

ARLEQUIN.

Plus, deux pyramides en rond

CASSANDRE.

Plus, deux pyramides en rond

ARLEQUIN.

Qu'ici fit transporter Néron

CASSANDRE.

Que fit transporter Néron

ARLEQUIN.

Vingt beaux damas ayant le fil,

CASSANDRE.

Vingt beaux damas ayant le fil

ARLEQUIN.

Six mines d'argent au Brésil,

CASSANDRE.

Six mines d'argent au Brésil

ARLEQUIN.

Et pour manger tout cela,

SCÈNE XVII.

CASSANDRE.

Plaît-il?

ARLEQUIN.

Trois grandes bouches du Nil.

CASSANDRE.

Trois grandes bouches du Nil

En conscience, seigneur, vous faites trop bien les choses.

LE NOTAIRE, *à Cassandre et à Colombine.*

Signez.

GILLES, *voyant Colombine signer, signe.*

Ça y est.

ARLEQUIN.

A moi.

(*Arlequin saute à terre, signe, et prononce son nom.*)

CASSANDRE.

Comment! Arlequin!

ARLEQUIN, *se déshabillant.*

Oui, M. Cassandre, votre dédit à la main.

CASSANDRE.

Ah! mon dieu! mais tu l'avais pris, Gilles.

ARLEQUIN.

Oui, mais dans un moment de conscience il a eu l'honnêteté de me le rendre.

GILLES.

Qu'est-ce que ça me fait? s'il a le dédit, j'ai le contrat, moi, signé de vous, et en bonne forme.

ARLEQUIN.

Oh! oui, en bonne forme, car c'est moi qui viens de le faire dresser.

CASSANDRE.

Qu'est-ce à dire?

DORVILLE.

Que bien, instruit de la supercherie de Gilles et de la vôtre, je me suis prêté à la vengeance d'Arlequin; et vous venez de signer un contrat dressé par le notaire français.

COLOMBINE.

Mon père, il n'est plus temps de s'y opposer.

ARLEQUIN.

AIR : *Lorsque notre cœur est charmé*

Moïse promettait jadis
En Égypte le bien suprême.
Ah ! je suis bien de son avis,
J'y vais posséder ce que j'aime
Aux bras d'un époux trop heureux
Enfin Colombine est remise
Plus fortuné que les Hébreux,
Je touche la terre promise

CASSANDRE.

Allons, j'y consens donc. Mais il ne s'agit pas de ça. Notre pièce pour demain.

DORVILLE.

Eh! bien, la voilà toute faite. La petite scène que vient de vous donner l'improvisateur Gilles peut vous servir demain pour l'ouverture de votre théâtre.

VAUDEVILLE

GILLES.

Air nouveau.

Comme à Paris, je le vois bien,
Ou plus heureux, ou plus habiles,
Les Arlequins trouvent moyen
D'être ici préférés aux Gilles
Mais là-bas, dès qu'ils sont maris,
Notre tour revient, et j'espère
Que la coutume de Paris
Sera celle du Caire

SCÈNE, XVII.

COLOMBINE, *à Arlequin.*

On renferme ici la beauté,
Les chaines flétrissent les graces;
Mais songe que la liberté
Des Français par-tout suit les traces.
Les femmes, dans notre pays,
Mènent leurs époux, et j'espère
Que la coutume de Paris
 Sera celle du Caire.

DORVILLE.

Je sens tout le prix en ces lieux
De nos découvertes nouvelles;
Mais mon cœur y sent encor mieux
La pénible absence des belles.
Elles manquent en ce pays,
Mais on en prendra, je l'espère,
Dans le grand sérail de Paris
 Pour les serails du Caire.

ARLEQUIN, *au public.*

Voici l'instant de répartir
Entre nous les fruits du voyage
Que doit-il nous en revenir?
Sera-ce profit ou dommage?
Si chez vous excitant les ris,
Cette folie a su vous plaire,
Ne renvoyez pas de Paris
 Le Vaudeville au Caire.

DANS QUEL SIÈCLE SOMMES-NOUS?

COMÉDIE-VAUDEVILLE,

Par MM. DIEULAFOI, JOUY et LONGCHAMPS,

représentée pour la première fois sur le théâtre du vaudeville, le 25 nivose an VIII.

L'année 1800 appartient-elle au dix-huitième siècle, ou bien est-elle le commencement du dix-neuvième? Telle est la question qui agitait tout Paris au commencement de cette année; la chaleur qu'on a mise à cette *incroyable* querelle; la bizarrerie des arguments dont on s'est servi pour la soutenir, et la bonté qu'ont eue certains journaux de renchérir sur les sottises d'autrui, en y ajoutant les leurs, ont fini par donner à cette dispute une telle importance, qu'il n'a fallu rien moins que la voix des savants pour imposer silence aux partis, et prouver à Paris étonné que dix-huit n'était pas dix-neuf.

Malgré cette décision, nous ne voudrions pas jurer que tout le monde soit encore bien d'accord sur ce point. Des mémoires de 1700 nous apprennent que la même querelle a eu lieu il y a cent ans parmi les beaux esprits de la capitale. Or, puisqu'un siècle de lumière tel que celui qui vient de s'écouler, puisqu'un siècle où nos chers compatriotes semblent sur toutes choses avoir mieux appris à compter que dans tout autre, n'a pu prévenir une semblable dispute, il est permis de croire qu'elle n'est qu'ajournée, et que le cercle de nos folies pourra bien ramener celle-là, comme il a ramené les calembours et les bilboquets.

Dans ce cas, le petit ouvrage qu'on va lire pourra n'être pas inutile aux gens de bon sens, qui, dans cent années d'ici, auront eu le bonheur de le conserver : s'il n'enrichit pas leurs bibliothèques d'une bonne comédie de plus, du moins il y servira comme pièce probante au procès, qu'on serait tenté de renouveler : il leur servira à répondre aux jolies femmes du jour qui, en oubliant leur âge, se mêleraient de calculer celui du monde; et si les beaux esprits d'alors sont mauvais logiciens, et obstinés, ce qui est assez naturel dans tous les siècles, ils y puiseront peut-être le ujet d'un nouveau vaudeville; ce sera un extrait baptistaire de plus qu'ils lègueront aux générations suivantes; de sorte que si le monde dure encore dix mille ans, il y a lieu d'espérer qu'à cette époque les Parisiens pourront savoir son âge invariablement.

PERSONNAGES.

PRÉCIS, père d'Éliza.
Mademoiselle D'ANTIVIEUX, sœur de M. Précis.
BELVAL, oncle de Surville.
SURVILLE.
ÉLIZA.
L'ÉTOILE, astronome.
GERMAIN, domestique.
Un ouvrier.
Un notaire.

La scène est à Paris.

DANS QUEL SIÈCLE SOMMES-NOUS?

COMÉDIE-VAUDEVILLE.

SCÈNE PREMIÈRE.

Le théâtre représente un salon, deux portes latérales en face l'une de l'autre, une autre dans le fond.

GERMAIN, UN OUVRIER.

(*Au lever de la toile, Germain, une montre à la main, est contre la porte qui mène à l'appartement de Précis; il a l'autre main sur la clef. L'ouvrier entre par la porte du fond.*)

L'OUVRIER.
Monsieur est-il visible?

GERMAIN, *attentif à sa montre.*
Chut!

L'OUVRIER.
Je vous demande si....

GERMAIN, *de même.*
Paix donc!

L'OUVRIER.
Mais enfin....

GERMAIN.
Vous voulez parler à M. Précis.... Attendez-moi, je reviens.

(*Il entre.*)

SCÈNE II.

L'OUVRIER, seul.

Quelle diable de cérémonie! je ne suis encore venu que deux fois dans cette maison; mais j'y vois toujours quelque chose de singulier.

SCÈNE III.

GERMAIN, L'OUVRIER.

GERMAIN.

A présent je suis à vous.

L'OUVRIER.

Il paraît que vous faites votre service à la minute.

GERMAIN.

Tout se fait ici comme cela; chaque chose a son heure dans la maison de M. Précis.

L'OUVRIER.

Tant mieux, alors il y en a une pour payer ses mémoires.

GERMAIN.

Comme pour tout le reste.

Air : *Ton humeur est, Catherine.*

L'horloge en cette demeure
Marque nos soins journaliers,
Elle sonne même l'heure
De payer nos créanciers

SCÈNE III.

L'OUVRIER.

Peu de gens ont ce scrupule,
J'en connais par-ci par-là
De qui jamais la pendule
N'a sonné cette heure-là

Je puis donc me présenter....

GERMAIN.

A onze heures, mais bien précises, entendez-vous? deux minutes plus tard vous seriez remis au lendemain, et tâchez sur-tout qu'il n'y ait ni sous, ni deniers dans votre mémoire, car mon maître, d'ailleurs le meilleur homme du monde, a une manie, c'est celle des comptes ronds.

Air : *Mes chers amis*

En tout
Son goût
Est d'aller jusqu'au bout,
Un tiers, un quart, le désespère
S'il goûte un vin
Détestable, ou divin,
Il boira la bouteille entière.
Un drame qu'il va voir
Le soir,
Vient-il à choir
Avant la fin, si la toile se baisse,
Il est homme, dans sa fureur,
A poursuivre en tous lieux l'auteur,
Pour se faire achever la pièce.

L'OUVRIER, *riant*.

Ah! ah! ah! ah!

GERMAIN.

On ne finirait pas s'il fallait détailler toutes les minuties qui tiennent à ce caractère. Figurez-vous qu'il refuse de marier sa fille avant le commencement du siècle prochain. Savez-vous pourquoi? Parce que son grand-père s'est marié au commencement de celui-ci, son père à la moitié, lui aux trois quarts, et qu'il croirait manquer à ses ancêtres, si le mariage de la petite-fille ne cadrait pas avec celui du bisaïeul.

L'OUVRIER.

Voilà qui est trop plaisant. J'avais bien remarqué déja quelque chose d'original dans cette fantaisie d'inscriptions qu'il nous a fait mettre dans ses jardins, sur ses portes, et sur-tout dans cette précision qu'il nous recommandait; mais il avait affaire à des gens.....

GERMAIN.

Diantre! peintre d'enseignes patenté, c'est un état....

L'OUVRIER.

Ne croyez pas rire.

Air du *petit Matelot*
Mon art est des plus nécessaires.
Trouverait-on jamais sans moi
L'homme de métier, ou d'affaires,
L'homme à talent, l'homme de loi?

GERMAIN.

Votre art serait bien plus utile,
Si vous pouviez, par son moyen,
A quelque enseigne dans la ville,
Faire trouver l'homme de bien

L'OUVRIER.

Voici quelqu'un qui vous arrive!

SCÈNE IV.

LES PRÉCÉDENTS, SURVILLE.

SURVILLE.

Germain, Éliza n'est pas encore descendue ?

GERMAIN.

Non, monsieur; mais je crois qu'elle vous a deviné, la voici.

L'OUVRIER.

C'est l'amoureux, ça, hein ?

GERMAIN.

Justement, le mari du siècle prochain.

(*Ils sortent ensemble.*)

SCÈNE V.

ÉLIZA, SURVILLE.

ÉLIZA.

Quoi ! si matin ?

SURVILLE.

Je serais bien venu plus tôt si je l'avais osé. Vous ne savez pas ce qui m'amène ?

ÉLIZA.

Je m'en doute; vous venez chercher un baiser de premier de l'an.

SURVILLE, *l'embrassant.*

D'abord, je ne vous vis jamais ni si jolie, ni si bien mise.

ÉLIZA.

Eh bien! voyez comme les goûts diffèrent; tout-à-l'heure encore, ma tante disait que ma robe.... n'était pas de saison.

SURVILLE.

J'entends, elle vous aura répété tous les bons mots du Vaudeville; mais, croyez-moi,

> Air : *Il n'a pas besoin de gloire*
>
> Laissons aux parures du jour
> De froids censeurs faire la guerre,
> Je suis du parti de l'amour,
> Il aime une gaze légère;
> Que chez la prude un voile épais
> Du temps nous dérobe les traces,
> On peut, quand on a leurs attraits,
> Prendre la parure des graces.

ÉLIZA.

Je ne sais pas si vous avez raison, mais je sais bien que vous me persuadez toujours.

> Air du *Vaudeville de Champagnac*
>
> Toujours à ce que tu me dis
> Il faut que ma raison se rende;
> Quand on veut savoir mon avis,
> C'est toujours le tien qu'on demande
> Mon cœur avec ton cœur d'accord
> Ne juge plus rien par lui-même,
> Et mon père, lorsque j'ai tort,
> Devrait gronder celui que j'aime.

SURVILLE.

Nous touchons de près au moment où il ne pourra pas gronder l'un sans l'autre.

ÉLIZA.

Comment cela?

SURVILLE.

Nous nous marions ce soir.

SCÈNE V.

ÉLIZA.

Quelle folie.

SURVILLE.

Rien n'est plus sérieux; votre père n'a-t-il pas assigné pour notre mariage le premier jour du dix-neuvième siècle.

ÉLIZA.

Eh bien!

SURVILLE.

Eh bien! c'est aujourd'hui.

ÉLIZA.

Allons, décidément vous perdez la tête.

SURVILLE.

Au contraire, je l'aurais perdue s'il eût fallu suivre à la rigueur les lois de votre père. Attendre encore un an! je ne m'en sentais pas la force. Je me connais, je serais mort avant six mois. L'amour, par une inspiration miraculeuse, m'a suggéré l'idée bizarre de prouver que la dernière année d'un siècle était la première de l'autre, et de faire sauter ainsi, à toute une génération, les douze mois qui me gênaient. J'ai arrangé les plus beaux raisonnements du monde; je les ai livrés à un journaliste; ses confrères les ont empruntés, répétés, commentés, augmentés, et depuis deux jours ils font merveille.

ÉLIZA.

Toujours des folies; vous ne vous corrigerez donc jamais? Comment pouvez-vous espérer de mettre en crédit une pareille erreur?

SURVILLE.

Infailliblement; nous avons pour nous ceux qui ne pensent pas et ceux qui pensent de travers, la majorité n'est pas douteuse.

ÉLIZA.

Mais personne ici ne connaît encore cette dispute.

SURVILLE.

Soyez tranquille, le journal que reçoit votre père l'en instruira ce matin; c'est là que j'ai frappé le grand coup.

ÉLIZA.

Air : *De la barbe du frère Jean*

Cette idée est bien téméraire ;
Qui jamais pourra s'y prêter !

SURVILLE.

Il suffira que votre père
Aujourd'hui veuille l'adopter

ÉLIZA.

Demain il reviendra, je gage,
Sur une erreur qui doit finir

SURVILLE.

J'aurai soin sur mon mariage
Qu'il ne puisse plus revenir.

ÉLIZA.

C'est fort bien; mais ne craignez-vous pas que, parmi les gens de notre société, il ne s'en trouve d'assez clairvoyants?...

SURVILLE.

Bon! et qui?

ÉLIZA.

Sans aller plus loin, l'astronome, monsieur de l'Étoile.

SURVILLE.

Ah! ah! ce petit pédant parasite qui fait la cour à votre tante pour son bien, et qui est de l'avis de tout le monde? je n'y avais pas songé; mais voilà quelque temps qu'on ne l'a vu ici. J'espère que nous n'aurons plus rien à craindre lorsqu'il reparaîtra.

ÉLIZA.

Et votre oncle?

SURVILLE.

Ne desire que mon bonheur, je ne lui ai pourtant rien dit; il doit compter au premier jour du siècle une somme de 35,000 francs à votre père; mais comme ce n'est point un souci pour lui, il m'inquiète peu.

ÉLIZA.

J'exige, au moins, que nous prévenions ma tante.

SURVILLE.

Gardons-nous-en bien.

ÉLIZA.

Elle nous aime tant.

SURVILLE.

Pas assez pour garder un secret; songez donc que sa qualité de vieille fille....

ÉLIZA.

Ah! finissez; vous vous égayez toujours sur son âge, et vous savez pourtant que le faible de mademoiselle d'Antivieux est de chercher à oublier le temps.

SURVILLE.

C'est bien ingrat à elle, car il ne l'oublie pas, lui; mais, en vérité, Éliza, vos objections m'étonnent; je croyais m'adresser à un cœur aussi impatient que le mien.

ÉLIZA.

Ah, Surville!

Air · *Il faut des epoux assortis*
Ne fais pas un crime à mon cœur
D'éprouver moins d'impatience.
Ce n'est pas au sein du bonheur
Qu'on a recours à l'espérance;

Que gagnerai-je au changement
Dont tu me présentes l'image :
Je puis bien t'aimer autrement,
Mais jamais t'aimer davantage

SURVILLE.

Chère Éliza!

ELIZA.

Paix, voici ma tante.

SCÈNE VI.

LES PRÉCÉDENTS, MADEMOISELLE D'ANTI-VIEUX.

ÉLIZA.

Bonjour, ma chère tante.

MADEMOISELLE D'ANTIVIEUX, *l'embrassant.*

Ma chère enfant!

ÉLIZA.

Qu'il m'est doux quand l'année commence...

MADEMOISELLE D'ANTIVIEUX.

Ne parlons pas de ça.

SURVILLE.

Permettez que je joigne mes vœux....

MADEMOISELLE D'ANTIVIEUX.

Je n'en reçois point.

AIR : *Cet arbre apporté de Provence.*

Je n'ai jamais aimé l'usage
De venir avertir les gens
Qu'un an vient d'augmenter leur âge,
Et qu'à vivre ils ont moins de temps ;
C'est vraiment une impertinence :
N'avez-vous pas assez d'esprit
Pour sentir qu'un an ne commence
Que parcequ'un autre finit

SCÈNE VI.

SURVILLE.

Cette réflexion n'a rien encore de fâcheux pour vous, madame.

<small>Air *L'Amour a gagné sa cause*

Sans regrets, laissez fuir le temps ;
Pour vous, qu'importe qu'il s'envole ;
Après les beaux jours du printemps,
L'été qui les suit nous console ;
La fleur, dans la belle saison,
Dans un matin n'est pas éclose
Il faut voir finir le bouton
Pour voir commencer la rose.</small>

MADEMOISELLE D'ANTIVIEUX.

C'est justement ce que me disait M. de l'Étoile, il y a quelques jours.

SURVILLE.

Il est galant, M. l'astronome.

ELIZA.

Il vous aime beaucoup, ma tante.

MADEMOISELLE D'ANTIVIEUX.

Croyez-vous? Mais soyez tranquilles, mes enfants, je vous aime trop pour me marier jamais. D'ailleurs, quel que soit le mérite de M. de l'Étoile, je m'accommoderais mal d'un homme qui, par état, est toujours à calculer l'âge du monde; votre bonheur est le seul qui m'occupe.

ELIZA, SURVILLE.

Vous êtes si bonne.

MADEMOISELLE D'ANTIVIEUX.

Mais il faut convenir que les gens à manies sont terribles : je ne peux pas venir à bout de faire entendre raison à mon frère; j'ai déja tenté cent moyens, et.....

ÉLIZA, *vivement.*

Si nous en trouvions un, ma tante? (*Surville la contient par un signe.*)

MADEMOISELLE D'ANTIVIEUX.

Comptez sur moi, mes enfants, comptez sur moi. (*Plusieurs sonnettes sonnent à-la-fois de divers côtés.*) Mais voilà le signal du déjeuner, et mon frère, sans doute.

SCÈNE VII.

Au dernier coup des sonnettes, M. PRÉCIS *paraît à sa porte,* L'OUVRIER *à la porte vis-à-vis,* L'ÉTOILE *et* BELVAL *à la porte du fond.*

PRÉCIS.

Me voici.

BELVAL, L'ASTRONOME.

Nous aussi.

L'OUVRIER.

Moi aussi.

PRÉCIS, *allant à ses amis.*

Ah! mes amis!

SURVILLE, *bas.*

Mon oncle, et le maudit astronome.

ÉLIZA, *de même.*

Je vous l'avais bien dit.

SURVILLE, *de même.*

Laissez-moi faire. (*Il sort.*)

SCÈNE VIII.

LES PRÉCÉDENTS, *hors* SURVILLE.

BELVAL, *embrassant Précis.*

Nous te la souhaitons.....

PRÉCIS, *montrant sa sœur.*

Plus bas, plus bas; il faut respecter les têtes faibles.

MADEMOISELLE D'ANTIVIEUX.

Les têtes faibles! les têtes faibles! Qu'entendez-vous par-là, mon frère, je vous prie?

PRÉCIS.

Rien, rien, ma sœur. Bonjour, mon Éliza. (*Il l'embrasse et arrange sur son front quelques touffes de cheveux qui lui paraissent mal en ordre.*)

L'ÉTOILE, *saluant mademoiselle d'Antivieux.*

Mademoiselle....

MADEMOISELLE D'ANTIVIEUX, *sans faire attention à l'Étoile.*

C'est qu'il est vraiment curieux qu'un esprit chargé de manies, comme le vôtre, prétende s'égayer.

PRÉCIS.

Ah! point du tout, ma sœur.

Air de la Camargo

Laissons ces débats
Chacun ici bas,
Ma sœur, a ses défauts;
Ses goûts vrais ou faux
Dans cet univers
Si tout est travers,
Pour les moins malfaisants
Soyons complaisants

Le temps passe ;
Sur sa trace
Vos yeux voudraient s'aveugler.
Moi, sans honte,
Je le compte,
Afin de le mieux régler
Sans compter l'argent,
Lorsqu'on le répand,
Trop souvent
Sans profit
Et sans fruit
Il fuit
Le temps, comme l'or,
Est un vrai trésor,
Plus nous y regardons,
Moins nous le perdons
C'est en réglant mes jours
Que chacun d'eux, toujours
Dans son cours,
Offrit à l'indigence
Assistance,
Bienfaisance ;
Souvenir si doux
Les embellit tous.

MADEMOISELLE D'ANTIVIEUX.

Fort bien ; mais....

PRÉCIS, *reprenant.*

Laissons ces débats
Chacun ici bas, etc

L'ÉTOILE, *souriant à M. Précis.*

On ne saurait mieux penser.

GERMAIN.

Monsieur, c'est le peintre qui apporte son mémoire.

PRÉCIS.

Ah ! c'est juste. Deux cent quatre-vingt-trois francs :

quel compte baroque! Il faut réduire cela à.... deux cent quarante; c'est dix louis.

L'OUVRIER.

Monsieur, c'est au plus juste; mon maître est incapable....

PRÉCIS.

Morbleu, je ne dispute pas sur le prix; mais je veux arrondir la somme..... Vous ne voulez pas dix louis?...

L'OUVRIER.

Impossible, monsieur.

PRÉCIS.

Vous êtes bien entêté.

L'OUVRIER.

Mais, si c'est pour arrondir, monsieur n'a qu'à donner les cent écus....

PRÉCIS.

Ma foi, je l'aime mieux; les voilà.

L'ÉTOILE.

C'est cela. (*L'ouvrier sort, Surville rentre.*)

SCÈNE IX.

BELVAL, PRÉCIS, SURVILLE, MADEMOISELLE D'ANTIVIEUX, L'ÉTOILE, ÉLIZA.

BELVAL, *éclatant de rire*.

Ah! ah! ah! ah!

PRÉCIS.

Tu ris, toi; mais, écoute donc : l'année prochaine, à pareil jour, je recevrai tout aussi bien quarante mille francs au lieu de trente-cinq, si cela te fait plaisir.

BELVAL.

Non pas, non pas.

PRÉCIS.

Où donc est allé Surville?

SURVILLE.

Me voici, monsieur.

PRÉCIS, *se mettant entre sa fille et lui, et prenant leurs mains.*

Ah! fripon, je t'ai entendu de bonne heure ce matin... Mes chers enfants, croyez que mon cœur partage bien vivement l'impatience du vôtre.

MADEMOISELLE D'ANTIVIEUX.

Eh! mon frère, s'il était ainsi, vous tiendriez un peu moins à vos époques, et un peu plus à leur bonheur.

L'ÉTOILE, *souriant à mademoiselle d'Antivieux.*

La conséquence est juste.

PRÉCIS.

Allons, c'est à mes époques, à présent, que mademoiselle en veut; vous ne savez donc pas que c'est une nouvelle source de bonheur que je veux leur ouvrir.

AIR :

Du soin que je prends l'on se moque,
Et je lui dois tous mes plaisirs,
Toujours à chaque grande époque
J'attachai quelques souvenirs
En laissant des jalons derrière,
Pour savoir par où j'ai passé,
Je vois, du bout de ma carrière,
Le chemin que j'ai traversé

L'ÉTOILE, *souriant à M. Précis.*

C'est très bien vu.

BELVAL.

Ah! vraiment oui. Il doit voir de belles choses.

PRÉCIS.

Que m'importe; j'aime jusqu'au souvenir de mes peines, moi.

BELVAL.

Je suis ton serviteur, ma philosophie est toute différente.

L'ÉTOILE, *souriant à Belval.*

Voyons cela.

BELVAL.

Air de *la Soirée orageuse.*

Du passé laissons les malheurs,
Ne songeons qu'au bien qui nous reste;
La mémoire pour les bons cœurs
N'est trop souvent qu'un don funeste,
Dans un avenir séduisant,
L'espoir fait briller sa lumière.
Ah! pour embellir le présent,
Ne regardons pas en arrière

L'ÉTOILE.

Ma foi, c'est vrai.

PRÉCIS, *serrant ses enfants contre son cœur.*

Laissons-les dire, mes enfants, et croyez que la plus chère de mes manies sera toujours de vous rendre heureux; que pour un soin si doux je serais presque capable d'oublier....

UN DOMESTIQUE, *portant la table du déjeuner du côté du secrétaire.*

Ici, ici.

PRÉCIS, *quittant brusquement ses enfants.*

Eh non! butor, ce n'est pas là; ne t'ai-je pas dit cent

fois que de père en fils nous déjeunions toujours à droite?

ÉLIZA.

Mais, mon papa, il n'y a que deux jours que ce domestique est dans la maison.

PRÉCIS.

C'est égal, il doit savoir....

BELVAL.

Allons, allons, ne vas-tu pas pour une place ou une autre....

PRÉCIS.

Une place ou une autre! Crois-tu donc cela si indifférent?

Air du *Vaudeville d'Arlequin tout seul*

C'est par des changements de place
Que le désordre s'introduit.

BELVAL.

C'est par des changements de place
Que l'ordre aussi se reproduit.
Ne disputons pas sur la place,
On serait trop embarrassé
S'il fallait remettre à sa place
Tout ce qu'on voit de déplacé

L'ÉTOILE, *riant*.

Eh! eh!

PRÉCIS.

Laissons cela.

L'ÉTOILE.

C'est mon avis, et déjeunons.

PRÉCIS, *l'arrêtant*.

Non pas, non pas; vous savez que je ne prends jamais rien avant d'avoir lu le journal.

SCÈNE IX.

L'ÉTOILE.

Pardon, moi je prends à toute heure.

PRÉCIS, *assis loin de la table tandis que les autres déjeunent.*

A propos, monsieur de l'Étoile, il y a quelque temps qu'on n'a eu le plaisir de vous voir ; y aurait-il par hasard quelque chose de dérangé dans les cieux.

L'ÉTOILE.

Non, monsieur, dieu merci.

Air du *Parlement*
Des cieux rien n'altère la paix ;
Là-haut la puissance infinie
Par ses immuables décrets
Maintient l'éternelle harmonie :
Les astres sont d'accord entre eux,
Et chacun reste dans sa sphère.

PRÉCIS.
Celui qui gouverne les cieux
Ne gouverne donc pas la terre ?

L'ÉTOILE.

Au reste, je dois annoncer à mes amis qu'ils entendront bientôt parler de moi.

MADEMOISELLE D'ANTIVIEUX.

Comment ?

L'ÉTOILE.
AIR : *De la barbe de frère Jean.*
Je viens de découvrir, madame,
Une planète.

MADEMOISELLE D'ANTIVIEUX.
Tout de bon !

L'ÉTOILE.
Et pour éterniser ma flamme
Je veux lui donner votre nom,
Près de la vierge, dans la sphère,
Votre rang est marqué là-haut

SURVILLE, *près d'Éliza.*
J'ai même place sur la terre ;
Mais j'espère en changer bientôt

L'ÉTOILE.

J'en voudrais pouvoir dire autant que monsieur.

BELVAL.

Je le crois parbleu bien; on ne rencontre pas aisément des familles comme celle-ci.

PRÉCIS.

Ma foi, mes amis, s'il en est de plus brillantes, il n'en est pas de mieux ordonnées ni de plus unies. Les querelles d'opinion qui ont divisé tant de familles n'ont pu altérer un moment la paix qui règne dans la nôtre.

MADEMOISELLE D'ANTIVIEUX.

Grace au bon esprit de tous.

ÉLIZA, SURVILLE.

Grace à votre bon cœur.

TOUS.

C'est vrai, c'est vrai.

PRÉCIS.

Air de *Comment faire ?*
Faut-il pour différer d'avis
Que les nœuds les plus doux se brisent
Les cœurs peuvent rester unis,
Quoique les esprits se divisent.

CHOEUR.

Faut-il, etc.

PRÉCIS.

Autour de nous laissons crier ;
Je ne connais point de système
Qui mérite pour l'appuyer
Que l'on afflige ce qu'on aime.

CHOEUR.

Faut-il, etc

SCÈNE X.

LES PRÉCÉDENTS, GERMAIN.

GERMAIN.

Voilà le journal, et une lettre pour monsieur de l'Étoile.

L'ÉTOILE.

Pour moi?

GERMAIN.

Oui, monsieur; on la dit même très pressée.

PRÉCIS.

Lisons le journal.

SURVILLE, *s'en emparant.*

Je vais vous en éviter la peine.

L'ÉTOILE, *après avoir lu.*

Ah! mon dieu!

MADEMOISELLE D'ANTIVIEUX.

Qu'est-ce donc?

L'ÉTOILE.

Je vous avais bien dit que vous entendriez parler de moi; écoutez ceci :

« Monsieur de l'Étoile est prié de se rendre sur-le-
« champ à l'Observatoire, pour y donner son avis sur
« une observation astronomique de la plus haute im-
« portance. »

PRÉCIS.

Diable, mon ami, courez vite.

L'ÉTOILE.

Assurément; je vois ce que c'est : ils auront déterré ma planète. Je reviendrai vous rendre compte.

SCÈNE XI.

LES PRÉCÉDENTS, *hors* L'ÉTOILE.

MADEMOISELLE D'ANTIVIEUX.

C'est un grand homme que ce monsieur de l'Étoile; il ira loin.

SURVILLE.

Pas si loin que je voudrais.... pour l'honneur des sciences. Voici les nouvelles.

PRÉCIS.

Donne, donne, j'aime à lire moi-même.

MADEMOISELLE D'ANTIVIEUX.

Vous nous direz ce qu'il y aura d'intéressant, mon frère.

BELVAL.

Pour ma part, je l'en tiens quitte; on supprimerait tous les journaux, qu'il en resterait encore assez pour moi.

Air du *Vaudeville de Rabelais*.

Ce que l'un dit incontestable
Est par un autre contesté ;
Celui-ci vous fait une fable
Que l'autre prend pour vérité
L'un fait avancer nos armées ,
L'autre les arrête en chemin ;
Et leurs nouvelles, imprimées,
Sont toutes faites à la main.

PRÉCIS, *qui vient de lire.*

Ah! parbleu, voici du nouveau, quoique vous en disiez.

BELVAL.

Qu'y a-t-il?

SCÈNE XI.

PRÉCIS.

Je n'en reviens pas.

MADEMOISELLE D'ANTIVIEUX.

Mais encore?

PRÉCIS.

C'est que cela a l'air démontré.

ÉLIZA.

Quoi donc, mon papa?

PRÉCIS.

Que le nouveau siècle commence en dix-huit cent.

MADEMOISELLE D'ANTIVIEUX.

Impossible; donnez que je lise.

SURVILLE.

Quel bonheur, si c'était vrai.

BELVAL.

Qui diable peut écrire de pareilles balivernes?

PRÉCIS.

Ce n'est toujours pas un sot.

ÉLIZA.

Nous avons intérêt à le croire.

BELVAL, *riant.*

Au surplus, l'almanach de Liege peut nous éclairer sur ce point; voici ce qu'il prédit pour le siècle nouveau:

AIR *Il faut de la sante pour deux*

En France au siècle dix-neuvième
Plaisirs naissent de toutes parts;
On boit, on chante, on rit, on aime,
Le luxe ramène les arts.
L'état, par un bras tutélaire,
Au premier rang est replacé

PRÉCIS.

Vraiment il pourrait bien se faire
Que le siècle fût commencé.

BELVAL.

Avec le siècle doivent naître
Les grands talents, les bonnes mœurs;
L'intrigue n'ose plus paraître,
La franchise est dans tous les cœurs
Dans ce siècle point de libelles,
Oubli généreux du passé,
Tendres époux, femmes fidèles.

MADEMOISELLE D'ANTIVIEUX, *avec force, en jetant le journal sur la table. Belval le prend.*

Le siècle n'est pas commencé

Non, je soutiens qu'il ne l'est pas.

PRÉCIS.

Eh! pourquoi donc cela, ma sœur?

MADEMOISELLE D'ANTIVIEUX, *très vivement.*

Pourquoi, pourquoi! parceque j'aurais un an de plus, et que c'est une indignité.

ÉLIZA.

Mais observez donc, ma tante.

MADEMOISELLE D'ANTIVIEUX.

J'observe, j'observe que, si cette opinion-là passe, on dira que je suis une femme de l'autre siècle, et c'est ce que je ne souffrirai pas.

PRÉCIS.

Mais, ma sœur....

MADEMOISELLE D'ANTIVIEUX.

Vous êtes un fou.

BELVAL, *jetant le journal, que Surville prend.*

C'est un tissu d'absurdités.

PRÉCIS.

Écoutez donc, il paraît que c'est une opinion générale; et en y réfléchissant bien.....

SCÈNE XI.

SURVILLE, *qui a lu, et se levant.*

C'est démontré. Monsieur Précis, d'après votre caractère, je ne doute pas que vous ne teniez avec moi vos engagements. Je réclame aujourd'hui la main d'Éliza.

PRÉCIS, *vivement.*

Et moi mes trente-cinq mille francs.

BELVAL, *de même.*

Et moi le bon sens.

MADEMOISELLE D'ANTIVIEUX.

Et moi je ne prétends pas qu'on avance mes jours.

PRÉCIS, *en colère.*

Où diable prenez-vous que cela vous en donne un de plus.

BELVAL.

Elle a raison.

PRÉCIS.

Parceque tu ne veux pas payer, toi.

BELVAL.

Et toi, parceque tu veux recevoir; l'égoïsme partout.

SURVILLE.

Mon oncle!

BELVAL.

Vous êtes un sot.

ÉLIZA.

Ma tante!

MADEMOISELLE D'ANTIVIEUX.

Taisez-vous, mademoiselle.

PRÉCIS.

S'emporter n'est pas répondre; je ne suis, je vous

l'assure, d'aucun parti; mais si réellement le siècle est fini....

BELVAL.

Il n'est pas fini.

SURVILLE.

Il est fini.

MADEMOISELLE D'ANTIVIEUX.

Il n'est pas fini.

ÉLIZA.

Il est fini.

PRÉCIS.

Fini, pas fini! Que nous sommes bien Français!... nous nous félicitions tout-à-l'heure de l'union d'une famille qui est restée heureuse et paisible au milieu des orages politiques, et voilà qu'une vétille, une bagatelle...

BELVAL.

Une vétille?... trente-cinq mille francs!

MADEMOISELLE D'ANTIVIEUX.

Une bagatelle! une année de plus! Il faut convenir que je suis bien malheureuse.

AIR · *Femmes, voulez-vous éprouver*

Vous le savez, dès mon printemps,
J'ai détesté l'art ridicule
Qui créa, pour marquer le temps,
Et l'almanach et la pendule;
Faut-il par des journaux méchants
Voir du temps s'accroître l'injure?
Eh mon dieu! pour vieillir les gens
C'est bien assez de la nature

PRÉCIS.

Écoutez, ma sœur, ceci est une question de fait; ce n'est pas nous qui la déciderons; convenons de nous en rapporter à l'opinion d'un homme éclairé.

SCÈNE XI.

MADEMOISELLE D'ANTIVIEUX, *vivement.*

Monsieur de l'Étoile.

SURVILLE, *à part.*

Aïe, aïe.

PRÉCIS.

Monsieur de l'Étoile, soit.

SURVILLE.

Permettez; monsieur de l'Étoile n'est pas ici, et il est possible.....

ÉLIZA.

Oui, ses grandes occupations....

MADEMOISELLE D'ANTIVIEUX.

Il m'a promis de revenir.

BELVAL.

Je lui crois, comme vous, beaucoup de lumières; mais je vais consulter ailleurs.

(*Il sort.*)

SCÈNE XII.

LES PRECÉDENTS, *hors* BELVAL.

PRÉCIS, *à Belval qui sort.*

Oui, oui, chez ton banquier: et moi je vais envoyer chercher mon notaire; car si la question se décide en notre faveur, mes enfants, il faut que le contrat soit signé à midi. (*Il regarde à sa montre.*) Diantre! nous n'avons pas de temps à perdre...... Allons, allons, ma sœur.....

SURVILLE, *bas à Éliza et rapidement.*

Je cours au-devant de l'astronome; si je le manque,

et que vous le voyiez avant moi, tâchez de le prévenir pour nous.

(*Il sort.*)

PRÉCIS, *à sa sœur, en riant.*

Tenez, vous avez tort de me bouder; je ne vous trouve point du tout changée, malgré votre accident.

(*Il sort en riant.*)

SCÈNE XIII.

MADEMOISELLE D'ANTIVIEUX, ÉLIZA.

MADEMOISELLE D'ANTIVIEUX.

Nous verrons, nous verrons; (*à part*) restons ici pour être la première à parler à monsieur de l'Étoile.

ÉLIZA, *d'un ton patelin.*

Comment se peut-il, ma chère tante, que vous vous affligiez d'une circonstance qui hâte mon bonheur, vous qui, tout-à-l'heure encore, ne desiriez qu'une occasion de nous servir.

MADEMOISELLE D'ANTIVIEUX.

En me sacrifiant, n'est-ce pas?

ÉLIZA.

Mon dieu, ma tante, vous n'entendez pas la question.

AIR : *Dansant en rond ici-bas*
Je vois bien ce qui vous blesse
Dans ce débat peu commun,
Avec le siècle sans cesse
Vous croyez ne faire qu'un
Mais l'erreur est trop choquante,
J'en juge d'après mes yeux:
Un siècle, et ma chère tante,
Assurément sont bien deux

MADEMOISELLE D'ANTIVIEUX, *en fureur.*

Insolente!

ÉLIZA, *reculant.*

Hé bien, puisque vous le voulez, ça ne fait qu'un; vous vous fâchez de tout.

(*L'Étoile entre.*)

SCÈNE XIV.

LES PRÉCÉDENTS, L'ÉTOILE.

MADEMOISELLE D'ANTIVIEUX.

Grace au ciel, voici monsieur de l'Étoile. (*à part*) Éloignons ma niéce.

ÉLIZA, *à part.*

C'est l'astronome, tâchons de lui parler seule.

L'ÉTOILE.

O la maudite course! pas un savant à l'Observatoire.

ÉLIZA.

En vérité? On ne vous a donc pas attendu?

L'ÉTOILE.

Probablement; il est vrai que nos observations demandent une exactitude si rigoureuse.

Air du *Vaudeville de Chauheu*
Il est chez nous bien des planétes
Qu'il faut courtiser en amant;
Les cieux sont remplis de coquettes
Qu'on fixe difficilement.
Nous trouvons aussi des cruelles
Qui se dérobent au desir;
Et les astres, comme les belles,
N'ont qu'un instant qu'il faut saisir.

ÉLIZA.

Vraiment, il est fâcheux d'avoir fait une course inutilement; c'est un mauvais tour que vous a joué là votre planète : étiez-vous à pied, monsieur de l'Étoile?

L'ÉTOILE.

Comme tant d'autres.

MADEMOISELLE D'ANTIVIEUX.

Eh! mon dieu, mademoiselle, que vous importe?

ÉLIZA.

En revenant aussi, monsieur de l'Étoile?

L'ÉTOILE.

Oh! tout de même.

MADEMOISELLE D'ANTIVIEUX.

Mais que signifient toutes ces questions; ne voyez-vous pas qu'elles fatiguent monsieur, qui, d'ailleurs, a quelque chose à me dire.

L'ÉTOILE.

Moi, madame? Je ne sache pas.....

MADEMOISELLE D'ANTIVIEUX.

Oui, oui, ce que vous aviez entamé tantôt sur.... Mademoiselle, ayez la bonté de nous laisser.

ÉLIZA.

Oui, ma tante. (*Elle passe doucement du côté de l'Étoile.*)

L'ÉTOILE.

D'honneur, je ne me rappelle pas.....

ÉLIZA.

Encore, si vous aviez rencontré en chemin quelqu'un pour vous distraire.

SCÈNE XIV.

L'ÉTOILE.

Pas une figure de connaissance.

ÉLIZA, *à part.*

Il ne l'a pas vu.

MADEMOISELLE D'ANTIVIEUX.

Eh bien, mademoiselle, encore ici; vous semblez prendre à tâche aujourd'hui de m'impatienter!

ÉLIZA.

Je sors. (*Elle va lentement vers le fond, puis revient sur la pointe du pied.*)

MADEMOISELLE D'ANTIVIEUX, *confidemment.*

Mon cher de l'Étoile, il s'est agité ici en votre absence une question à laquelle ma vie est attachée.

L'ÉTOILE.

Ah! mon dieu, serai-je assez heureux pour vous être utile?

MADEMOISELLE D'ANTIVIEUX.

Cela dépend de vous..... (*Elle aperçoit sa nièce.*)

ÉLIZA, *vivement.*

Je ne puis pas vous quitter comme ça, ma tante; je souffre trop de vous voir fâchée.

MADEMOISELLE D'ANTIVIEUX.

Eh! non, non, laissez-nous, je ne le suis pas.

ÉLIZA.

Oh! si, si, je vois bien que vous l'êtes; je suis sûre que vous m'en voulez.

MADEMOISELLE D'ANTIVIEUX.

Non, encore une fois, je ne vous en veux pas; mais n'avez-vous rien à faire aujourd'hui? je voudrais vous voir travailler.

ÉLIZA.

Oui, ma tante. (*Elle va chercher un métier dans le fond du théâtre, elle l'approche tout contre sa tante, et s'assied doucement.*)

MADEMOISELLE D'ANTIVIEUX, *à l'Étoile.*

Ils sont tous ici ligués contre moi : on veut me soutenir que nous commençons aujourd'hui un nouveau siècle.

L'ÉTOILE.

Je sais, je sais.

MADEMOISELLE D'ANTIVIEUX.

Nous sommes convenus de vous prendre pour arbitre, et je compte sur vous....

ÉLIZA.

Je m'en doutais.

MADEMOISELLE D'ANTIVIEUX, *apercevant sa nièce.*

Comment, petite effrontée, lorsque je vous ai ordonné....

ÉLIZA.

Vous m'avez dit que vous vouliez me voir travailler.

MADEMOISELLE D'ANTIVIEUX.

Dans votre chambre.

ÉLIZA, *finement.*

C'est ici qu'était mon ouvrage.

MADEMOISELLE D'ANTIVIEUX.

Sortez, et si je vous revois.....

ÉLIZA, *sortant.*

Oh! j'en sais assez.

SCÈNE XV.

MADEMOISELLE D'ANTIVIEUX, L'ÉTOILE.

MADEMOISELLE D'ANTIVIEUX.

Écoutez-moi, nous n'avons pas de temps à perdre.

AIR : *On compterait les diamants.*

Je n'ai que vous seul pour appui ;
Dans vos mains est ma destinée :
On veut me vieillir aujourd'hui,
Dans un seul instant, d'une année ;
C'est à vous de me soulager
Du poids d'une année accablante

L'ÉTOILE.

Croyez que pour vous obliger
Je vous en ôterais quarante.

MADEMOISELLE D'ANTIVIEUX.

Eh bien, monsieur, vous m'avez dit cent fois que vous m'aimiez ; mon attachement pour des ingrats m'avait fermé les yeux sur votre mérite ; mais leurs procédés d'aujourd'hui me forcent à vous rendre justice, et mon cœur et ma main sont à vous si vous jugez la question en ma faveur.

L'ÉTOILE, *enchanté.*

A ce prix, madame, plutôt que de laisser finir le siècle, je le ferais recommencer.

MADEMOISELLE D'ANTIVIEUX.

Ah ! si vous pouviez faire cela.

L'ÉTOILE.

Je vous fais observer cependant que Copernic fournit à cet égard des objections.

MADEMOISELLE D'ANTIVIEUX.

Point d'objections ni de Copernic, monsieur; il doit être facile à un savant, comme vous, de prouver tout ce qu'il veut.

L'ÉTOILE.

Assurément, et je cherche...

MADEMOISELLE D'ANTIVIEUX.
Air du *petit Matelot*.
Ma fortune est indépendante.

L'ÉTOILE, *ayant l'air de rêver, à part*.
Je crois saisir une raison

MADEMOISELLE D'ANTIVIEUX.
J'ai douze mille écus de rente.

L'ÉTOILE, *de même*.
C'est une excellente raison

MADEMOISELLE D'ANTIVIEUX.
Tout mon bien est votre conquête,
Si vous appuyez mes raisons

L'ÉTOILE.
Eh ! mon dieu, je sens que ma tête
Fourmille de bonnes raisons !

Soyez tranquille, madame, il n'y a que la sottise ou l'intérêt qui puisse soutenir l'opinion qui vous inquiète.

MADEMOISELLE D'ANTIVIEUX.

Je vous laisse; si l'on nous trouvait ensemble, on m'accuserait d'avoir séduit mon juge.

L'ÉTOILE, *tendrement*.

Le plus fort était fait.

SCÈNE XVI.

L'ÉTOILE, *seul.*

Voilà une petite dispute qui s'est élevée fort heureusement pour moi. O bizarrerie des choses humaines! Ce que je n'ai pu obtenir de dix années de soins et de calculs, je vais le devoir au caprice d'un moment. Il est donc vrai que toute notre raison ne nous rapporte jamais autant que la folie des autres.... Au fait. Suis-je de l'avis de mademoiselle d'Antivieux, ou n'en suis-je pas? Bah!

Air du *Mariage de Scarron*

Cette opinion doit valoir
Beaucoup mieux que l'autre, je pense,
Aujourd'hui je vais lui devoir
Un rang, une fortune immense,
L'exemple de nos parvenus
M'en fournit la preuve à toute heure
L'opinion qui vaut le plus
Est sans contredit la meilleure

SCÈNE XVII.

L'ÉTOILE, SURVILLE.

SURVILLE.

Je vous cherchais, monsieur de l'Étoile.

L'ÉTOILE, *avec joie.*

Enchanté, monsieur. A quoi puis-je vous être bon.

SURVILLE.

Vous êtes choisi pour arbitre dans une affaire à laquelle est attaché mon bonheur. Si le siècle est fini, j'épouse aujourd'hui Éliza.

L'ÉTOILE.

J'entends. Mais... par malheur, il ne l'est pas.

SURVILLE.

Comment! il ne l'est pas : en êtes-vous bien sûr?

L'ÉTOILE.

Eh! qui le serait donc, monsieur?

SURVILLE.

C'est singulier... J'étais venu à vous avec l'espoir de vous faire goûter mon système.

L'ÉTOILE.

Impossible, monsieur, impossible. Mentir à ma conscience...

SURVILLE.

Seriez-vous le premier?

L'ÉTOILE, *avec emphase*.

J'irais refaire les sublimes calculs des Descartes, des Newton.

SURVILLE.

On refait aujourd'hui tant de choses.

L'ÉTOILE.

Juste ciel!

SURVILLE.

Air d'Arlequin afficheur.
De Perrault j'ai vu des maçons
Vouloir refaire la merveille;
Au Pinde on voit des avortons
Qui refont les vers de Corneille :
Croyez-vous qu'avec vos savants
De plus de scrupule on se pique?
Gluck lui-même a trouvé des gens
  Qui refont sa musique.

L'ÉTOILE.

Pour moi, monsieur, j'ai assez de peine à faire, je ne refais rien, et vous avez tort...

SCÈNE XVII.

SURVILLE.

D'être venu, à ce que je vois, après mademoiselle d'Antivieux.

L'ÉTOILE.

Que voulez-vous dire?

SURVILLE.

Elle est fort riche.

L'ÉTOILE.

On le dit.

SURVILLE.

Vous l'adorez.

L'ÉTOILE.

Je la respecte infiniment.

SURVILLE.

Et vous l'épouseriez?...

L'ÉTOILE.

Quand cela serait!

SURVILLE.

Cela ne sera pas.

L'ÉTOILE.

Pourquoi?

SURVILLE.

Y pensez-vous? de vils calculs terrestres sont au-dessous d'un astronome.

Air : *Guillot un jour trouva Lisette*

Vous êtes savant.

L'ÉTOILE.

Je suis homme

SURVILLE.

Vous préférez au bien.

L'ÉTOILE.

Le mieux.

> Il faut vivre quoique astronome,
> On n'est pas toujours dans les cieux.
> La fortune habite la terre,
> Et j'y descends pour la saisir.

SURVILLE.

> C'est assez la marche ordinaire,
> On s'abaisse pour s'enrichir.

Écoutez, M. de l'Étoile, j'ai aussi ma petite proposition à vous faire.

L'ÉTOILE.

Je suis incorruptible.

SURVILLE.

Oh! si vous saviez de quoi il s'agit...

L'ÉTOILE.

Voyons.

SURVILLE, *d'un ton confidentiel.*

Je ne puis pas vous offrir de vous épouser, moi.

L'ÉTOILE.

Apparemment.

SURVILLE.

Mais chacun a ses petits moyens de séduction.

L'ÉTOILE.

Les vôtres sont :

SURVILLE.

Tous simples. Il faut avoir la bonté d'adopter mon argument, ou me faire l'honneur de vous couper aujourd'hui la gorge avec moi.

L'ÉTOILE, *il lui prend la main et la lui serre.*

Avec vous, monsieur? voyons d'abord votre argument.

SURVILLE.

Le voici : le siècle est fini où il ne l'est pas; s'il est

fini, j'épouse ce soir; s'il ne l'est pas, je n'épouse que dans un an : donc il est fini.

L'ÉTOILE.

C'est spécieux; cependant votre conséquence...

SURVILLE.

Ne vous paraît pas assez concluante : voulez-vous quelque chose de plus fort?

L'ÉTOILE.

Je vous le conseille.

SURVILLE.

N'est-il pas vrai qu'on n'a dû compter un an qu'après les douze premiers mois écoulés.

L'ÉTOILE.

Sans doute.

SURVILLE, *rapidement.*

Voilà donc une année zéro; zéro et un font deux, deux et un font trois, et ainsi de suite jusqu'à quatre-vingt-dix neuf, qui font cent.

L'ÉTOILE, *comme étourdi.*

Comment diable, cela m'était échappé. (*Il rit de réminiscence.*) Ah! mais attendez donc; vous dites que zéro...

SURVILLE.

Préférez-vous le bois de Vincennes au bois de Boulogne?

L'ÉTOILE.

Laissez donc, laissez donc; zéro et un c'est bien deux, voilà une vérité toute neuve.

SURVILLE.

Vous commencez à entendre un peu.

L'ÉTOILE.

A-peu-près ; il n'y a que le saut de quatre-vingt-dix-neuf à cent qui me gêne encore.

SURVILLE.

Il vous gêne?

Air du *petit Matelot.*
Mes pistolets sont des modèles

L'ÉTOILE.

Ah ! monsieur, vous avez raison

SURVILLE.

Je tue au vol des hirondelles.

L'ÉTOILE.

Ah ! monsieur, vous avez raison.

SURVILLE.

Six balles sont la charge honnête
Que j'y vais mettre pour raisons.

L'ÉTOILE.

Ah ! monsieur, il n'est pas de tête
Qui tienne contre vos raisons.

SURVILLE, *lui prenant la main amicalement.*

Il suffit. Je savais bien qu'avec une logique aimable on entraînait toujours un homme d'esprit. (*Il sort.*)

L'ÉTOILE, *saluant.*

Monsieur...

SCÈNE XVIII.

L'ÉTOILE, *seul.*

Il est certain que ce jeune homme a une manière infaillible de mettre les gens hors du siècle; ses calculs ont quelque chose de lumineux qui m'éblouit. D'ailleurs, la demoiselle est un peu vieille; cependant ses raisons m'avaient paru d'un certain poids. Ne serait-il pas possible de partager entre eux le différent, et d'offrir six mois à chacun. Eh! mon dieu, les voici tous.

SCÈNE XIX.

L'ÉTOILE, PRÉCIS, SURVILLE, ÉLIZA, MADEMOISELLE D'ANTIVIEUX, UN NOTAIRE.

PRÉCIS.
Allons, voilà l'Étoile et mon notaire; nous sommes tous réunis, il ne s'agit plus que de s'accorder.

LE NOTAIRE.
Sur quoi donc? le contrat est dressé.

PRÉCIS.
Oui; mais il reste à savoir si c'est aujourd'hui que je le signe ou dans un an.

MADEMOISELLE D'ANTIVIEUX, *vivement.*
Dans un an.

SURVILLE.
Aujourd'hui.

PRÉCIS.

C'est ce que l'Étoile va nous dire. (*Au notaire*) C'est la question du siècle.

LE NOTAIRE.

Ah! ah!

PRÉCIS, *à l'Étoile.*

Mon cher ami, nous sommes convenus de nous en rapporter à vos lumières.

MADEMOISELLE D'ANTIVIEUX, *le regardant tendrement.*

C'est avec la plus grande confiance que je place mes intérêts dans ses mains.

L'ÉTOILE, *saluant.*

Madame...

SURVILLE.

Je suis persuadé que monsieur aura trop de sagacité pour s'opposer à mes feux.

L'ÉTOILE, *saluant.*

Monsieur... Je demanderai seulement à me recueillir cinq minutes pour asseoir mon équation algébrique.

MADEMOISELLE D'ANTIVIEUX, *minaudant.*

C'est juste.

L'ÉTOILE, *à part.*

Elle enlaidit à vue d'œil.

LE NOTAIRE.

De l'algèbre pour prouver que dix-huit n'est pas dix-neuf.

MADEMOISELLE D'ANTIVIEUX, *vivement.*

C'est votre avis, monsieur?

LE NOTAIRE.

Peut-il y en avoir d'autres?

ÉLIZA.

Certainement, monsieur, il y en a d'autres.

SCÈNE XIX.

SURVILLE.

Et les raisons dont on les appuie valent bien l'entêtement de la routine.

PRÉCIS, *au notaire.*

Eh! vous avez affaire à forte partie.

LE NOTAIRE.

Mon dieu! je sais tout ce qu'on a dit là-dessus, et j'ai bien pesé le pour et le contre.

AIR :
C'est une question profonde ;
Pour la résoudre, en gens de l'art,
Il faut au principe du monde
Prendre notre point de départ.

SURVILLE.
Alors d'une année en arrière
Vous serez toujours en défaut,

LE NOTAIRE.
Non, car je pars de la première.

SURVILLE.
Et moi je pars d'un an plus tôt.

PRÉCIS.

Il est fort celui-là.

LE NOTAIRE.

De quelque point que vous partiez il faut qu'un siècle finisse avant que l'autre commence.

MADEMOISELLE D'ANTIVIEUX.

C'est ce que je me tue de leur dire.

AIR : *Cet arbre apporté de Provence.*
Quand le jour naît est-il croyable
Qu'on dise qu'il est terminé ;
Au moment où j'arrive à table
Peut-on dire que j'ai dîné ?
Mais voilà comme on est en France,
Et chaque jour le prouve bien,
Avec ardeur tout se commence,
Et jamais on ne finit rien.

LE NOTAIRE.

Au reste, je vois bien ce que veut monsieur.

SURVILLE, *avec crainte.*

Vous voyez?...

LE NOTAIRE.

Sans doute.

AIR :

>Je vois que du siècle où nous sommes,
>Lassé de compter les malheurs,
>Vous vous figurez que les hommes
>Dans un autre seront meilleurs.
>Revenez d'une erreur étrange,
>Et soyez bien sûr qu'ici-bas
>C'est en vain que le siècle change,
>Les hommes ne changeront pas.

MADEMOISELLE D'ANTIVIEUX.

J'en ai grand peur, et c'est pour cela que je persiste.

ÉLIZA.

Quoi! ma tante, vous persistez; mais...

MADEMOISELLE D'ANTIVIEUX.

Taisez-vous, mademoiselle.

PRÉCIS.

Non, non; laisssez-la dire, ma sœur, dans quel siècle es-tu, mon Éliza?

ÉLIZA.

Dans celui où l'on se marie, mon père.

AIR :

>Quand pour m'unir à ce que j'aime
>Par vous ce moment fut fixé,
>Pour moi le siècle dix-neuvième
>Depuis ce jour a commencé.
>L'amour sait franchir la distance
>Qui le sépare du plaisir,
>Et pour lui la douce espérance
>Sait rendre présent l'avenir

SCÈNE XIX.

PRÉCIS.

Pour moi, je suis neutre jusqu'à l'équation; êtes-vous prêt?

L'ÉTOILE.

Oui, voici le résultat de mon travail.

MADEMOISELLE D'ANTIVIEUX.

Dieu soit loué.

ÉLIZA.

Ma tante a l'air bien sûre de lui.

SURVILLE.

Je le suis encore plus.

L'ÉTOILE.

Voici le considérant de mon opinion.

PRÉCIS.

Bravo. J'aime l'ordre.

L'ÉTOILE.

J'y ai réuni les avis des plus grands génies. Écoutez bien, car c'est profond.

AIR : *Toujours debout*

Le grand principe de ma thèse,
C'est que dans aucune hypothèse
L'unité n'obtient sa valeur,
Si ses fractions rassemblées
Et leurs quantités calculées
Ne rendent le numérateur
Égal au dénominateur :
Comme l'aiguille qui circule
Ne marque une heure à la pendule
Qu'après soixante fractions
Ou de temps subdivisions
Que l'on appelle une minute,
Laquelle, quand on la suppute,
Se compose d'autres instants
Ou moindres portions de temps
Qu'on nomme secondes, lesquelles

Se composent d'autres parcelles
Dont enfin le premier instant
Va se perdre dans le neant;
Et voilà sur quoi je me fonde
Pour dire que tout dans le monde,
Quel que soit votre numero,
Commence et finit par zero.

LE NOTAIRE.

Par zéro?

SURVILLE.

Oui, monsieur.

PRÉCIS.

Ma foi, cela pourrait bien être.

AIR : *Pour un maudit péché.*

Je vois un Figaro
Dont le luxe m'étonne ;
Insolemment on prône
Un Trissotin nouveau :
De leur fortune extrême
Le principe est zero ;
La fin sera de même,
Zéro.

LE NOTAIRE.

C'est fort bien pour la plaisanterie; mais zéro n'est pas un nombre.

SURVILLE.

Comment donc? Mais c'est le plus grand.

AIR · *Trouverez-vous un parlement.*

Combien j'en vois dans les sallons,
Combien j'en vois sur le Parnasse;
A chaque pas nous en trouvons,
Je vois que par-tout on les place :
Cent faux braves contre un héros,
Peu de lumière et beaucoup d'ombre.
Ah ! dans ce monde les zéros
Feront toujours le plus grand nombre.

SCÈNE XIX.

PRÉCIS.

Tout cela est bel et bon : voyons le jugement ; prononcez.

L'ÉTOILE, *avec embarras.*

Si la question pouvait se décider sans moi,...

TOUS ENSEMBLE.

Non, non, c'est à vous, c'est à vous.

MADEMOISELLE D'ANTIVIEUX, *bas à l'Étoile.*

Douze mille écus de rente.

SURVILLE, *de même.*

Les hirondelles au vol.

L'ÉTOILE, *à part.*

Allons, il n'y a pas de partage à offrir. (*haut*) Puisque tout le monde le desire, hem, hem.

Air nouveau

Sur un point de cette importance
Pour réunir toutes les voix,
Je sens qu'il faut dans la balance
Poser un avis d'un grand poids
Ainsi je résous le problème,
Et je prononce librement,
Que nous sommes maintenant
Dans le siècle.... dix-neuvième

MADEMOISELLE D'ANTIVIEUX, *tombant dans un fauteuil.*

O ciel!

(*Le notaire rit.*)

SURVILLE.

Vous l'avez entendu, monsieur ; je ne le lui ai pas fait dire.

PRÉCIS.

C'est juste. Signons.

MADEMOISELLE D'ANTIVIEUX, *se relevant avec fureur.*

Comment, mon frère, vous seriez capable... (*Midi sonne.*)

SURVILLE, *vivement.*

Monsieur, voilà midi.

MADEMOISELLE D'ANTIVIEUX, *redoublant ses instances.*

Mon frère,.. je les déshérite.

PRÉCIS.

J'en suis au désespoir, ma sœur; mais voilà midi.

(*Il signe.*)

MADEMOISELLE D'ANTIVIEUX, *retombant dans le fauteuil.*

Ah! (*Les amants.*) Ah! mon père.

L'ÉTOILE, *bas.*

Croyez, mademoiselle, qu'il m'a fallu des raisons puissantes!....

MADEMOISELLE D'ANTIVIEUX.

Taisez-vous, monsieur, ne me parlez de la vie.

(*Belval entre.*)

SCÈNE XX.

LES PRÉCÉDENTS, BELVAL.

PRÉCIS.

Eh! voici Belval; tu m'apportes mon argent.

BELVAL.

Au contraire, je t'apporte la certitude que tu ne le toucheras que dans un an.

PRÉCIS.

Qu'est-ce à dire?

BELVAL.

Voici le résultat d'une assemblée de savants, convoquée pour juger cette fameuse affaire, et qui décide que le nouveau siècle n'est pas encore commencé.

SCÈNE XX.

L'ÉTOILE.

Bah!

PRÉCIS.

Et moi qui ai signé.

MADEMOISELLE D'ANTIVIEUX, *lui sautant au cou.*

Que je vous embrasse, j'ai un an de moins.

BELVAL.

Je vous en fais bien mon compliment; je suis désespéré, M. de l'Étoile, que les véritables savants ne soient pas de votre avis.

L'ÉTOILE.

Je le soutiendrai.

SURVILLE.

Et moi, je ne le soutiendrai pas plus long-temps : je dois vous avouer que l'amour m'a suggéré une idée à laquelle Paris a donné trop d'importance; l'article que vous avez vu dans le journal était de moi.

BELVAL, *riant.*

Ah! ah! ah! ah! je n'en ai pas été la dupe.

MADEMOISELLE D'ANTIVIEUX.

Ni moi.

PRÉCIS, *à Surville.*

Jeune homme, vous avez surpris ma signature, mais je la retire; je ne consentirai pas à un mariage qui ne ferait pas époque.

SURVILLE.

Au contraire, M. Précis; vous vouliez que le commencement du siècle fût consacré par notre union, et moi j'espère qu'il le sera par un événement encore plus heureux pour vous.

PRÉCIS.

Il a parbleu raison : à cette condition je te pardonne ; allons, ma sœur.

Air du Vaudeville des Revenants.

Tous les calculs de ma prudence
Se trouvent dérangés par lui ;
Mais sans tirer à conséquence
Tous deux pardonnons aujourd'hui.
L'expérience nous éclaire,
Une fois l'on nous a surpris ;
Mais au siècle prochain, ma chère,
Ni vous ni moi n'y serons pris.

MADEMOISELLE D'ANTIVIEUX, *signant.*

Nous prendrons nos précautions pour cela.

L'ÉTOILE.

Puisqu'il est question de pardon et de mariage, puis-je me flatter...

MADEMOISELLE D'ANTIVIEUX.

Non, M. de l'Étoile ; non, j'y renonce.

L'ÉTOILE.

Vous y renoncez? Eh bien, moi aussi : aussi bien le mariage n'est guère le fait d'un astronome.

BELVAL.

Vous vous trompez, mon cher ; vous n'êtes pas heureux aujourd'hui dans vos décisions.

L'ÉTOILE.

Comment cela?

BELVAL.

C'est tout clair.

Air : Guillot un jour.

Par métier, cherchant des étoiles
Il faut, et vous le savez bien,
Que la nuit étende ses voiles,
Car le jour vous n'y voyez rien.

SCÈNE XX.

Je vous promettrais, sur mon ame,
Plus de succès étant mari ;
Vous verriez, avec une femme,
Des étoiles en plein midi.

PRÉCIS, *riant.*

Ah! ah! ah! quoi qu'il en soit, voilà un article de plus à ajouter au chapitre des grands effets par les petites causes.

VAUDEVILLE.

Air : *Cœurs sensibles.*

PRÉCIS.

Du bonheur par une ruse
Pour hâter les doux instants,
Un jeune étourdi s'amuse
A changer l'ordre des temps ;
Et les badauts qu'il abuse,
S'en vont se demandant tous :
Dans quel siècle sommes-nous ?

SURVILLE.

Par nous ici vont renaître
Les amours du bon vieux temps.
Je veux que le petit maître,
Surpris de nous voir amants,
S'écrie en voyant paraître
D'aussi fidèles époux :
Dans quel siècle sommes-nous ?

BELVAL.

Pour esprit du verbiage,
Pour sentiment de l'esprit,
Pour vertus, leur étalage,
Et pour talents du crédit.
Plus d'amour, même au village,
Faux amis et cœurs jaloux :
Dans quel siècle sommes-nous ?

MADEMOISELLE D'ANTIVIEUX.

Du temps je craignais l'outrage ;
Mais quelle fût mon erreur !

On est heureux à tout âge,
Rien ne vieillit un bon cœur;
Quand il est bien, le vrai sage
Laisse en paix crier aux fous :
Dans quel siècle sommes-nous?

LE NOTAIRE.

C'est par-tout ce qu'on répète :
Lise adore un vieux mari;
Un gascon paye une dette,
Mon médecin m'a guéri.
Créancier, jaloux, coquette,
Ensemble nous disons tous :
Dans quel siècle sommes-nous?

ÉLIZA, *au public.*

Sur cette légère esquisse,
Prononcez, mais sans rigueur·
Par humeur, ou par justice,
Si vous maltraitez l'auteur,
Je l'entends dans la coulisse,
Qui s'écrie avec courroux :
Dans quel siècle sommes-nous?

LE TABLEAU DES SABINES,

COMÉDIE-VAUDEVILLE,

PAR MM. JOUY, LONCHAMPS ET DIEULAFOI.

REPRÉSENTÉE POUR LA PREMIÈRE FOIS SUR LE THÉATRE DE L'OPÉRA-COMIQUE, LE 9 GERMINAL AN VIII.

L'exposition du chef-d'œuvre de la peinture moderne, le *tableau des Sabines*, excita dans Paris des transports d'admiration, et la salle du Louvre où ce tableau était exposé devint, pendant dix mois, un lieu de rendez-vous pour tous les amateurs de l'Europe. Un triomphe aussi éclatant fut néanmoins accompagné, comme autrefois à Rome, des injures obligées de quelques esclaves qui marchaient à la suite du vainqueur. Une espèce de polémique s'établit à ce sujet dans les journaux où l'esprit de parti, qui n'osait pas alors se montrer à découvert, emprunta le langage d'une critique amère et de mauvaise foi, pour tourmenter un homme de génie que ses ennemis n'avaient pas encore l'espoir de faire mourir en exil.

Le desir de payer au prodigieux talent de David le tribut d'hommage qu'il imposait à tous les amis des arts et de la gloire nationale, nous suggéra l'idée de cette petite pièce : nous étions loin de prévoir le succès sans exemple qu'obtint un si léger ouvrage, et qu'il dut, en grande partie sans doute, au concours de circonstances favorables au milieu desquelles il parut.

Cette comédie, mêlée de couplets, avait été composée, dans le principe, pour le théâtre du Vaudeville; mais les changements dont on voulut nous faire une loi, lorsqu'il fut question de la représenter, et qui nous paraissaient dictés par un esprit tout-à-fait différent de celui qui nous l'avait inspiré, nous déterminèrent à porter cette petite pièce de circonstance à l'Opéra-Comique, où depuis long-temps on ne jouait plus le vaudeville. Elle y fut reçue avec acclamations. Les sociétaires de ce théâtre se trouvaient à cette époque dans une des plus violentes crises financières qu'ils eussent encore éprouvées : leurs créanciers étaient au moment de faire fermer la salle, lorsqu'on annonça *le Tableau des Sabines*.

La curiosité publique, vivement excitée par le titre de l'ouvrage, par son apparition inattendue sur un grand théâtre, par le nom des acteurs qui devaient y jouer, fit un véritable événement de cette première représentation. La pièce fut achevée au milieu des transports d'une gaieté folle qu'avait provoqués Dossainville dans un rôle d'amoureux niais où tout Paris voulut le voir. Le Tableau des Sabines eut un si grand nombre de représentations à salle pleine, que les recettes qui en provinrent suffirent à payer les dettes de ce théâtre, et lui ouvrirent une nouvelle carrière de succès.

PERSONNAGES.

LORMON, architecte.
Madame DUBREUIL, sa sœur.
LAURE, fille de madame Dubreuil.
DERCOUR, amant de Laure.
FIRMIN, son valet.
Madame FIRMIN, distributrice de billets.
FADET, prétendu de Laure.
LE BEAU.
FRIVOLE.
MOROSE.
Deux enfants.
Un commissaire.
Soldats.
Valets.

LE TABLEAU DES SABINES,

COMÉDIE-VAUDEVILLE.

SCÈNE PREMIÈRE.

Le théâtre représente l'anti-chambre du salon où le tableau est exposé; à droite un petit cabinet grillé où l'on distribue des billets.

MADAME FIRMIN, *dans son cabinet*, SIMON, NINETTE, FIRMIN.

NINETTE.

Maman, c'est mon papa; il va juger qui a raison.

FIRMIN, *pensif*.

Les voilà donc à Paris.

LES ENFANTS, *le suivent*.

Papa?

FIRMIN.

Silence. L'oncle est pour nous, la mère est contre nous, la fille est folle de nous, la fille est à nous.

SIMON.

Ninette ne sait ce qu'elle dit; pas vrai, papa?

FIRMIN.

Que me veulent ces marmots?

MADAME FIRMIN.

Mon dieu, comme tu les rudoies.

NINETTE.

Mon frère soutient que les enfants de ce grand tableau qui est là-dedans sont de notre âge.

FIRMIN.

C'est un petit sot!

SIMON.

Ma sœur dit qu'ils sont plus jeunes que nous.

FIRMIN.

Ninette a raison.

NINETTE.

Vois-tu que je savais bien!

FIRMIN.

La chère maman aura beau surveiller, nous parlerons à la fille..... (*A Ninette.*) Qu'est-ce qui te fait croire que ces enfants sont plus jeunes que toi, Ninette?

NINETTE.

Pardine, papa, ils sont sous les pieds des chevaux, et ils jouent, je vois bien qu'ils sont trop petits pour avoir peur.

FIRMIN.

Viens que je t'embrasse! tu as de l'esprit; on a raison de dire que les filles tiennent de leur père; maintenant qu'on me laisse. Parbleu, je n'en aurai pas le démenti, nous épouserons, madame Dubreuil, ou je ne m'appelle pas Firmin.

MADAME FIRMIN, *venant à lui.*

Que parles-tu d'épouser?

FIRMIN.

A qui en as-tu?

MADAME FIRMIN, *venant à lui.*

Qu'est-ce que cela signifie?

FIRMIN.

A l'autre folle, à présent.

MADAME FIRMIN.

Je veux savoir quelle est cette femme.

SCÈNE I.

FIRMIN.

Vous mériteriez, madame Firmin, que je vous abandonnasse à vos soupçons jaloux, pour vous punir de les avoir conçus; mais ce sera pour une autre fois: comme je puis avoir besoin de toi aujourd'hui, je veux bien te tirer d'erreur.

MADAME FIRMIN.

C'est généreux.

FIRMIN.

Madame Dubreuil est une riche veuve de Châlons, mère d'une charmante personne! Eh parbleu! la nièce de M. Lormon.

MADAME FIRMIN.

L'architecte qui demeure ici?

FIRMIN.

Lui-même; et tu connais Laure tout aussi bien que moi: mon maître en est amoureux; on la lui refuse; mais moi je la lui donne, et je prétends la lui faire épouser, malgré tous les obstacles.

MADAME FIRMIN.

De l'intrigue! te voilà bien dans ton centre.

FIRMIN.

Intrigue, soit, c'est le mot de l'envie qui cherche à ravaler le talent.

Air du *petit Matelot*

L'intrigue gouverne le monde

MADAME FIRMIN.

Voilà pourquoi tout va si bien

FIRMIN.

Sur elle aujourd'hui tout se fonde

MADAME FIRMIN.

Aussi n'est-on plus sûr de rien (*bis*)

FIRMIN.

L'intrigue est du moins un beau rêve.

MADAME FIRMIN.

Les intrigants ne dorment pas

FIRMIN.

C'est par l'intrigue qu'on s'élève.

MADAME FIRMIN.

J'ai vu des intrigants bien bas. (*bis.*)

N'avons-nous pas de quoi vivre tranquillement avec ta place?...

FIRMIN.

Oui, elle est sûre, ma place, avec un maître aussi vif, aussi impatient, aussi emporté que le mien; si je ne le marie pas aujourd'hui, je suis renvoyé demain, peut-être.

MADAME FIRMIN.

Eh bien, la mienne est bonne, et peut suffire à tous deux. La curiosité ne se lasse pas.

FIRMIN.

Non, mais elle change d'objets.

AIR : *Appelé par le dieu d'Amour.*

Ma femme, nous sommes Français,
Changer est notre destinée
Chez nous le plus brillant succès
Naît et meurt dans une journée ;
Admirez donc votre destin,
Vous qu'à mon char l'amour attèle ;
Tout change, madame Firmin,
Et je vous suis toujours fidèle

MADAME FIRMIN.

Je crois cela ! Voici ton maître, il a l'air bien agité.

SCÈNE II.

LES PRÉCÉDENTS, DERCOUR.

FIRMIN.

Eh bien ! monsieur.

DERCOUR, *très animé*.

Je suis furieux.

FIRMIN.

Qu'y a-t-il de nouveau !

DERCOUR.

On a peine à concevoir jusqu'où une femme prévenue peut porter l'injustice et la déraison.

FIRMIN.

Moi, je le conçois; mais encore....

DERCOUR.

Sais-tu ce qu'elle me reproche?

FIRMIN.

Vous l'avez donc vue?

DERCOUR.

Hé, butor! est-ce qu'on la voit? est-ce qu'on lui parle? je sors de chez l'oncle; c'est lui qui m'a appris les motifs de refus de madame Dubreuil.

FIRMIN.

Bah! je les connais tout aussi bien que lui?

DERCOUR.

Comment tu connais?....

FIRMIN.

Sans doute : vous êtes un jeune homme sans mœurs.

DERCOUR.

Maraud!

FIRMIN.

N'est-ce pas ce qu'elle vous reproche?

DERCOUR.

Assurément; parcequ'il a plu à certaines gens de me faire passer pour un homme à bonnes fortunes.

FIRMIN.

Vous avez un esprit borné; vous êtes sans goût, sans jugement.

DERCOUR.

Insolent!

FIRMIN.

N'est-ce pas encore là ce qu'elle dit de vous?

DERCOUR.

Hé vraiment oui; parceque je me suis souvent moqué de ce qu'elle appelle ses peintures.

FIRMIN.

Elle a raison.

DERCOUR.

Comment, traître!

FIRMIN.

Oui, monsieur; vous vous êtes très mal conduit dans toute cette affaire; ah! que n'ai-je à séduire pour mon compte une femme comme madame Dubreuil; je ne voudrais que deux jours pour lui faire tourner la tête: elle est prude, je rougirais au seul nom de mariage; elle a des prétentions au dessin, j'admirerais jusqu'à ses silhouettes: ce n'est qu'ainsi que l'on réussit auprès des gens; il faut parler comme eux pour les amener à penser comme nous.

SCÈNE II.

AIR : *Sans doute employer la contrainte*

Avec adresse on étudie
Ceux dont on peut avoir besoin ;
A leur trouver quelque manie,
Sur-tout on s'applique avec soin ;
Leurs faiblesses à l'homme habile
Sont toujours ce qui sert le plus ·
Un défaut nous est plus utile
Chez eux que cinquante vertus   (*bis.*)

DERCOUR, *impatienté.*

Hé morbleu ! qu'est-ce que cela fait aujourd'hui à ma situation ?

FIRMIN.

Cela fait qu'il faut enfin vous décider à m'en croire ; qu'il faut profiter du séjour de votre belle à Paris, pour tenter quelque coup d'autorité ; mort de ma vie ! si vous aviez pris ce parti, il y a un an, tandis qu'elle était encore chez son oncle, nous n'en serions pas aujourd'hui où nous en sommes.

DERCOUR.

Mais, misérable, qu'aurais-tu fait ?

FIRMIN.

Le plus pressé : j'aurais épousé.

DERCOUR.

Mais n'aurait-il pas fallu alors, comme il faut aujour-d'hui, le consentement de madame Dubreuil ?

FIRMIN.

Nous l'aurions eu ensuite.

DERCOUR.

J'en doute.

Air nouveau *de Solié*

Cet hymen, s'il eût pu se faire,
Au bonheur ne m'eût pas mené.
Tout me prouve trop que la mère
Jamais ne me l'eût pardonné

FIRMIN.

Votre timidité m'étonne ·
N'avez-vous pas encore appris
Qu'une femme souvent pardonne
Ce qu'elle n'eût jamais permis

Voulez-vous me donner carte blanche.

DERCOUR.

Que veux-tu que je te réponde? J'attends ici l'honnête Lormon; il a été faire un dernier effort auprès de sa sœur, et peut-être...... Ah! je l'aperçois.

SCÈNE III.

LES PRECEDENTS, LORMON.

LORMON.

Mon pauvre Dercour, ma négociation n'a pas été heureuse.

DERCOUR, *vivement, à Firmin.*

Madame Dubreuil refuse de m'écouter!

LORMON.

Absolument. Elle ne veut plus entendre parler d'un petit maître.

DERCOUR, *vivement à Firmin.*

Tu vois! Un petit maître; moi qui les déteste!

Air du Vaudeville *de la Fille en Loterie*

Ces petits héros des salons,
De sottise parfaits modèles,
Vains et frivoles papillons
Qui n'ont de brillants que les ailes,
Dans le boudoir, amants transis,
En public, exhalant leurs flammes,
Troublent le repos des maris,
Beaucoup plus que celui des femmes

SCENE III.

LORMON.

Je vois que tu es dans les bons principes ; mais c'est trop tard : j'ai, malheureusement, une plus mauvaise nouvelle à t'annoncer.

DERCOUR.

Que voulez-vous dire ?

LORMON.

Que ma sœur n'est venue à Paris que pour marier sa fille.

DERCOUR.

Eh bien ! Firmin ?

FIRMIN.

Eh bien ! monsieur, puisque madame Dubreuil vient ici pour marier sa fille, si vous l'épousez, elle aura atteint le but de son voyage.

LORMON.

Fort bien ; mais par malheur il n'est pas question de lui dans tout cela : c'est un autre qui épouse.

DERCOUR.

Un autre ! et quel est le nom de mon rival ?

LORMON.

C'est un M. Fadet, fils d'un ancien procureur fiscal de Châlons ; il lui a été présenté par un ami de feu son époux, et la simplicité de ses mœurs, pour parler comme elle ; la pureté de sa conduite, l'innocence de ses manières, l'ont si bien servi auprès de ma sœur, que le mariage est arrêté.

DERCOUR.

O ciel ! et Laure consent ?..

LORMON.

Non, mais elle obéit.

DERCOUR.

Oh! les femmes...

FIRMIN.

Doucement, monsieur, doucement, n'en disons pas de mal, ce n'est plus de mode.

Air du vaudeville *des Visitandines*

Nos pères, en aimant leurs femmes,
En médisaient à tous propos ;
Aujourd'hui nous trompons ces dames,
Et leur faisons des madrigaux (*bis*)
Nous sommes en bonnes espèces
Moins riches que nos devanciers ;
Les belles sont des créanciers
Que nous payons en politesses. (*bis*)

DERCOUR, *vivement.*

Mon cher M. Lormon, vous me connaissez; plutôt que de renoncer à votre nièce, je suis capable de tout.

LORMON.

Eh bien! quoi? quelque coup de tête encore?

DERCOUR.

Oh! non, non, soyez tranquille.

LORMON.

Tu n'en as déja que trop à te reprocher.

DERCOUR.

J'avais vingt-quatre ans alors : j'en ai vingt-six aujourd'hui... Je sais réfléchir et modérer... Voyez le sang-froid de ce coquin; a-t-il l'air de s'apercevoir que je suis au supplice?

FIRMIN.

Monsieur, je fais comme à l'ordinaire. Tandis que vous pestez contre l'obstacle qui vous barre le chemin, moi je cherche un passage.

SCÈNE III.

DERCOUR.

Eh bien! que ferons-nous?

FIRMIN.

Ce que nous ferons? il faut d'abord nous débarrasser du Fadet.

DERCOUR, *applaudissant.*

C'est cela.

FIRMIN.

S'il ne s'agit que de le reconduire en Champagne, j'ai ici des amis tout prêts.

DERCOUR, *à Lormon.*

Vous voyez qu'on ne peut pas être plus modéré.

LORMON.

A merveille; mais penses-tu que renverser les projets d'autrui suffise pour assurer les tiens? Écoute, mon cher Dercour; tu sais avec quel zèle je t'ai servi, je suis prêt à le faire encore, parceque je rends justice à ton cœur; mais si tu veux que j'avoue tes démarches, calcule-les un peu mieux, et songe sur-tout que l'édifice du bonheur n'est pas l'ouvrage de toutes sortes de gens.

> AIR : *Trouverez-vous un parlement*
> Quand on règle mal son effort,
> Ou manque le but qu'on ajuste.
> Tout le monde peut frapper fort,
> Peu de gens savent frapper juste
> Des manœuvres pris au hasard
> Suffisent toujours pour détruire.
> L'architecte habile en son art
> Est seul capable de construire.

Tu vois que je te parle en homme de métier, mais toujours en ami; l'heure m'appelle au travail, tu me trouveras chez moi, si je puis t'être utile.

(Il sort.)

SCÈNE IV.

FIRMIN, DERCOUR.

FIRMIN.

Voilà un homme d'un très bon sens.

DERCOUR.

Oui, et me voilà, moi, le plus malheureux des hommes. Allons, suis-moi.

FIRMIN.

Où allons-nous, monsieur?

DERCOUR.

Chercher mon rival.

FIRMIN.

Vous savez donc sa demeure.

DERCOUR.

Eh bien! tâchons de voir ma chère Laure.

FIRMIN.

Elle vous a donc fait dire que vous seriez reçu?

DERCOUR.

Tu m'impatientes, allons toujours.

FIRMIN.

Sans savoir où, c'est le moyen de marcher toute la vie.

DERCOUR.

Mais, bourreau, veux-tu donc que je prenne racine ici?

FIRMIN.

Pourquoi pas, monsieur; est-il impossible qu'une barbouilleuse de province, infatuée de ses prétendus talents...

SCÈNE IV.

DERCOUR.

Hé que m'importe cette femme? c'est Laure; c'est ce rival... Vite une plume, ce sera ton affaire après de le découvrir.

FIRMIN.

A la bonne heure, Paris n'est pas si grand. (*Il va chercher ce qu'il faut pour écrire.*)

SCÈNE V.

LES PRÉCÉDENTS, FADET, MADAME FIRMIN,
à son comptoir.

FADET, *à madame Firmin.*

N'est-ce pas ici qu'on voit le portrait des Sabines?

MADAME FIRMIN.

Monsieur veut dire le tableau.

FADET.

Portrait, tableau, c'est toujours de la peinture.

MADAME FIRMIN.

Oui, monsieur, c'est ici; si vous voulez entrer, voilà le livret.

FADET.

Non, non, ces dames ne m'ont pas parlé de livret; c'est le tableau qu'on veut voir, et si vous voulez avoir la bonté de me le confier... je vous laisserai des arrhes.

MADAME FIRMIN.

Monsieur plaisante, assurément.

FADET.

Moi, non.

Air *Tout roule aujourd'hui.*

C'est pour une personne sûre;
Si vous voulez me le prêter,
Dans une heure, je vous l'assure,
Je viendrai vous le rapporter

MADAME FIRMIN.

Cela ne se prête à personne.

FADET.

Pourquoi donc? c'est bien singulier,
Pour le voir du moins qu'on nous donne
Un cabinet particulier

MADAME FIRMIN.

Dis donc, Firmin, monsieur voudrait voir le portrait des Sabines; ne pourrais-tu pas lui donner un cabinet particulier?

FIRMIN.

Pourquoi pas, monsieur me semble bien fait pour être mis à part.

FADET.

Trop honnête, monsieur; c'est que, voyez-vous, quand on va en public avec des femmes d'une certaine tenue....

FIRMIN.

Sans doute, je conçois...

FADET.

Et je dis, si le peintre savait que ma future belle-mère est la plus fine connaisseuse de Châlons-sur-Marne, il ne ferait pas tant le renchéri.

FIRMIN, *bas à Dercour.*

De Châlons, monsieur; un sot qui épouse: attention.

DERCOUR.

Veux-tu bien me laisser tranquille.

FIRMIN, *à Fadet.*

Monsieur est donc prêt à se marier?

SCÈNE V.

FADET.

Tout prêt, monsieur.

FIRMIN.

Je vous en fais mon compliment.

FADET.

Nous sommes arrivés hier exprès pour ça.

FIRMIN, *à son maître.*

Arrivés hier. Vous écrirez demain. (*Haut*) Je connais un peu Châlons; pourrais-je, sans indiscrétion, demander à monsieur comment s'appelle...

FADET.

Mon amante?

FIRMIN.

Oui, votre amante.

FADET.

Tout juste comme celle de Plutarque, Laure.

FIRMIN.

C'est lui.

DERCOUR, *se levant avec précipitation.*

C'est elle.

FADET, *étonné.*

Hein?

FIRMIN.

C'est un auteur qui compose; il vient de trouver apparemment ce qu'il cherchait. Il est probable que monsieur est aimé?

FADET.

Pardine, est-ce que ça se demande.

DERCOUR, *vivement.*

On vous l'a dit?

FADET.

Je vous prie de croire, monsieur, que mademoiselle

Laure Dubreuil est trop bien élevée pour faire ces aveux-là avant le mariage.

FIRMIN.

Et ce mariage se fait?...

FADET.

Demain.

DERCOUR.

Impossible.

FADET.

Comment donc?

FIRMIN.

Vous savez bien qu'à présent on ne se marie pas tous les jours.

FADET.

Ah! fort bien; mais tous les jours on signe des contrats; et d'ailleurs j'ai des raisons pour me presser de conclure.

DERCOUR.

Ah! ah! quelque rival, peut-être?...

FADET.

Quelque chose comme ça ; mais il ne sait pas que nous sommes à Paris, et vous sentez bien que je ne serai pas assez bête...

DERCOUR.

Pour le lui dire vous-même; ce serait trop obligeant.

FADET.

Et trop simple, hé! hé! Ce n'est pas que je ne sois bien tranquille, parceque quand je suis là, si l'on m'attrape, je le vois bien; malgré ça, je ne me souciais pas trop du voyage de Paris, mais mademoiselle Laure a tant insisté...

SCÈNE V.

DERCOUR.

Elle a insisté?

FADET.

Vous n'avez pas d'idée; mais heureusement nous n'y passons que quinze jours, et je veux du moins en profiter pour tout voir, et me livrer à tous les plaisirs, honnêtes s'entend.

FIRMIN.

Vous n'avez pas de temps à perdre; ce soir, par exemple, où va-t-on?

FADET.

Hé parbleu, chez Garchi.

FIRMIN, *bas à Dercour.*

Chez Garchi.

DERCOUR.

Au bal de bienfaisance; c'est fait pour tenter une belle ame.

AIR : *Il faut quitter ce que j'adore*

Plus d'un censeur atrabilaire
Dit que le pauvre est sans soutien,
Ici vous verrez au contraire
Qu'on s'amuse à faire du bien.
Non, jamais plus gaiement en France
On n'assista l'humanité
L'aumône s'y fait en cadence,
Et l'on danse par charité

FADET, *confidemment.*

Demain la comédie des chevaux.

FIRMIN.

Diantre! il paraît que monsieur aime la morale.

Air du vaudeville des *deux Chasseurs*

L'auteur, dans ces beaux intermèdes,
Aux passions sait mettre un frein

FADET.

Avec des acteurs quadrupèdes
L'intrigue doit aller bon train
Par malheur pour la troupe équestre,
On prétend que le mois dernier
Le trop fougueux jeune premier
S'est laissé tomber dans l'orchestre

J'ai pleuré en lisant cet article dans les journaux.

DERCOUR.

Mais ce matin, du moins, vous amenez ici des dames?

FADET.

Ma foi non : si l'on avait pu avoir un cabinet à part, à la bonne heure, cela aurait arrangé la maman, qui est très réservée; et puis, tenez, je n'en fais pas le fin, moi; on m'a promis de me lier avec des artistes qui me feront aller par-tout pour rien, et c'est agréable, voyez-vous.

FIRMIN.

Malepeste! c'est très bien vu. (*à part*) Sot et vilain, nous te tenons. (*Dercour va chercher des billets au bureau de madame Firmin.*) (*haut*) J'en use de même autant que je peux; mais malheureusement pour les arts, il y a bien des gens qui nous imitent.

FADET.

Ah! dame!

FIRMIN.

AIR *Mon père était pot*

Rire gratis chez les Français
Est la mode dernière;
Par-tout chacun se met en frais,
Exprès
Pour n'en pas faire
On court, on obtient
Des billets pour rien,
Et par ce tour perfide

SCÈNE V.

*La salle est souvent
Bien pleine, et pourtant
La caisse est encor vide*

DERCOUR, *qui est allé acheter des billets.*

Monsieur, en ma qualité d'artiste, je puis disposer ici de quelques entrées, et je serais charmé que vous voulussiez accepter ces trois billets, pour vos dames et pour vous.

FADET, *saluant.*

Ah! monsieur, enchanté d'avoir eu l'honneur de faire votre connaissance.

DERCOUR.

Ne faites pas attention. Dépêchez-vous.

FADET, *saluant.*

Monsieur...

FIRMIN, *le poussant vers la porte.*

L'amateur est ordinairement impatient.

FADET.

J'y vais, j'y vais. Si vous êtes encore ici quand nous reviendrons, vous me verrez avec ma future; ça vous fera plaisir.

DERCOUR.

Pas du tout; nos affaires nous appellent à l'autre extrémité de la ville. Serviteur.

SCÈNE VI.

(Dans cette scène, les deux interlocuteurs se coupent mutuellement la parole avec rapidité.)

DERCOUR, FIRMIN, MADAME FIRMIN.

DERCOUR, *vivement*.

Écoute, Firmin.

FIRMIN.

Permettez, monsieur...

DERCOUR.

J'ai une idée qui pourrait...

FIRMIN.

Ce n'est pas cela, il faut...

DERCOUR.

Tu n'y es pas. Mon projet...

FIRMIN.

Ne vaut pas le mien. Écoutez.

DERCOUR.

Elles vont venir...

FIRMIN.

Immanquable, monsieur. Ma femme...

DERCOUR.

Enragé bavard, m'entendras-tu? Je veux...

FIRMIN.

Un entretien avec Laure? vous l'aurez.

DERCOUR.

Mais, la mère?

FIRMIN.

Nous l'éloignerons... Ma femme!

SCÈNE VI.

DERCOUR.

La clef de votre chambre.

MADAME FIRMIN.

La voilà.

FIRMIN.

La clef de la petite porte qui donne dans le salon.

MADAME FIRMIN.

La voilà.

DERCOUR.

Suivez-moi.

FIRMIN.

Je réponds de tout.

SCÈNE VII.

MADAME FIRMIN, *seule*.

Voyez un peu ces étourdis; ne dirait-on pas qu'ils vont culbuter l'Europe; eh bien! c'est d'un mariage qu'il s'agit. Pauvre fille! dans un an ton mari mettra peut-être à t'éviter autant d'empressement qu'il en met à te chercher aujourd'hui.

Air nouveau par Solier

Trouve-t-il un cœur rebelle,
Un soupirant malheureux
Semble n'épouser sa belle
Que pour éteindre ses feux.
Las de chaîne infortunée,
Chaque amant vient à son tour
Dire aux autels d'hyménée
Délivrez-moi de l'amour

Trouve-t-il femme fidele,
Qui, bornant à lui ses vœux,
Exige aussi que pour elle

> Il brule des mêmes feux,
> Pas de son nouveau martyre,
> L'époux, changeant de refrain,
> Aux autels d'amour va dire
> Délivrez-moi de l'hymen

Mais voilà des curieux qui sortent; laissons-les causer à leur aise.

SCÈNE VIII.

LE BEAU, FRIVOLE.

LE BEAU.

Voilà un bel ouvrage, on ne se lasse point de le voir.

FRIVOLE.

Il y paraît, car voilà deux mortelles heures que vous me tenez là; moi, j'avais tout vu dans cinq minutes.

LE BEAU.

Vous avez le coup d'œil prompt.

FRIVOLE.

Et sûr; je sais mon tableau par cœur.

LE BEAU.

Vous en détailleriez toutes les beautés?

FRIVOLE.

Je n'ai remarqué que les défauts.

LE BEAU.

Je ne m'étonne pas si vous avez eu plus tôt fait que moi.

FRIVOLE.

Avec deux ou trois traits de critique bien gaie, je ferai bien plus d'effet dans le monde qu'en me rendant l'écho de tous les éloges qu'on répète.

LE BEAU.

Le motif est louable; mais encore quel sujet piquant d'épigrammes avez-vous trouvé?

FRIVOLE.

Ce n'est pas encore mûr; mais j'ai mes masses.

LE BEAU.

Votre occupation me fait rire, messieurs les diseurs de bons mots; je crois voir une armée d'enfants qui font le siége d'une citadelle avec des fusées.

FRIVOLE.

Hé bien, l'on ne blesse pas, et l'on éblouit; c'est charmant. Parbleu, monsieur le louangeur, je voudrais vous mettre aux prises avec certain petit vieillard qui est encore dans le salon, et dont l'air de pitié contrastait plaisamment avec votre enthousiasme. Justement, voici mon homme.

LE BEAU.

Je veux l'aborder pour vous faire plaisir.

SCÈNE IX.

LES PRECÉDENTS, MOROSE.

LE BEAU, à *Morose*.

Monsieur est connaisseur?

MOROSE.

Assez pour trouver mauvais ce que les autres admirent.

FRIVOLE.

Bravo! touchez là.

MOROSE.

Monsieur s'y entend-il aussi?

LE BEAU.

Assez pour admirer ce que les autres décrient.

FRIVOLE.

Il trouve cela superbe.

MOROSE.

Il y a des goûts plus ou moins difficiles.

LE BEAU.

Oserais-je vous demander sur quelle partie du tableau porte votre critique?

MOROSE.

Sur le dessin, l'ordonnance, et le coloris.

LE BEAU.

Seulement?

MOROSE.

Mais, à votre tour, qu'admirez-vous tant?

LE BEAU.

Le coloris, l'ordonnance, et le dessin.

FRIVOLE.

Voilà ce qui s'appelle différer d'avis.

MOROSE.

Vous n'avez donc jamais comparé toutes vos ébauches modernes avec les immortelles productions des Raphaël, des Michel-Ange? vous ne savez donc pas?....

LE BEAU.

Je sais que Raphaël et Michel-Ange sont morts, et que l'auteur de ce tableau existe.

Air nouveau de *Solier*

Jamais le grand homme vivant
A la gloire ne peut prétendre,
Jamais la palme du talent
Ne s'élève que sur sa cendre

SCENE IX.

> L'envie à louer le vrai beau
> Par le trepas seul est contrainte,
> Et ne veut que sur son tombeau
> Applaudir l'auteur de Philinte.

Je suis amateur et Français, je parle comme je sens.

MOROSE.

Je suis artiste et Anglais, je parle sans rivalité.

FRIVOLE.

Cela va sans dire.

MOROSE.

Nous sommes trop loin d'opinion pour disputer sur l'exécution du tableau; cependant je suis curieux de voir comment vous justifierez les inconvenances dont il fourmille.

FRIVOLE.

C'est là où je l'attends.

MOROSE.

D'abord, qu'est-ce que ces héros propres comme au sortir du bain, quand ils combattent sur les bords fangeux du Tibre?

LE BEAU.

Monsieur, qui aime les calembours, vous dira qu'il ne faut pas traîner les beaux-arts dans la boue.

FRIVOLE.

Vous m'avez volé ça; mais je vous le revaudrai, je vous en avertis.

MOROSE.

Votre Hersilie, si fade et si majestueuse à contretemps, ne devrait-elle pas être échevelée, palpitante, hors d'haleine?

LE BEAU.

Le peintre a voulu conserver la beauté dans la douleur.

Air du vaudeville de *la Soirée Orageuse*

> Parceque d'un bras furieux
> On meurtrit son sein dans la peine,
> Faut-il qu'Hersilie à nos yeux
> Offre un sein marqueté d'ébène ?
> Parcequ'on s'échauffe en courant,
> Faut-il que son teint rouge éclate,
> Et qu'elle nous tende, en pleurant,
> Des bras et des mains d'écarlate !

FRIVOLE.

Il a bien fait, je n'aime pas les bras roturiers.

MOROSE.

La nature, monsieur.

LE BEAU.

Oui, la belle nature, monsieur.

MOROSE.

C'est encore par respect pour la belle nature que le peintre a donné à la chevelure de ses personnages la roideur de la pierre.

LE BEAU.

Ce léger défaut, s'il existe, serait peut-être insensible, si l'on voyait le tableau à sa distance.

FRIVOLE.

Pour ça, c'est vrai. (à *Morose*) Écoutez donc.

Air du *Coin du feu*.

> Je veux bien qu'on censure
> Le corps, ou la figure,
>   Les mains, les yeux ;
> Mais ici, plus outree,
> La critique est tirée
>   Par les cheveux

(*A Le Beau.*)

Il y est, je vous l'avais promis, mais puisque vous êtes dans le secret du peintre, dites-moi un peu à quelle

SCÈNE IX.

fin les Romains se sont avisés d'enlever cette vieille de quatre-vingts ans, qu'on voit sur le devant, et dont le geste m'inquiète beaucoup?

LE BEAU.

Comment, vous ne concevez pas?

FRIVOLE.

Je ne conçois pas du tout à quel audacieux Romain peut appartenir le marmot de huit jours qu'elle a placé sous les pieds des chevaux par tendresse maternelle.

LE BEAU.

Moi, qui n'avais point d'épigrammes à faire, j'ai tout de suite deviné que cette vieille était la grand'mère de l'enfant, et qu'elle était là pour sa fille.

FRIVOLE.

Diantre, s'il est ainsi, voilà une de mes meilleures plaisanteries perdue. C'est fâcheux.

MOROSE.

Je ne vous parle pas du costume des héros; vous les trouvez sans doute de la plus scrupuleuse décence?

LE BEAU.

Que voulez-vous, j'ai l'indécence de ne pas baisser les yeux en passant devant l'Apollon du Belvéder.

Air du Passage du Temps, par Solier

Aux yeux la nature sévère
Peut se produire avec candeur ;
Tandis qu'à l'aspect du mystère
On voit s'alarmer la pudeur
Oui, la véritable décence
Préfère, en sa naïveté,
La nudité de l'innocence
Au voile de la volupté

FRIVOLLE.

Cette fois, je suis un peu de son avis : j'aime les tableaux qui se rapprochent de la nature; et puis n'est-ce pas la mode du jour?

>AIR : *Femmes, voulez-vous éprouver*
>Le peintre en faisant ses portraits
>Jadis en vain cherchait des formes;
>Pouvait-il les trouver jamais
>Sous des ajustements énormes?
>Grace à nos modernes atours,
>Rien ne gêne plus la peinture,
>Et les artistes de nos jours
>Peignent vraiment d'après nature

MOROSE.

Hé morbleu, que voulez-vous peindre dans un siècle de frivolités.

LE BEAU.

Ce que je peindrais, monsieur? des prodiges.

>AIR : *Belle Raimonde, mise en marche*
>Je peindrais de nouveaux Alcides
>Aux champs d'Arcole et de Lodi,
>Dans l'air des mortels intrépides
>Se frayant un chemin hardi
>Enfin, sans égards pour Homère,
>Je peindrais en habit français
>Le dieu terrible de la guerre
>Partant pour conquérir la paix

(*à Morose.*)

Avez-vous encore quelques objections à faire?

MOROSE.

Des milliers, messieurs, et je les ai consignées dans une brochure qui va paraître, où je prouve que ce tableau outrage à-la-fois le goût, les mœurs, et les arts.

LE BEAU.

Et les arts?

MOROSE.

Et les arts, en faisant payer la vue d'un tableau, comme on paie sur les quais pour voir une bête curieuse.

SCÈNE IX.

LE BEAU.

Comme on paie au théâtre pour entendre les vers de Voltaire, de Racine, de Corneille.

FRIVOLE.

Et de moins bons..... là franchement.

Air de la parole
Faudra-t-il pour charmer vos yeux
Gratis vous offrir des merveilles,
Quand vous payez en d'autres lieux
Pour faire écorcher vos oreilles.

LE BEAU.

Croyez-moi, ne comptons pour rien
Toutes ces critiques chagrines,
Aux beaux-arts prêtons un soutien

FRIVOLE.

Les étrangers par ce moyen
N'enlèveront pas (*bis.*) nos Sabines.

MOROSE, *s'en allant.*

Ils n'en seront pas tentés...

SCÈNE X.

LE BEAU, FRIVOLE.

LE BEAU.

Voilà un homme que l'on fera bien de ne pas laisser seul là-dedans, quand il reviendra.

FRIVOLE.

Comment?

LE BEAU.

Dans un de ses accès, il serait homme à déchirer le tableau.

FRIVOLE.

Il ne commence pas mal.... Quoi qu'il en soit, j'aime

encore mieux vos éloges que ses critiques : il est satirique et ennuyeux, c'est trop; quand on est méchant, je veux que l'on fasse rire.

LE BEAU.

Votre légèreté n'a qu'un tort à mes yeux, c'est d'annoncer un homme insensible aux beaux-arts.

FRIVOLE.

Moi! j'ai la manie des portraits; je n'ai pas une maîtresse, que je ne me fasse peindre avec elle; je sais que pour fixer la jeunesse et les femmes, il n'y a que la peinture.

> Air du vaudeville de *Monet*
> Par sa magique imposture,
> Les amants toujours constants,
> En dépit de la nature,
> Retrouvent à soixante ans,
>   Les instants
>   Du printems:
> Sur ses peintures fidèles,
> Le peintre attache les ailes.
> Et des amours, et du temps.

LE BEAU.

Vous ne citez là qu'un des avantages de cet art sublime.

> Souvent un jeune courage
> S'enflamma par des tableaux :
> Si l'art a fixé l'image
> Des conquérants, des héros,
>   Le hasard
>   D'un regard,
> A l'univers peut les rendre :
> Sans le portrait d'Alexandre,
> Rome n'eût pas eu César.

> Et toi de qui le génie
> Créa ce tableau divin,
> A tes pieds laisse l'envie

Distiller son noir venin
Sans rivaux,
Sans égaux,
Fournis ta carrière immense ;
Mais pour l'honneur de la France,
Ne quitte plus les pinceaux.

SCÈNE XI.

LES MÊMES, FADET, LAURE, MADAME DUBREUIL.

FADET.

Par ici, par ici, mesdames ; j'ai mes billets.

FRIVOLE, *lorgnant Laure.*

Jolie tournure.

MADAME DUBREUIL.

Baissez les yeux, ma fille ; baissez es yeux.

FRIVOLE, *sortant, et riant au nez de Fadet.*

Précieux, précieux.

FADET.

Est-ce qu'il me connaît, ce monsieur ? il m'a souri.

MADAME DUBREUIL.

Pourrai-je vous demander, madame, s'il y a encore beaucoup de monde là-dedans ?

MADAME FIRMIN.

Non, madame ; il n'y a plus que quelques artistes qui ne doivent pas tarder à sortir.

MADAME DUBREUIL, *avec une grande révérence.*

Bien obligée, madame.

MADAME FIRMIN.

A votre service, madame.

FADET.

Allons, allons.

SCÈNE XII.

FADET, LAURE, MADAME DUBREUIL, FIRMIN, DERCOUR, *sortant déguisés l'un en peintre anglais, l'autre en peintre italien.*

DERCOUR, *avec chaleur, et baragouinant.*

Superbe, inimitable, soit; mais je n'en soutiens pas moins qu'une mère il ne doit pas mener là sa fille.

MADAME DUBREUIL, *retenant sa fille.*

Un instant, ma fille, un instant.

FIRMIN, *baragouinant l'Italien.*

(*A part.*) C'est cela. (*haut.*) Vous êtes trop rigoureux.

DERCOUR.

Trop rigoureux en fait de mœurs, sir.

FADET, *entrant.*

Entrons-nous?

DERCOUR.

Peut-on jamais trop l'être; je vous dis que ce tableau peut faire un tort irréparable à l'innocence, à la vertu.

FADET, *revenant sur ses pas.*

Où diable sont-elles donc?

MADAME DUBREUIL.

Pardon, messieurs; vous dites que ce tableau....

DERCOUR.

Est infiniment trop libre. Madame est peut-être mère de famille?

MADAME DUBREUIL.

Oui, monsieur.

SCÈNE XII.

DERCOUR, *à Firmin.*

Je ne veux pas d'autre juge dans cette circonstance.

FIRMIN.

Hé ben, béné; ma enfin la pitoure, il po avoir ses licences comme la poésie. Monsiou serait-il poëte, par hasard?

FADET.

Non, monsieur, je suis Champenois.

FIRMIN.

C'est différent; et mademoiselle aurait-elle quelque connaissance en pitoure?

LAURE, *l'examinant beaucoup.*

Monsieur...: (*à part.*) Il me semble avoir vu quelque part....

FIRMIN, *vivement.*

C'est cela, vous vous y connaissez, le dio du goût....

LAURE, *reconnaissant Dercour.*

C'est lui!

FIRMIN.

C'est lui-même, vous dis-je, qui perce à travers ce rayon modeste dont votre front se colore. (*Saluant.*) Enchanté, mesdames, que le hasard procure à deux savants étrangers l'honneur.....

(*Madame Dubreuil fait une grande révérence.*)

DERCOUR, *bas à Laure.*

J'ai mille choses à vous dire.

MADAME DUBREUIL.

Veuillez bien, messieurs, me faire part de l'objet de votre discussion: si j'en juge par le peu de mot que j'ai déja recueillis, les personnages de ce tableau sont donc tout-à-fait.....

DERCOUR.

Absolument, madame.

FIRMIN.

Hé qu'importe un voile de pius ou de moins? avec vos misérables considérations de décence, vi arrêterez sans cesse les élans du génie.

DERCOUR.

Mauvaise excuse.

FIRMIN.

Le peintre avait à représenter le fils de Mars, un modèle de beauté; où le trouverais-je ce modèle, si vous me l'emmaillotez de dix aunes de drap?

MADAME DUBREUIL.

Doucement, monsieur, doucement; la draperie est, selon moi, la partie la plus précieuse de la peinture.

FIRMIN.

Dans l'antique.

MADAME DUBREUIL.

Hé! pourquoi non?

Air nouveau de Solier.

Comme un autre j'aime l'antique
Souvent j'y puise mes sujets.
Mais mon pinceau toujours pudique
Prête un voile à certains objets.
Psyché dans ma chaste peinture
D'un grand fichu couvre son sein,
Et Vénus cache sa ceinture
Sous un large vertugadin

DERCOUR.

Weri well, madame, voilà le génie de mon pays; vous auriez fait fortune à Londres.

MADAME DUBREUIL, *à Dercour.*

Ah! monsieur, que je m'applaudis de penser comme

SCÈNE XII.

vous; que je vous ai d'obligations; sans vous j'allais commettre ici une grande imprudence; j'allais....

DERCOUR.

Mener là mademoiselle, je me sais bon gré de vous en empêcher.

FIRMIN.

È vero que per piou dà regoularita

Madame peut entrer seule, et nous.....

MADAME DUBREUIL.

Non, monsieur; nous allons nous retirer.

FIRMIN.

(*A part.*) Diantre, nous sommes pris. (*haut.*) Demain le censeur difficile regrettera le chef-d'œuvre qu'il dédaigne aujourd'hui.

MADAME DUBREUIL.

Comment demain?

FIRMIN.

Fatigué d'injustes critiques, l'auteur a vendu son tableau.

MADAME DUBREUIL.

À qui donc?

FIRMIN.

Au grand Turc; c'est moi qui ai fait le marché: jugez ce qu'il dira, s'il sait qu'une connaisseuse comme vous a négligé....

MADAME DUBREUIL.

Vous avez raison, ah! il ne me le pardonnerait jamais; faites-moi le plaisir, M. Fadet, de rester ici avec ma fille, tandis que je donnerai un coup d'œil.

FADET.

Oui, et les billets que j'ai payés.

LAURE, *vivement.*

Ma mère, je ne peux pas rester seule avec M. Fadet.

####### FADET.

C'est vrai ça; vous nous compromettez.

####### MADAME DUBREUIL.

Quelle niaiserie; demeurez, vous dis-je.

####### FIRMIN.

Si madame veut le permettre; si mon âge....

####### DERCOUR.

Si mon caractère lui inspire quelque confiance, nous pouvons, jusqu'à son retour, dédommager ici mademoiselle, en lui expliquant l'histoire du tableau.

####### LAURE.

Vous êtes trop bons, messieurs, je dois suivre ma mère.

####### MADAME DUBREUIL.

Non, ma fille, vous ne me suivrez pas, puisque M. Fadet reste, et que ces messieurs veulent avoir aussi la bonté....

####### LAURE.

Mais, ma mère.

####### MADAME DUBREUIL.

Mais, mademoiselle.... devriez-vous, après ce qu'on a dit, témoigner cet empressement? quelle inconséquence!

####### LAURE.

Air du Chapitre second
Je croyais pouvoir en tous lieux
Suivre vos pas avec décence ;
C'est à m'éloigner de vos yeux
Que j'aurais cru voir l'imprudence,
Mais vous me l'ordonnez, je dois
Rester ici pour vous complaire.
 (*à part*)
Pourrais-je combattre, à-la-fois,
Mon cœur, mon amant et ma mère   (*bis.*)

SCÈNE XII.

MADAME DUBREUIL.

Mille pardon, messieurs, de la peine que vous voulez bien prendre.

FIRMIN, à part.

Bon.

MADAME DUBREUIL, à *Fadet qui la suit.*

Mais, mon dieu, restez donc aussi ; rien ne vous empêchera, lorsque je serai rentrée, d'aller voir à votre tour.

FADET.

Tiens, c'est vrai.

FIRMIN, *voyant revenir Fadet.*

Que la peste l'étouffe.

SCÈNE XIII.

FADET, FIRMIN, LAURE, DERCOUR.

DERCOUR, *bas à Laure.*

Ah! Laure, vous ne m'aimez donc plus?

LAURE.

Ingrat! qu'osez-vous dire?

FADET.

Ah ça! vous allez donc nous donner l'itinéraire du tableau.

FIRMIN, *le menant d'un autre côté.*

L'itinéraire, c'est le mot; il convient d'abord de vous dire.....

DERCOUR.

S'il est vrai que vous m'aimez, il nous reste encore une ressource.

LAURE.

Une ressource?

FADET.

Hé bien, écoutez donc aussi mamselle!

LAURE.

Oh! j'écoute, et j'entends.

DERCOUR, à *Firmin.*

Occupe-le donc.

FIRMIN.

Monsieur nous a dit tantôt, je crois, qu'il s'entendait un peu en peinture.

DERCOUR, à *Laure.*

Votre oncle nous aime.

FADET.

Oh! comme ça, je fais assez joliment les yeux.

DERCOUR, à *Laure.*

Sa maison nous est ouverte.

FADET.

Mais sur-tout je suis fort sur les oreilles.

LAURE, à *Dercour.*

Y pensez-vous?

FADET, à *Laure.*

Comment, si j'y pense; mais pour dieu, vous nous interrompez toujours; tenez, contez-moi ça vous.

DERCOUR.

Monsieur vous expliquera les choses beaucoup plus facilement que moi; il parle mieux votre langue.

FADET.

Oh! vous vous faites très bien entendre.

SCÈNE XIII.

DERCOUR.

Moins bien que je ne voudrais. (*à Firmin.*) Hâtez-vous donc de satisfaire monsieur.

FIRMIN.

Un peu de patience; il est indispensable que je sache si vous connaissez l'histoire romaine.

FADET.

Quel conte! depuis Pharamond jusqu'à....

FIRMIN.

Prenez donc garde : vous parlez de l'histoire de France.

FADET.

Bah, histoire de France, histoire de Rome! c'est tout un.

FIRMIN.

Pas tout-à-fait, quoique pourtant depuis quelque temps.....

FADET.

Ah! mon dieu!

DERCOUR, *bas*.

Souffrez, ma chère Laure, que je vous conduise chez votre oncle.

LAURE.

Un enlèvement!

FADET.

Comment? un enlèvement.

FIRMIN.

C'est cela même; le fait remonte à l'enlèvement des Sabines; vous vous rappelez sans doute cet événement mémorable?

FADET.

Non, non, je ne me le rappelle pas du tout.

FIRMIN.

Comment, monsieur, un amateur comme vous n'a jamais vu le superbe tableau du Poussin, qui fait pendant à celui-ci?

FADET.

Non, jamais.

DERCOUR.

Il est essentiel que l'explication commence par-là.

LAURE.

Je crois, au contraire, qu'il conviendrait d'abandonner cette idée.

FIRMIN.

Per dio, non mademoiselle; soyez-en juge, monsieur. Figurez-vous que dans le principe les Romains n'avaient point de femmes.

FADET.

Tiens! qui est-ce qui avait donc soin de leurs enfants?

FIRMIN.

C'étaient leurs pères; ma comme une ville sans femmes il ne po aller loin, ils résolurent d'enlever leurs voisines.

DERCOUR.

Romulus, leur chef, était amoureux d'Hersilie, il lui proposa de le suivre.

LAURE.

Je suis bien sûre qu'Hersilie fut outrée de l'idée d'abandonner sa mère.

FIRMIN.

Béné, ma Romulus était aimé, le danger il était pressant, pressez donc.

DERCOUR.

S'ils différaient, ils étaient à jamais perdus l'un pour

SCÈNE XIII.

l'autre. Je me mets à la place de Romulus, il me semble l'entendre dire à Hersilie, avec l'accent du désespoir: Quoi! vous prétendez m'aimer, et vous sacrifiez à de vaines considérations le bonheur qui s'offre à vous.

LAURE.

Je l'entends bien aussi; mais que vous dirais-je?

Air nouveau de Solier.

Si j'eusse été cette Hersilie,
J'aurais dit à ce Romulus:
Contre l'amour, je te supplie,
N'interprète pas mon refus
Du devoir la chaîne sévère
Pour l'amour même est un garant;
La fille qui trompe sa mère,
Peut aussi tromper son amant

FIRMIN.

Sans doute, et c'est ce que disent toutes les Hersilies du monde.

FADET.

Voilà pourtant votre Romulus bien embarrassé; qu'est-ce qu'il fit alors?

FIRMIN.

Ce qu'il fit? il ne perd pas la tête: (Attention,) il annonce une fête superbe, à laquelle il invite toute la nation Sabine. Figurez-vous que c'est ici le lieu de la scène: le jour paraît à peine; de ce côté le Tibre, en face le Mont Aventin: voilà les trompettes qui passent; tur lu tu tu, ta ta ta (*à Dercour.*) de l'audace.

DERCOUR.

Je vous répète que votre oncle avoue mes démarches.

LAURE.

Qu'exigez-vous de moi?

FIRMIN.

Drelin din din, tur lu tu tu. Supposez que monsieur et moi nous sommes deux Romains, vous et mademoiselle vous êtes deux Sabins qui êtes venus vous réjouir avec les autres; vous vous aimez de l'amour le plus tendre.

FADET.

Pardine, ça sé rencontre bien; n'est-ce pas, mademoiselle?

FIRMIN.

Vous devez vous marier dans....

FADET.

Dans vingt-quatre heures; car c'est demain que j'épouse.....

DERCOUR.

Vous l'entendez.

LAURE.

Ah! Dercour.

FIRMIN.

Pan!

FADET.

Qu'est-ce que ça?

FIRMIN.

C'est le canon qui annonce l'arrivée de Romulus.

FADET.

Il y avait déja des canons à Rome?

FIRMIN.

C'est le pays: le voilà qui se place sur un trône, là dans le fond: tous les Romains ont l'œil sur lui, on danse, on se mêle; les chants, les fanfares.

FADET.

Ah, que c'est beau!

SCÈNE XIII.

FIRMIN.

Tout-à-coup Romulus prend sa robe, la secoue; chaque Romain s'empare d'une Sabine (emparez-vous), la saisit (saisissez), et l'enléve (décampez).

LAURE, *à Dercour, qui la saisit.*

Oh ciel! hé quoi?

FIRMIN.

Bien, mademoiselle, bien; voilà ce qu'on entendit de toutes parts : (*à Fadet.*) vous tendez les bras, l'œil furieux; à merveille (*à Dercour.*) Partez donc.

LAURE.

Non jamais.

FIRMIN, *à Laure, qu'on entraîne.*

Écriez-vous. bravo, bravo. (*à Fadet.*) C'en est fait!

FADET.

C'en est fait !

FIRMIN.

A miracolo, maintenant vous voulez courir après eux, moi qui suis l'ami du Romain qui enlève, je vi arrête d'un bras vigoureux; et lorsque je crois nos gens assez loin pour n'être plus atteints, je vous pousse rudement, et je vous souhaite le bon jour. (*Il fuit.*)

SCÈNE XIV.

FADET, *seul.*

Ah, que c'est beau! que c'est beau! voilà un fier tableau : les Sabins devaient faire une drôle de figure; ah ça, voyons la suite à présent. Vous dites que... Où diable sont-ils donc?.... Mon dieu, je ne vois personne : messieurs les savants, mademoiselle Laure.

SCÈNE XV.

FADET, MADAME FIRMIN.

MADAME FIRMIN, *riant aux éclats.*
Ah, ah, ah, ah, ah!

FADET.
Qu'a-t-elle à rire celle-là? Messieurs les savants.

MADAME FIRMIN.
De grace, monsieur, laissez-moi rire à mon aise. Ah, ah, ah!

FADET.
Je n'ai que faire de vos ris.... Mademoiselle Laure!...

MADAME FIRMIN.
Est-ce que vous étiez ici quand?.... Ah, ah, ah, ah!

FADET.
Hé bien quoi?

MADAME FIRMIN.
Ah, ah, ah, ah! quand ils ont joué ce tour.

FADET.
A qui?

MADAME FIRMIN.
A ce nigaud de province, dont ils enlèvent la maîtresse.

FADET.
On l'enléve! Au secours! au secours!

SCÈNE XV.

MADAME FIRMIN, *riant toujours.*

Taisez-vous donc, on la conduit chez son oncle, tout est en règle.

FADET.

Au voleur, madame Dubreuil, au voleur!

SCÈNE XVI.

LES PRÉCÉDENTS, MADAME DUBREUIL.

MADAME DUBREUIL.

Que veulent dire ces cris?

FADET.

Qu'on enléve votre fille.

MADAME DUBREUIL.

O ciel!

FADET.

Non pas au ciel, par cette porte.

MADAME DUBREUIL.

Est-il possible?

FADET.

Quand je vous dis qu'ils l'enlèvent.

MADAME DUBREUIL.

Qui?

FADET.

Les Romains.

MADAME DUBREUIL.

Les Romains! êtes-vous fou?

FADET.

Mais, mon dieu, je vous dis qu'elle faisait la Sabine; Romulus a secoué sa robe, et sauve qui peut.

MADAME DUBREUIL.

Conçoit-on rien à ce galimatias; mais où étiez-vous?

FADET.

Pardieu, j'étais ici, puisque je faisais le Sabin, moi.

MADAME DUBREUIL.

Vous faisiez le sot.

FADET.

Vous allez voir à présent que ce sera ma faute; mais, mon Dieu, écoutez-moi donc.

Air de la *Marche du roi de Prusse*.

Du tableau du Poussin
Ils vantent le dessin;
Mais c'était à dessein
 Que le larcin,
Déja médité dans le sein
Du couple vraiment assassin,
Fût plus facile et plus certain,
Or voilà qu'au pays latin,
Tout en face du mont Aventin,
 Nous campons dès le matin.
Nous sommes deux Romains,
Disent ces deux coquins
Vous, monsieur le robin,
 Soyez Sabin:
Votre Sabine en train,
Sans crainte ni chagrin,
Danse avec son voisin,
 Dans ce coin
C'était l'autre homme a barragoin
Turlu tu tu, drelin din din.
Romulus paraît, et soudain
A son signal le fier Romain
Saisit le tendron Sabin
Je voyais faire le Romain,
Mais par malheur j'étais Sabin,
Faut-il donc s'en prendre au Sabin,

SCÈNE XVI.

Si pour mieux servir le Romain,
Le Poussin,
Dans son maudit dessin,
A fait si sot son Sabin?

MADAME FIRMIN, *éclatant de rire.*

Ah, ah, ah!

MADAME DUBREUIL.

Vous riez, madame?

MADAME FIRMIN, *riant toujours.*

Je vous demande pardon, madame, c'est que l'explication de monsieur...

MADAME DUBREUIL.

Mais, malheureux, parlez donc : ne puis-je savoir quel est le ravisseur?

FADET.

Je me tue de vous dire que ce sont les deux savants avec qui vous nous avez laissés.

MADAME DUBREUIL.

Quoi!

MADAME FIRMIN.

De ces deux savants, l'un est monsieur Dercour et l'autre son valet.

MADAME DUBREUIL.

Dercour! tout est expliqué : courons chez mon frère; suivez-moi : monsieur Dercour ne l'obtiendra jamais.

FADET.

Croyez-vous?

SCÈNE XVII.

LES PRÉCÉDENTS, LORMON, DERCOUR, FIRMIN.

LORMON.

Rassurez-vous, ma sœur, et bannissez toute inquiétude. Laure est chez moi: Dercour est coupable sans doute; mais il est aimé de votre fille; mais sa famille, sa fortune, sa conduite, me sont bien connues, et je le crois digne du pardon qu'il vient implorer.

FIRMIN.

Sans oublier le mien.

FADET.

C'est lui, madame, c'est lui.

MADAME DUBREUIL.

Qui?

FADET.

Le Romain qui pousse si fort.

DERCOUR.

Madame, daignez m'écouter.

MADAME DUBREUIL.

Non, monsieur, non; je ne vous pardonnerai jamais une pareille indignité. Où est ma fille? je veux qu'on me rende ma fille.

LORMON.

Ma sœur...

MADAME DUBREUIL.

Mon frère, tous vos discours sont inutiles: je prétends qu'on me rende ma fille.

SCÈNE XVII.

LORMON.

Vous oubliez, ma sœur, que le testament de votre époux me donne aussi quelques droits sur ma nièce.

MADAME DUBREUIL.

Je l'aurai de force, vous dis-je.

LORMON.

Ah! doucement.

MADAME DUBREUIL.

Comment, vous vous flattez peut-être de la garder malgré moi. Un commissaire.

FADET.

Un commissaire, c'est cela, nous allons voir.

(Fadet sort.)

SCÈNE XVIII.

LES PRÉCÉDENTS, HORS FADET.

LORMON.

Hé, ma sœur, pouvez-vous prendre si mal les choses : à Dieu ne plaise que je prétende garder votre fille malgré vous; mais enfin elle aime Dercour: je vous garantis qu'on a exagéré auprès de vous quelques erreurs légères où la fougue de son âge a pu l'emporter.

FIRMIN.

J'en suis caution.

DERCOUR.

Ajoutez, monsieur, qu'accablé des rigueurs de madame, je n'ai pas cessé d'être pénétré pour elle de tout le respect...

MADAME DUBREUIL.

Mais vous avez enlevé ma fille, et dans quel moment!

Si vous saviez dans quelle extase m'avait jetée la vue de cet admirable tableau; ah! quel mal vous m'avez fait: je ne vous le pardonnerai jamais.

SCÈNE XIX.

LES PRÉCÉDENTS, FADET, UN COMMISSAIRE,
QUATRE FUSILIERS, UN SERGENT.

FADET.

Voici, voici le commissaire. Commencez, monsieur, par arrêter ce fripon-là (*montrant Firmin*).

FIRMIN.

Qu'appelez-vous un fripon? je suis chez moi.

FADET.

Ça ne prouve rien: arrêtez toujours.

FIRMIN.

A moi, mes amis, à moi.

LE COMMISSAIRE.

Comment, de la rébellion?

FADET.

Voyez-vous, madame, comme tout ça était préparé.

MADAME DUBREUIL.

Monsieur, faites-moi rendre ma fille.

FADET.

Mon amante! monsieur, mon amante!

DERCOUR.

Elle est à moi par les droits de l'amour.

FADET.

J'ai la parole de la mère, et je ferai valoir mes droits.

DERCOUR.

Vous?

FADET.

Oui, moi! vous prenez les Champenois pour des Sabins; mais je vous dis que vous me rendrez Laure, ou vous aurez affaire à moi.

DERCOUR.

A vous?

(*Ici ils se mettent en attitude.*)

SCÈNE XX.

Cette scène devant offrir, autant que possible, la parodie du tableau, les acteurs de province, qui n'ont pu voir ce chef-d'œuvre, auront soin de se placer d'après l'indication suivante : Fadet, tenant la droite de la scène, appuie majestueusement sa main droite sur son parapluie, recouvert d'un sac; son chapeau, qu'il tient de la main gauche, le couvre comme une espèce de bouclier; il est effacé devant le public. Dercour, à gauche, s'efface en sens contraire, on ne le voit que de profil; il tient un bambou comme un dard qu'il est prêt de lancer de la main droite; il a l'air dédaigneux. Laure, le genou gauche ployé, la jambe droite en avant, étend ses deux bras vers les deux rivaux. Un des enfants de Firmin presse la cuisse gauche de Fadet. Ces quatre personnages sont sur le premier plan du tableau. Sur le second, à droite de la scène, Lormon, sur la pointe des pieds, lève ses deux mains en signe de pacification, comme pour calmer les soldats vers lesquels il est tourné; c'est aussi à eux que madame Firmin, plus en arrière, présente un enfant qu'elle élève le plus haut possible, en se haussant elle-même, d'un pied seulement, sur un tabouret qu'elle trouve là; l'autre jambe est suspendue. Les amis de Firmin sont à gauche, opposés sur le dernier plan aux fusiliers. Le vieux caporal est rangé du même côté que Firmin qu'il était allé contenir. Madame Dubreuil est tout-à-fait sur le devant, hors du tableau qui a dû s'exécuter presque d'un temps, et qui cesse au morceau d'ensemble.

SCÈNE XXI.

LES PRÉCÉDENTS, LAURE.

LAURE, *accourant.*

Arrêtez? qu'allez-vous faire!

FIRMIN, *aux fusiliers.*

Avance, si tu l'oses.

LORMON *imposant silence.*

Mes amis, mes amis!

LES PRÉCÉDENTS; MADAME FIRMIN *tenant son enfant.*

MADAME FIRMIN.

Messieurs les soldats, voilà son enfant.

LE SERGENT.

Des femmes! des enfants! nous pouvons rengainer.

MADAME DUBREUIL.

Ah! mon dieu, quelle image! ne bougez pas, ne bougez pas; c'est la copie vivante du tableau de David.

FIRMIN.

C'est elle-même; comme madame a trouvé cela. Voilà Romulus, voilà Tatius, excepté pourtant que celui-ci ne vaut pas l'autre.

SCÈNE XXI.

Morceau d'ensemble.

Parodie de l'Amant Jaloux : *Prenez pitié de sa douleur.*

L'amour m'offre en vain le bonheur.
S'il n'a pas l'aveu de ma mère,
Pardonnez un instant d'erreur

Cedez, cédez à $\genfrac{}{}{0pt}{}{ma}{sa}$ prière

Ah ! consentez à $\genfrac{}{}{0pt}{}{mon}{son}$ bonheur, à $\genfrac{}{}{0pt}{}{mon}{son}$ bonheur.

MADAME DUBREUIL.

Non, jamais, pour l'honneur de mes principes et des mœurs.

FIRMIN.

Eh ! madame, c'est pour l'honneur même des mœurs et de vos principes que vous pardonnerez après un pareil éclat...

LORMON.

Il a raison, ma sœur. Après l'éclat que vous avez provoqué vous-même, en appelant ici des étrangers, vous êtes trop délicate pour ne pas sentir combien la réputation de votre fille serait compromise, si Dercour n'était pas son époux.

MADAME DUBREUIL.

Je ne trouve rien à répondre à cela.

FADET.

Vous donnez là-dedans? vous n'avez pas l'esprit...

MADAME DUBREUIL.

Vraiment! il vous sied bien de parler. N'est-ce pas votre faute, si je suis ainsi compromise? n'avais-je pas mis Laure sous votre garde?

FADET.

Bon! bon! ce n'est pas à moi qu'on en donne à garder;

dites que vous êtes bien aise de tout ceci. Mais c'est égal.

Air du Pas redoublé

Si vous croyez m'embarrasser,
Vous vous trompez, madame;
Fadet ailleurs peut se placer
Et trouver une femme.
En tous lieux il faut des maris,
Je n'aurai qu'à paraître,
Soit à Châlons, soit à Paris,
Je suis bien sûr de l'être

(*Il sort.*)

SCÈNE XXII.

LES PRÉCÉDENTS, *hors* FADET.

LORMON.

A présent que M. Fadet est sorti, ma sœur, convenons qu'il y a plus de votre faute que de la sienne. Vous avez craint que votre fille ne vît un tableau trop libre, et vous l'avez laissée avec deux inconnus.

MADAME DUBREUIL.

J'avoue mon imprudence; mais leur bonheur m'excusera.

VAUDEVILLE.

DERCOUR.

Époux de celle que j'adore,
Ami fidele, amant heureux,
Bientôt, près de ma chère Laure,
Je ne formerai plus de vœux;
En m'honorant du nom de père
Pour couronner un sort si beau,
La nature mettra, j'espère,
La dernière main au tableau

SCÈNE XXII.

FIRMIN.

Aujourd'hui votre mariage
Se fait à l'aide du tableau;
Bientôt le plus heureux ménage
Offrira le plus doux tableau.
Je veux avec ma ménagère
Faire pendant à ce tableau.
Mais pour Dieu, ne va pas, ma chère,
M'inscrire sur le grand tableau.

MADAME FIRMIN.

Par-tout on accueille, on invite
Cet enfant gâté de Plutus,
Parvenu sans goût, sans mérite,
Et sans talents, et sans vertus;
Mais il fait brillante figure,
Mais tout ce qui l'entoure est beau;
Et dans le monde la bordure
Fait toujours passer le tableau.

LORMON.

Pourquoi ce contraste bizarre?
Demande un sot à l'homme instruit;
Auprès du sage, qui répare,
Pourquoi ce méchant qui détruit?
Des maux dont gémit la nature
Le bien tire un éclat nouveau;
Dans le monde, comme en peinture,
Il faut des ombres au tableau.

LAURE.

Quand un pauvre auteur à la gêne
Entend crier : Bas le rideau !
Quand les acteurs quittent la scène,
Ah ! mon dieu, le triste tableau !
Mais quand la pièce est accueillie,
Quand on rit en criant, Bravo !
Auteurs, acteurs, chacun s'écrie :
Ah ! mon dieu, le joli tableau !

LA MARCHANDE DE MODES,

PARODIE

DE LA VESTALE,

REPRÉSENTÉE POUR LA PREMIÈRE FOIS SUR LE THÉATRE DU VAUDEVILLE, LE 13 JANVIER 1808.

La marchande de modes est la parodie de l'opéra de *la Vestale*. Je crois avoir donné le premier exemple d'un auteur parodiant son propre ouvrage, et cherchant à déjouer sur un théâtre le succès qu'il obtenait sur un autre. Où ceux-ci ont vu un excès de modestie, ceux-là ont cru voir un excès de vanité ; ce n'était qu'un calcul d'amour-propre. Je ne pouvais espérer qu'un pareil sujet échappât à la malignité des parodistes ; je résolus de les prévenir, et de m'exécuter moi-même aussi gaiement qu'il me serait possible. Pour atteindre ce but, deux conditions étaient indispensables : ne pas laisser soupçonner mon projet ; et gagner de vitesse cinq ou six auteurs de vaudevilles, ligués pour le supplice de *la Vestale*. Je n'eus pas de peine à m'assurer ce double avantage : je ne confiai mon secret à personne, et je fis recevoir au vaudeville, *La marchande de modes*, que j'avais achevé dans le cours des répétitions de mon opéra, le lendemain de la première représentation de *la Vestale*.

J'avais senti que le meilleur moyen d'éloigner de moi toute idée de participation à la parodie, était de maltraiter impitoyablement le poeme de l'opéra et je crois m'en être acquitté avec assez d'amertume et de malveillance, pour ménager aux spectateurs une véritable surprise lorsque le nom de l'auteur fut annoncé dans le dernier couplet du vaudeville.

Cette piéce, qui eut un grand nombre de représentations, fut assez mal reçue le premier jour. Le public qui avait accueilli l'opéra de *la Vestale* avec une extrême faveur, paraissait craindre d'infirmer son propre jugement en applaudissant *la Marchande de modes*.

PERSONNAGES.

MADAME L'ÉTOFFÉ, marchande de modes.
M. DE CRÉPANVILLE.
JULIE, ouvrière en robes.
LAURE.
JENNY.
CADET LICENTIUS, hussard.
FANFARE, frère de Licentius.
OUVRIÈRES.
UN CAPORAL.
GARDES, etc.

La scène est à Paris, dans un magasin de modes.

LA MARCHANDE DE MODES.

COUPLET D'ANNONCE.

Air.

Vous avez soutenu l'honneur
D'une vestale infortunée,
Ah ! protégez, dans son malheur,
La cadette ainsi que l'aînée
Si vous ordonniez son trépas,
On dirait (voyez quel scandale)
Au Vaudeville on ne peut pas
   Garder une vestale

SCÈNE PREMIÈRE.

JULIE, OUVRIÈRES.

CHOEUR.

Air de la Caravane du Caire.

Achevons notre ouvrage
Qu'attendent les plaisirs ;
De la beauté volage
Contentons les desirs

JULIE, *à part, travaillant à une robe blanche.*

Hélas, ce triste ouvrage
M'annonce un doux lien ;
C'est pour un mariage,
Et ce n'est pas le mien

CHOEUR.

Achevons notre ouvrage, etc.

(En riant.)

Ah, ah, ah, ah, ah !

JULIE.

S'il vous était possible, mesdemoiselles, d'être un peu moins gaies.

TOUTES, *riant*.

Ah, ah, ah, ah, ah!

JULIE.

Vous savez que je ne suis pas ici pour rire.

LAURE.

Ma foi, ma chère Julie, tant pis pour toi. Que te manque-t-il pour cela? Tu es filleule de madame l'Étoffé, notre bourgeoise, qui te laissera un jour son magasin et sa vertu.

JULIE, *soupirant*

Hélas!

JENNY.

Tu aimes, en attendant, un petit brigadier de hussards, dont la caserne est ici près.

JULIE.

Hélas!

LAURE.

Quand tu ne peux le voir, tu entends du moins la trompette de son frère Fanfare; il en donne si joliment, et si souvent!

JULIE.

Hélas!

JENNY.

Eh, ma chère, assez d'hélas!

JULIE, *se levant*.

Eh bien, mes amies, apprenez tout.

TOUTES, *se levant et entourant Julie*.

Comment! du nouveau?

JULIE.

Certainement, du nouveau: cet amant adoré, ce cher icentius....

SCÈNE I.

TOUTES.

Eh bien?

JULIE.

Il n'était que brigadier, on le fait aujourd'hui maréchal-des-logis.

LAURE.

C'est là ce qui t'afflige?

JULIE.

C'est là ce qui m'épouvante : il voudra me voir dans sa nouvelle dignité; et mon cœur... O mes amies, vous ne savez pas ce que c'est qu'un galon de plus sur la manche d'un amant!

Air

A l'amant obscur un cœur tendre
Peut échapper par maint détour ;
Mais le moyen de se défendre
Contre l'amour-propre et l'amour ?
Helas ! une double victoire
Presque toujours suit le vainqueur ;
Et plus mon amant a de gloire,
Plus je tremble pour mon honneur

CHOEUR.

Eh ! mais oui,
On dit que ça finit souvent par-là.

SCÈNE II.

LES MÊMES, MADAME L'ÉTOFFÉ.

MADAME L'ÉTOFFÉ.

Eh bien, qu'est-ce?
LES OUVRIERES, *poussant un cri de surprise, et retournant à leurs places.*

Ah!

MADAME L'ÉTOFFÉ.

C'est fort bien, mesdemoiselles; on s'amuse à causer au lieu de travailler, et l'on donne ainsi l'exemple de la dissipation à ma filleule, qui..... mais je la crois encore vertueuse.

LAURE.

Vous vous trompez, madame, nous étions...

MADAME L'ÉTOFFÉ.

Qu'on se taise, et à l'ouvrage.

TOUTES.

Air *Ah ! voilà la vie*

Pour une vetille,
Mon Dieu, quel fracas !

LAURE.

On perd son aiguille,

JULIE.

Ou son fil.

MADAME L'ÉTOFFÉ.

Hélas !
De fil en aiguille,
Ma fille, ma fille,
De fil en aiguille,
Que ne perdrez-vous pas !

JENNY.

Nous devons en croire madame; elle en sait plus que nous.

MADAME L'ÉTOFFÉ.

Sans doute, et voilà pourquoi je suis si sévère.

Air du vaudeville de *l'Avaree*

Ici de la sagesse antique
Le dépôt est encore entier,
Et chacun sait que ma boutique
Est en honneur dans le quartier
Chez moi, dussé-je être incommode,
Je veux des mœurs et des vertus.

SCÈNE II.

LAURE.

Quoi ! madame ne veut donc plus
Tenir des articles de mode ?

MADAME L'ÉTOFFÉ.

Point de réplique. Vous Julie, arrangez ce plumet et cette cocarde, qu'un jeune maréchal-des-logis vient d'envoyer commander.

JULIE, *troublée, à part.*

Ciel, si c'était pour lui !

MADAME L'ÉTOFFÉ.

Qu'avez-vous donc ?

JULIE.

Rien, ma marraine ; c'est que je travaille à cette robe de noces que vous m'avez dit être si pressée.

MADAME L'ÉTOFFÉ.

C'est l'affaire d'un moment. *(Aux autres.)* La corbeille est-elle avancée ?

LAURE.

Nous ne savons comment la garnir.

MADAME L'ÉTOFFÉ.

Il faut donc vous répéter cent fois la même chose.

Air de *la Croisée*

D'hymen la corbeille toujours
Des mêmes objets est remplie
Simple habit pour les premiers jours,
Pour les autres luxe et folie,
Par-dessus on place à propos
Le lis et la rose vermeille,
Et puis les soucis, les pavots,
Au fond de la corbeille

Passez dans l'atelier des fleurs : comme il s'agit d'un vieux financier, vous pourrez ajouter quelques jonquilles à l'assortiment ; point de pensées.

Vous, Julie, demeurez j'ai deux mots à vous dire

SCÈNE III.

JULIE, MADAME L'ÉTOFFÉ.

JULIE, *à part*.

Encor quelque sermon?

MADAME L'ÉTOFFÉ.

Pour la dernière fois,
Je viens de vos dangers vous présenter l'image

Air de *la Bonaparte*.

Vous vous perdez,
Vos sens sont obsédés
Par un certain
Lutin,
Qui d'un trait clandestin
Perce un cœur enfantin,
Change notre destin,
Et du soir au matin
Ternit le plus beau teint;
De vieux romans remplie,
Votre tête affaiblie
A tous moments s'oublie;
Et chez moi tout va mal ·
A la vieille Angélique,
Qui de fraîcheur se pique,
Vous donnez l'huile antique
Pour du lait virginal
La prude Saint-Fal,
Au lieu du schall
Qu'elle commande,
Reçoit un corset,
Par derrière, échancré, Dieu sait
Riche du matin,
D'un air hautain,
Marton demande
Trois plumes au front
Vous lui rendez son bonnet rond

Vous vous perdez, etc.

SCÈNE III.

JULIE.

Eh bien, ma marraine, renvoyez-moi : vous le voyez bien, je n'ai pas la moindre vocation pour votre état.

Victime infortunée,
Par la force enchaînée,
J'obéis à mon sort, mais c'est en enrageant

MADAME L'ÉTOFFE.

Eh! quel plus bel état voulez-vous avoir?

Air: *Femmes, voulez-vous éprouver*

La laide vous doit la beauté;
La vieille vous doit sa jeunesse,
La prude, son air de bonté,
La sotte, son air de finesse
Est-il un empire plus doux,
Un pouvoir plus grand que le vôtre?
Le beau sexe est à vos genoux

JULIE.

J'aimerais bien mieux y voir l'autre

MADAME L'ÉTOFFE.

Ah! je vois où vous voulez en venir.

JULIE.

Mais je ne m'en cache pas trop.

Sans un petit brin d'amour,
Je m'ennuierais même à la cour
Je veux sentir à mon tour,
Le petit brin d'amour

MADAME L'ÉTOFFE.

L'amour! Voilà donc le grand mot lâché. Savez-vous ce que c'est que l'amour?

JULIE.

Pas précisément.

MADAME L'ÉTOFFÉ.

Eh bien! moi qui le sais, je vais vous le dire en style d'opéra.

Air : *Je suis bien loin de vous combattre.*

L'amour est un monstre bizarre :
De figure il change souvent ;
Mais jamais il n'est plus barbare
Que sous la forme d'un enfant :
Au genre humain il fait la guerre ;
Les regrets marchent sur ses pas,
Il brûle, il ravage la terre

JULIE.

Mais il ne la dépeuple pas.

MADAME L'ÉTOFFÉ.

Je vois que vous en avez une idée assez juste.

JULIE.

« Au nom de tous les dieux qu'à tout moment j'implore, »
Madame l'Étoffé, faites-moi un plaisir.

MADAME L'ÉTOFFÉ.

De quoi s'agit-il ?

JULIE.

Permettez-moi de ne pas paraître au magasin le reste de la journée.

MADAME L'ÉTOFFÉ.

Pourquoi cela? Mais non, ne me le dites pas ; cela serait trop raisonnable. Vous êtes la plus jeune apprentie : non seulement vous resterez au magasin, mais vous y passerez la nuit pour achever cette robe de noces, qu'il faut livrer demain de très bonne heure.

JULIE.

C'est votre dernier mot? S'il arrive malheur, souvenez-vous que vous l'aurez voulu.

MADAME L'ÉTOFFE.

Taisez-vous donc, petite sotte : j'entends M. de Crépanville, le chef de cet établissement ; vous savez avec quelle rigueur il punit les paresseuses : à l'ouvrage!

SCÈNE IV.

LES PRÉCEDENTS, M. CRÉPANVILLE.

CRÉPANVILLE, *à la cantonade.*

Que mon cabriolet m'attende au Vaudeville, ma dormeuse à l'Opéra, la demi-fortune à Louvois. Ah mon Dieu, quelle oisiveté dans ce magasin !

MADAME L'ETOFFÉ.

Ah, monsieur, ce n'est que depuis un moment. Mesdemoiselles, mesdemoiselles...

SCÈNE V.

LES PRÉCÉDENTS, *les ouvrières qui rentrent.*

LES OUVRIÈRES, *se rangeant autour de M. Crépanville.*

CRÉPANVILLE.

Nous voici.

CHOEUR.

AIR : *Te bien aimer.*

Dieu des chiffons, digne soutien des belles,
De la toilette auguste ordonnateur,
Répands ici tes clartés immortelles,
Et remplis-nous de ton goût créateur

CRÉPANVILLE.

C'est bien, c'est bien, mes petites ; vos litanies sont gentilles, mais un peu longuettes : d'ailleurs, mesdames....

Air de *Calpigi*

Je ne suis ni dieu, ni pontife,
Mais c'est par moi que l'on s'attife

> Dans Paris un peu proprement
> Traitez-moi donc sans compliment ;
> L'eloge est mon antipathie
> Il suffit à ma modestie
> Qu'en tous lieux on dise de moi :
> De la mode voilà le roi

Mais il ne s'agit pas de cela. Où en sommes-nous de cette parure de deuil pour madame de Saint-Clair?

MADAME L'ÉTOFFE.

Elle est contremandée jusqu'après le bal des ambassadeurs.

CRÉPANVILLE.

Ah! c'est juste. Et la noce de notre financière?

MADAME L'ÉTOFFE.

Tout est prêt : mademoiselle achèvera la robe cette nuit.

CRÉPANVILLE.

A merveille; j'ai donné ma parole pour sept heures du matin. Je reviendrai après l'opéra voir si l'on travaille.

MADAME L'ÉTOFFE.

Vous allez donc revoir la pièce nouvelle? Ah, monsieur, que vous êtes heureux d'avoir du temps de reste!

CRÉPANVILLE.

Comment diable, madame l'Étoffé, du trait!

MADAME L'ÉTOFFÉ.

Ce que j'en dis n'est pas contre l'ouvrage; je désire beaucoup qu'il réussisse.

CRÉPANVILLE.

Eh! pourquoi faire?

MADAME L'ÉTOFFE, *en confidence.*

Je médite une parure à la vestale.

SCÈNE V.

CRÉPANVILLE.

J'y avais pensé, mais ça ne prendra pas.

Air du Vaudeville de M. Guillaume.

Pour rajeunir une parure antique,
Il faut les mœurs du temps qui l'enfanta ;
Mais où trouver le modèle pudique
  Des chastes filles de Vesta ?
Grace aux Romains, grace à leurs lois brutales,
 Ces trésors pour nous sont perdus
Ils ont si bien enterré les vestales,
  Qu'on n'en déterre plus

JULIE.

On dit cependant qu'il y a de l'intérêt dans cette piece.

CRÉPANVILLE.

Oui, de l'intérêt, et pas le sens commun.

Air de l'Enfantine

 Froid sujet, sans art, sans grace ;
 Froids amours et froide audace,
 Enfin, un monceau de glace
 Bâti sur un peu de feu
 Une soi-disant vestale,
 Soupirant en la-mi-la,
 En plein Forum nous étale
 Ses ardeurs, et cetera
 Puis, vient un fils de Bellone
 La pouponne le couronne ;
 Puis, un ami le sermonne,
 Et ne fait rien que cela
  Un caveau,
  Du pain et de l'eau,
  Eclairs et brouillards,
  Quatre ou cinq petards ;
  Un chiffon brûlant,
  Un peuple hurlant ;
  Et puis, tout en haut,
  Vesta montrant son rechaud

 Froid sujet, sans art, sans grace ;
 Froids amours et froide audace,

Enfin, un monceau de glace
Bâti sur un peu de feu

MADAME L'ÉTOFFE.

Plaisanterie à part, je vous demande grace pour les auteurs.

CRÉPANVILLE.

Ils vous doivent donc de l'argent?

MADAME L'ÉTOFFÉ.

Pas du tout; mais j'aime la musique.

Air.

Je veux d'une ligue secrete
Venger le chantre harmonieux
Dont Paris admire et répète
Les accords purs, délicieux

CRÉPANVILLE.

Oh bien, je le recommanderai à mon journal; et quant au poète,

En sa faveur, de la critique
Pour adoucir les traits amers,
Je ferai comme la musique;
J'aurai soin d'étouffer ses vers

(On entend une marche lointaine.)

TOUTES LES DEMOISELLES.

Ah, qu'est-ce que c'est que ça?

JULIE, *a part.*

Je m'en doute.

SCÈNE VI.

LES PRÉCÉDENTS, FANFARE. *Il se presente à la porte; et, après avoir donné un coup de trompette, il dit.*

Au nom du 3e de hussards, je viens, madame, vous prier de nous permettre de faire ici une petite scène de triomphe.

SCÈNE VI.

MADAME L'ÉTOFFE.

Qu'est-ce à dire, triompher dans ma boutique!

FANFARE.

Par-tout, madame,

Air

Les triomphes sont à la mode;
Et, grace à nos héros français,
Le temps, le lieu, tout est commode
Pour vaincre et chanter nos succès
Nous avons appris sur leurs traces,
Non loin des bords de la Newa,
Qu'on triomphe au milieu des glaces
Bien mieux encor qu'à l'Opéra

MADAME L'ÉTOFFÉ.

Tout cela est bel et bon, monsieur; mais apprenez que mon magasin n'est pas un Forum, et je ne permets rien.

FANFARE, *allant vers la porte, et donnant un coup de trompette.*

C'est entendu, messieurs; madame l'Étoffé ne permet rien : donnez-vous la peine d'entrer.

CRÉPANVILLE ET MADAME L'ÉTOFFÉ.

Quelle insolence!

SCÈNE VII.

LES PRÉCÉDENTS, LICENTIUS; *troupe de hussards formant une marche.*

CHOEUR.

Air : *R'lan-tan-plan, tire-lire*
Confidents d'un pauvre amant,
En plein, plan, ran-tan-plan,
Tire-lire, tan-plan,

Nous venons pompeusement
Jouer un pauvre rôle,

Jouer un pauvre rôle,
En servant l'ardeur folle
D'un amoureux de convent,
En plein, plan, r'lan
Pour qui nous mettons au vent
Bannière et banderole,

Bannière et banderole,
Et nos casques de tôle,
Et nos sabres de fer-blanc,
En plein, plan, r'lan, etc.
Braillant comme gens allant
Souper au Capitole

CREPANVILLE.

Eh, messieurs, encore une fois, entre-t-on chez une veuve comme dans une place d'armes?

FANFARE.

C'est selon, monsieur.

LICENTIUS, *à madame l'Étoffé.*

Pardon, madame; mes amis, mes camarades, ont voulu me faire hommage d'un plumet qui vous a été commandé, et nous venons le chercher.

JULIE, *à ses compagnes, criant très fort.*

C'est lui, c'est lui; ne me trahissez pas!

JENNY, *sur le même ton.*

On n'entend rien, sois tranquille.

MADAME L'ÉTOFFÉ.

Eh, monsieur, fait-on tant de bruit pour un plumet?

LICENTIUS.

Air : *Dans ce salon*

Mon Dieu, ne vous effrayez pas
Des guerriers qui sont à ma suite

SCÈNE VII.

De leur amour pour le fracas
A bon marché vous êtes quitte
Accueillez, nous vous en prions,
Notre innocente infanterie,
Car une autre fois nous pourrions
Vous mener la cavalerie

CRÉPANVILLE.

La cavalerie! des bêtes chez nous!

FANFARE.

Pour faire nombre seulement.

(*A part à Licentius.*)

Cadet, fais ton affaire : tu as le verbe un peu haut; mais ne te gêne pas, je les empêcherai de t'entendre.

LICENTIUS, *allant vers Julie.*

C'est bon. Chère Julie...

JULIE.

Prenez garde, on nous observe.

LICENTIUS.

Qu'importe! Fanfare veille sur nous; il est prudent, discret : c'est la trompette du régiment.

JULIE.

Eh bien! mon ami, j'ai rêvé cette nuit que je vous verrais ce matin.

LICENTIUS.

J'ai fait mieux, j'ai rêvé ce matin que je vous verrais ce soir.

(*Fanfare donne un coup de trompette.*)

CRÉPANVILLE *se bouche les oreilles.*

Aïe, aïe, aïe!

MADAME L'ÉTOFFE.

A qui donc en avez-vous, monsieur?

FANFARE.

Ne faites pas attention : c'est une trompette que je viens d'acheter ; je l'essaie.

CRÉPANVILLE.

Mais, monsieur...

FANFARE.

AIR : *Une fille est un oiseau.*

Pardon, ce fracas vous nuit,
C'est la faute de mon rôle,
Messieurs, je sors d'une école
Qu'on distingue par le bruit
Les modernes ariettes
Me ruinent en emplettes,
J'ai brisé quatre trompettes,
Quatre bassons, six hautbois,
Plus, trois paires de timbales
Accompagnant deux vestales
Qui chantaient à demi-voix

TOUTES LES OUVRIÈRES *riant à-la-fois.*

Ah, ah, ah, ah!

MADAME L'ÉTOFFÉ.

Eh bien, Julie, ce plumet? En finirez-vous?

JULIE.

Cela s'avance, ma marraine.

(*Elle coiffe Licentius.*)

AIR : *Réveillez-vous*

Présage de la destinée
Dont ma tendresse te répond,
Reçois ce gage d'hyménée,
Dont l'espérance orne ton front

(*Fanfare donne un coup de trompette.*)

CRÉPANVILLE.

Oh, c'est un assassinat! (*à Julie*) Songez, mademoiselle, qu'un autre ouvrage vous attend, et que vous devez y passer la nuit.

SCÈNE VII.

LICENTIUS.

La nuit! Qu'entends-je?

FANFARE, *aux soldats.*

Alerte, mes amis, une chanson! Mesdemoiselles, un petit air.

LAURE.

Lequel!

FANFARE.

Tout ce que vous voudrez; nous avons besoin d'un charivari.

LES OUVRIÈRES *chantent l'air,* Ah! vous dirai-je, maman.

LES SOLDATS, *l'air de la* Pipe de tabac.

(Madame l'Étoffé et Crépanville vont de côté et d'autre, comme étourdis, pour faire cesser le bruit. Pendant ce tapage, Licentius dit à voix haute:)

LICENTIUS.

Je viendrai t'arracher...

JULIE.

Arracher qui?

LICENTIUS.

Oui, je veux t'arracher...

JULIE.

Arracher d'où?

LICENTIUS.

Il faut que je t'arrache...

JULIE.

Arrache donc.

LICENTIUS, *marchant vers madame l'Étoffé.*

C'est dit, je paie, je triomphe. Marche.

CHŒUR DE SOLDATS, *sortant.*

En plein plan tire lire en plan

SCÈNE VIII.

LES PRÉCÉDENTS, *hors Licentius.*

CRÉPANVILLE.

Dieu merci, les voilà partis : je cours bien vite de mon côté me dédommager de tout ce bruit à l'Opéra.

MADAME L'ÉTOFFÉ.

Ah ! craignez de tomber de Charybde en Sylla.

SCÈNE IX.

MADAME L'ÉTOFFÉ, JULIE, OUVRIÈRES.
Demi-nuit.

MADAME L'ÉTOFFÉ.

Allons, mesdemoiselles, il est tard, fermez le magasin ; et que tout le monde se retire, excepté Julie.

(*Elles ferment les volets.*)

Songez que vous n'avez pas de temps à perdre ; et n'allez pas vous endormir, au moins. Voici la pince et un flacon d'huile : vous aurez soin d'en mettre de temps en temps dans le quinquet, avec toutes les précautions qu'exige l'étoffe délicate sur laquelle vous travaillez.

JENNY, *à part, à Julie.*

Tu n'as pas peur des revenants?

JULIE, *avec humeur.*

J'ai peur des bavardes.

LES OUVRIÈRES.

Chœur de Camille.

Bonne nuit. Adieu. Bonne nuit, etc.

SCÈNE X.

JULIE, *seule.*

Me voilà seule enfin. Quel parti prendre ? Celui de travailler; c'est le plus sage. (*Elle se met à travailler.*) Je ne sais pas où j'ai la tête. Je casse mon fil, je me pique les doigts; j'ai quelque chose qui me tourmente.

AIR : *Que ne suis-je la fougère*
Que ma marraine s'abuse
Sur les maux que je ressens,
Et qu'à tort elle m'accuse
De haïr tous les vivants !
Hélas ! sa pauvre fillente
A le goût moins dédaigneux !
Je ne suis pas plutôt seule
Que je voudrais être deux

(*Elle se lève.*)

Je ne puis rester en place; je vais, je viens. J'ai dans l'idée que je ferai quelque coup de ma tête.

AIR : *Ange de Dieu*
Je le ferai,
Ce coup de tête inévitable;
Je le ferai
Ce coup vraiment désespéré :
Il va me rendre bien coupable;
Mais, je le sens, j'en suis capable :
Je le ferai.

Après tout, je n'ai rien à me reprocher.

Même air
J'ai combattu
Tout juste ce qu'il faut pour dire,
J'ai combattu :
Je suis quitte envers la vertu.
Contre moi si le sort conspire,
En cédant, je pourrai me dire,
J'ai combattu

Mais où cela me conduira-t-il? Et quel fonds puis-je faire sur un amour à la hussarde?

N'importe de ma triste vie,
Que les Dieux au malheur condamnent sans retour!
J'aurai pu consacrer un moment à l'amour.

Et c'est autant de pris.

Malheureuse! où m'emporte une erreur trop fatale?
L'opera m'a perdue, et je parle en vestale.

Ah, mon Dieu, qu'il tarde à venir! Mais je l'entends.

SCÈNE XI.

JULIE; LICENTIUS, *en dehors*.

AIR : <i>Un jeune troubadour.</i>
Le jeune troubadour,
Trop haut chantant sa mie,
Des faveurs qu'il publie
N'obtient plus le retour;
Moi, je suis plus discret,
J'estime, et je m'en vante,
Non l'amour que l'on chante,
Mais l'amour que l'on fait

JULIE.

Quelle délicatesse! mais quel embarras! L'amour, l'honneur: voyons lequel sera le plus fort.
(*Elle prend une marguerite qu'elle effeuille, en disant:*)

J'irai,
Je n'irai pas,
J'irai,
Je n'irai pas,
J'irai.

(*Elle jette la tige.*) Le sort en est jeté; ouvrons.

SCÈNE XII.

LICENTIUS, JULIE.

LICENTIUS, *cherchant Julie à tâtons, et parlant à la poupée qui est sur le comptoir.*
Chère Julie!

JULIE.
Je suis ici; mais ne m'approche pas, j'ai peur.

LICENTIUS.
Pourquoi donc m'avez-vous ouvert?

JULIE.
Pour me familiariser avec le danger.

LICENTIUS, *s'approchant.*
Eh bien, familiarisons-nous!

JULIE.
Ce mot me rassure. Parlons raison, mon cher Licentius. (*Elle se jette à son cou.*)

Air : *Je t'aime tant.*

Je t'aime tant, je t'aime tant,
Mon amour tient de la folie ;
Pour peu qu'il aille en augmentant,
Il faudra bientôt qu'on me lie.

LICENTIUS.

Ah! je bénirai ce lien,
Si le même nœud nous rassemble ;
Ma Julie, ah! je le sens bien,
Il faudra nous lier ensemble.

JULIE.
Ah, ciel, éloignez-vous, le quinquet pâlit!

LICENTIUS.
Il faut remonter la mèche.

JULIE.

Tiens, c'est vrai. Maintenant, mon cher Licentius, la prudence exige que nous nous séparions.

LICENTIUS.

Elle exigeoit que je ne vinsse pas; mais à présent:

Air: *Il est trop tard.*

Il est trop tard :
La craintive prudence
Dicte des lois que dément ton regard;
Quand l'amour vient suivi de l'esperance,
Fillette en vain ordonne son depart :
Il est trop tard,
Il est trop tard.

Air: *Quand de grand matin.*

Par un seul baiser,
Daignez apaiser
Cette ardeur qui me tourmente.

JULIE.

Non, par un baiser,
Je crains d'attiser
Cette ardeur qui m'épouvante:
Je ne veux pas.

LICENTIUS.

Fille en ce cas
Refuse,
L'adroit amant
Le lui surprend
Par ruse.

(*Il l'embrasse.*)   (*Nuit entière.*)

ENSEMBLE.

L'amour seul a tort;
Il est le plus fort :
Voilà chacun notre excuse.

(*Licentius, dans ses transports, renverse le quinquet.*)

JULIE.

Qu'avez-vous fait? La lumière est éteinte : ô terreur, ô disgrace!

SCÈNE XII.

LICENTIUS.

Air : *Au clair de la lune*

Au clair de la lune
On peut travailler

JULIE.

De mon infortune
Peut-on se railler?
Ma chandelle est morte,
Je n'ai plus de feu;
Passez-moi la porte,
Pour l'amour de Dieu

LICENTIUS.

Laissez donc.

Air : *Jardinier ne vois-tu pas.*

A quoi sert un vain caquet,
Quand le péril approche?
Pour rallumer le quinquet,
N'ai-je donc pas mon briquet
En poche, en poche,
En poche

LICENTIUS, *se fouillant.*

Juste ciel!

JULIE.

Qu'as-tu donc?

LICENTIUS.

J'ai oublié l'amadou.

JULIE.

Ah, l'habile homme!

SCÈNE XIII.

LES MÊMES, FANFARE.

Air.

Alerte, alerte, alerte!
La mèche, amis, est découverte.

LICENTIUS.

Eh, dis plutôt qu'elle est à bas!
Ne vois-tu pas qu'on n'y voit pas?

FANFARE.

Quelqu'un qui nous a vu entrer est allé chercher la garde.

JULIE.

Oh ciel! la garde, la lumière éteinte, la robe tachée : que faire?

FANFARE.

Il y auroit un parti tout simple : vous l'aimez, il vous aime; il est homme à vous épouser, suivez-nous.

JULIE.

Moi!

Air du *pas redoublé.*
Moi, suivre un hussard si matin!
Que dira ma marraine?

FANFARE.

Elle dira, plaise au destin
Qu'autant il m'en advienne.

JULIE.

Si je n'écoute que mon cœur..

FANFARE.

On dira c'est l'usage.

JULIE.

Si je pars, que dira l'honneur?

FANFARE.

Il dira bon voyage.

LICENTIUS.

A quoi vous décidez-vous?

JULIE.

Je ne me décide jamais.

LICENTIUS.

Eh bien, bonsoir!

SCÈNE XIII.

JULIE.

Comment, bonsoir ! Il est gentil, celui-là !

Air des *Bourgeois de Chartres*.

J'admire la noblesse
D'un Français, d'un soldat
Qui laisse sa maîtresse
Dans un pareil état.

LICENTIUS.

Je ne prétends pas faire ici des épigrammes ;
Mais tout Paris vous apprendra
Que cette année, à l'Opéra,
On traite ainsi les femmes.

FANFARE, *le serrant fortement*.

Tu vois, mon ami, comme je te sers !

LICENTIUS.

Oui, tu me sers trop.

FANFARE, *à Julie*.

D'ailleurs, soyez tranquille ; nous arriverons tout juste à temps pour vous tirer d'affaire : au pis aller, nous avons la ressource des miracles.

SCÈNE XIV.

JULIE, *seule*.

Un miracle et la parole d'un amant. Quelle espérance ! J'entends du bruit : on entre.... Je me trouve mal.

SCÈNE XV.

JULIE, SOLDATS DU GUET.

LE CAPORAL, *à sa troupe.*
AIR: *Chansonniers mes confrères.*
Allez, qu'on les amène.
      (*Sortant.*
Courons.
LE CAPORAL, *aux autres.*
Entrons,
Pour faire une scène;
Crions à perdre haleine,
Au voleur, au voleur,
Au voleur, au voleur!

SCÈNE XVI.

MADAME L'ÉTOFFÉ, OUVRIÈRES *en déshabillé de nuit, une chandelle à la main;* CRÉPANVILLE.

LES OUVRIÈRES.
J'accours, pleine d'effroi!
MADAME L'ÉTOFFÉ.
Dieux! qu'est-ce que je vois?
Julie
Évanouie.
Soldats,
Fracas
A perdre l'ouïe,
Aventure inouïe;
J'en mourrai de frayeur!
TOUS.
Au voleur, au voleur!

SCÈNE XVI.

CRÉPANVILLE, *qui entre criant comme les autres.*
Au voleur, au voleur!

Hein! qui? quoi? qu'est-ce? que fait là mademoiselle?

LAURE, *soulevant Julie.*

Elle reprend ses sens!

JULIE.

Je le crois bien : à moins d'être morte depuis quinze jours, le moyen de ne pas entendre le vacarme que vous faites?

CRÉPANVILLE, *aux soldats.*

Mais enfin, messieurs, de quoi s'agit-il?

LE CAPORAL.

Nous avons vu deux voleurs sortir de cette maison.

JULIE.

Ce ne sont pas des voleurs. Soldats du guet à pied, je confesse que j'aime.

MADAME L'ÉTOFFÉ, OUVRIERES.

Elle aime!

Chœur des rigueurs du cloître.

Ah! quel scandale abominable,
Quel déshonneur pour la maison, etc

CRÉPANVILLE.

Mes petits cœurs, assez de chœurs comme ça.

MADAME L'ÉTOFFÉ.

Nommez le mortel téméraire qui osa forcer la porte.

JULIE.

Il n'a rien forcé, ma marraine; je l'ai ouverte.

CRÉPANVILLE.

Air de *Raoul Barbe-Bleue*

Perfide, tu l'as ouverte!
Tu jeûneras
Je dois un grand exemple, et je vais le donner

(*A Julie.*)

Rendez-vous sur-le-champ dans le petit grenier où l'on blanchit la gaze : vous y resterez au pain et à l'eau pendant un mois.

JULIE.

Au pain et à l'eau, dans l'état où je suis! (*A Laure.*) Mets-en pour deux.

CRÉPANVILLE.

En attendant, que tous mes dons lui soient retirés.

AIR: *Rendez-moi mon écuelle.*

Otez-lui sa douillette
A l'instant,
Otez-lui sa douillette;
Au lieu de ce bonnet élégant,
Mettez-lui, mettez-lui
La cornette.

CHOEURS.

Otons-lui sa douillette
A l'instant.

CRÉPANVILLE, *lui jetant sa cornette.*

Tiens, voilà ta cornette.

(*On entend un coup de tamtam.*)

MADAME L'ÉTOFFE.

Qu'est-ce que c'est que ça?

CRÉPANVILLE.

Ne faites pas attention : c'est le chaudronnier du coin. Les provisions sont-elles prêtes?

LAURE ET JENNY, *déposant à ses pieds une petite corbeille.*

Voici les provisions.

CRÉPANVILLE.

Faites-lui vos adieux, mesdemoiselles; et que ceci vous serve d'exemple.

SCÈNE XVI.

(*Madame l'Étoffé prend sur le comptoir une poupée qu'elle tient dans ses bras, et se met ainsi à la tête des ouvrières, qui font une procession autour de la corbeille.*)

LAURE, *lui présentant tristement un verre d'eau et une mouillette.*

Air de *la Sauteuse.*

Trempe ton pain, Julie, trempe ton pain,
Julie, trempe ton pain dans l'eau claire;
Trempe ton pain, Julie, trempe ton pain
Dans l'eau claire à défaut de vin

JENNY.

Si l'on met à l'eau fraîche
Toute fille qui pèche,
L'eau claire à la fin
Sera plus chère que le vin.

(*Chœurs et processions: Trempe ton pain.*)

CRÉPANVILLE.

Air de *la vigne à Claudine.*

Allez, et que l'on cache
Au fond de sa prison,
Celle de qui la tache
A souillé ma maison.

Vous verrez si l'on brave
Les gens de mon métier ;
Prenez ce rat-de-cave,
Et montez au grenier.

JULIE, *prenant le rat-de-cave.*

Mon dieu, que de simagrées !... J'y vais.

(*Elle monte trois marches.*)

SCÈNE XVII.

LES MÊMES, LICENTIUS, FANFARE.

LICENTIUS.

Non, elle n'ira pas.

CRÉPANVILLE.

Elle ira.

FANFARE.

Elle n'ira pas.

CRÉPANVILLE, MADAME L'ÉTOFFÉ.

Elle ira.

FANFARE.

Qu'appelez-vous, elle ira! Et Cadet et moi, nous comptez-vous pour rien?

AIR : *O ma tendre musette.*

Craignez tous les désastres
Prêts à fondre sur vous ;
Les miracles, les astres
Vont combattre pour nous.
Pour braver l'infortune,
Dans un danger pareil,
Si d'autres ont la lune,
Nous avons le soleil

(*Il allume un petit soleil, qu'il fait tourner autour d'une baguette.*)

CHOEUR GÉNÉRAL.

Air du *Cantique de Saint-Antoine*

Ciel! l'univers est prêt à se dissoudre;
Les éléments vont-ils se désunir?
Dans les cieux j'entends la foudre
En longs éclats retentir.
Le monde en poudre
Va-t-il finir?
Ah, quel évenement!

SCÈNE XVII.

> Quoi, tout s'embrase,
> Limons et gaze;
> Affreux moment,
> Et triste dénouement!

(*Pendant ce chœur, Fanfare sonne de la trompette.*)

LICENTIUS.

Eh bien! Consentez-vous?

FANFARE.

Gare l'incendie.

CRÉPANVILLE.

C'est un trait de lumière. Arrêtez.

MADAME L'ÉTOFFÉ, à *Licentius*.

Qui êtes-vous?

LICENTIUS.

Licentius, maréchal-des-logis. J'aime votre filleule, j'en suis aimé, je la demande, vous me l'accordez; et tout est dit.

MADAME L'ÉTOFFÉ.

Puisque vous le dites, il faut bien que cela soit.

CRÉPANVILLE.

Mais, monsieur, cette robe de noce qui me reste sur les bras.

LICENTIUS.

Je la passe dans ceux de mademoiselle, et je vous la paie. Qu'avez-vous à dire?

CRÉPANVILLE.

Rien, sinon que vous brusquez un peu les affaires. M. Licentius, je me crois encore à l'Opéra.

LICENTIUS.

Plus d'épigrammes, je vous prie. Je veux mener, après-demain, ma future et toutes ces demoiselles voir la Vestale.

MADAME L'ÉTOFFÉ.

Je me flatte, monsieur, qu'elles n'y seront pas déplacées; et je vous félicite d'avoir assez de goût pour aimer cet ouvrage.

LICENTIUS.

J'en raffole, madame.

Air.

J'applaudis les heureux talents
De ces acteurs que l'on admire ;
J'applaudis aux accords brillants
D'une jeune et savante lyre.
Même au poete on peut fort bien
Dire un petit mot qui l'oblige ;
Car si la pièce ne vaut rien,
Le dénouement est un prodige.

MADAME L'ÉTOFFÉ.

Oh ! sur le titre seulement, j'en aurais garanti le succès.

VAUDEVILLE FINAL.

Air : *Au fond du bois.*

La foule qu'on an êne
Par ce titre curieux,
Voudra d'un phénomène
Se convaincre par ses yeux :
De fins connaisseurs la salle
Chaque soir se remplira ;
On voudra voir la Vestale
  De l'Opéra.

FANFARE.

Dans la scène du temple,
Quel effet inattendu ;
Pour nous un tel exemple
Ne sauroit être perdu.
De cette pièce morale
Mainte fille sortira
Sage comme la Vestale
  De l'Opéra

SCÈNE XVII.

LICENTIUS.

Omphale, Armide, Alceste,
Et Télaire et Procris,
Par une voix céleste
Jadis enchantaient Paris
Ces grands talents qu'on signale,
A nos vœux qui les rendra;
Chacun dit : C'est la Vestale
    De l'Opéra

JENNY.

Le malheur de Julie
Nous atteindra quelque jour;
Chacun doit, dans la vie,
Payer sa dette à l'amour
Tout cœur à ses lois fatales
Se soumet, se soumettra;
Même le cœur des Vestales
    De l'Opéra.

CRÉPANVILLE.

Cléon, du mariage
Pour s'assurer tous les droits,
D'une Agnès de village
Par prudence avait fait choix;
Dupe d'une erreur fatale,
Cléon bientôt s'écria·
C'est encore une Vestale
    De l'Opéra.

JULIE, *au Public*.

Grande dame, ouvrière,
Tout peut faillir ici-bas,
Par bonheur, le parterre
Pardonne plus d'un faux pas,
Puisse une indulgence égale,
M'unissant à Julia,
Traiter Julie en Vestale
    De l'Opéra.

DERNIER COUPLET POUR ANNONCER L'AUTEUR.

De cette bagatelle,
Que vous daignez accueillir

L'auteur, que l'on appelle,
N'a pas droit de s'applaudir :
Vous voulez qu'on le signale;
Dans ce cas on vous dira :
C'est l'auteur de la Vestale
De l'Opéra.

FIN.

TABLE

DES PIÈCES CONTENUES DANS CE VOLUME.

ÉPITRE DÉDICATOIRE A M. EMMANUEL DUPATY. Page v
Des genres secondaires dans l'art dramatique. VIII
MILTON, fait historique. 1
Avant-Propos des premières éditions. 3
LE MARIAGE PAR IMPRUDENCE, opéra-comique. 49
L'AMANT ET LE MARI, opéra-comique. 93
LES AUBERGISTES DE QUALITÉ, opéra-comique. 145
LE JUGE-DE-PAIX, comédie-vaudeville. 225
COMMENT FAIRE? comédie-vaudeville. 267
LE VAUDEVILLE AU CAIRE, comédie-vaudeville. 315
DANS QUEL SIÈCLE SOMMES-NOUS? comédie-vaudev. 361
LE TABLEAU DES SABINES, comédie-vaudeville. 417
LA MARCHANDE DE MODES, parodie de la Vestale. 477

FIN DE LA TABLE.

www.ingramcontent.com/pod-product-compliance
Lightning Source LLC
Chambersburg PA
CBHW071606230426
43669CB00012B/1847